내게는 특별한
프랑스어를 부탁해

첫걸음

다락원

내게는 특별한 첫걸음
프랑스어를 부탁해

지은이 이경자
펴낸이 정규도
펴낸곳 (주)다락원

초판 1쇄 발행 2012년 8월 12일
개정판 1쇄 발행 2022년 10월 20일
개정판 2쇄 발행 2024년 6월 5일

편집 이숙희, 한지희
디자인 윤지영, 윤민경, 최영란
일러스트 다감인
이미지 출저 shutterstock, iclickart
감수 Olivia IH-PROST
녹음 Adrian Lee, Olivia IH-PROST, Toosix Media, 김기흥, 정마리

다락원 경기도 파주시 문발로 211, 10881
내용 문의: (02)736-2031 내선 420~426
구입 문의: (02)736-2031 내선 250~252
Fax : (02)732-2037
출판등록 1977년 9월 16일 제406-2008-000007호

ISBN 978-89-277-3302-7 13760

http://www.darakwon.co.kr
다락원 홈페이지를 방문하시면 상세한 출판 정보와 함께
MP3 자료 등 다양한 어학 정보를 얻으실 수 있습니다.

내게는 특별한 프랑스어를 부탁해

첫걸음

이경자 지음

프랑스를 생각하면 제일 먼저 에펠탑과 함께 세련된 예술의 나라라는 이미지가 떠오릅니다. 문화 선진국의 이미지를 구축한 프랑스의 언어는 미술, 패션, 요리 등 다양한 분야에 폭넓게 침투해 있어 거리의 간판이나 제품 이름, 예술 용어 등을 통해서 우리도 모르는 사이에 자주 접하게 됩니다.

프랑스어는 예술 분야에서만 접할 수 있는 언어가 아니라, 5개 대륙에 걸려 광범위하게 통용되는 언어입니다. 유럽에서는 벨기에와 스위스, 아프리카 대륙의 여러 국가들, 캐나다의 퀘벡, 남미의 프랑스령인 기아나, 드라마에 등장하여 유명해진 누벨 칼레도니아, 아시아에서는 프랑스의 식민지였던 베트남과 캄보디아 등, 전 대륙에 걸쳐 프랑스어가 통용되고 있습니다. 그래서 프랑스어 사용국들을 하나로 묶는 단체인 '프랑코포니(Francophonie)'가 조직되어 국가 간 친목과 경제·문화 협력을 강화하고 있으며, 국제 무대에서 정치 세력화하려는 움직임을 보이고 있습니다. 1차 세계대전 이전까지 유일한 국제 외교 언어였던 프랑스어는 현재 영어에게 그 자리를 잠식당하고 있으나 여전히 유엔, 유네스코, 올림픽대회 등 국제 무대에서 공식 언어로서의 위상을 지키고 있으며, 정치·경제·문화적 차원에서도 주요 위치를 차지하고 있습니다.

이 책은 프랑스어 초보자가 교사의 도움 없이 스스로 학습하는 데 도움을 줄 목적으로 기획된 〈내게는 특별한 프랑스어를 부탁해〉를 현대적 감각에 맞춰 수정·보완한 개정판입니다. 기존 학습서들이 문법 위주이거나 여행용 프랑스어 서적이 주를 이루는 것에 반해 이 책은 실생활에 곧바로 활용될 수 있는 구문과 연계하여 문법을 제시하고 있으며 필수 문법 사항과 회화가 유기적으로 연결되어 있어 학습자들이 혼자서도 실용적인 프랑스어를 익힐 수 있게 되어 있습니다. 게다가 필수적인 기본 정보들을 친절한 설명과 더불어 도표나 삽화와 같은 시각적 자료를 적극 활용하여 제시함으로써, 독자들이 더 쉽고 재미있게 프랑스어에 입문할 수 있는 길잡이 역할을 할 것입니다.

마지막으로 이 책을 집필하는 데 많은 도움을 주신 분들께 감사의 말을 전합니다. 우선 프랑스어를 모르는 독자의 입장에서 원고를 꼼꼼히 읽으면서 끊임없는 질문과 조언을 해 주신 이숙희 부장님께 감사드립니다. 그로 인해 초보자의 눈높이에 맞추어 집필할 수 있었으며, 좀 더 친절하고 명료한 입문서가 탄생할 수 있었습니다. 또한 자연스러운 프랑스어 문장이 될 수 있도록 조언을 해 준 올리비아(Olivia) 선생님, 내용에 부합하는 그림을 그리기 위해 무던한 인내심을 가지고 수정을 거듭해 주신 삽화가, 어렵고 복잡한 프랑스어를 정확하고 깔끔하게 편집해 주신 편집진과 디자이너에게도 진심으로 감사를 드립니다.

이 경 자

예비과

알파벳, 철자 기호, 발음 기호, 연음에 대한 설명을 통해
프랑스어를 정확하게 발음할 수 있는 기본 지식을
알려 줍니다. 아울러 관사, 명사와 형용사의 여성형과
복수, 인칭 대명사, 동사 변화, 숫자(1~10) 등에 대한
기본적인 내용을 간단히 정리하였으므로 미리 익혀
두면 본문의 내용을 이해하는 밑거름이 됩니다.

본문 1~20과

● **주요 구문 & 문법**

각 과에서 다루는 문법과 관련 구문을 소개하고
설명합니다. 각 과에서 배우게 될 내용을 압축적으로
요약한 핵심 구문을 삽화와 더불어 페이지 상단에
제시함으로써 학습 내용을 한눈에 파악할 수
있습니다. '주요 구문 & 문법'의 첫 페이지는 대화
①에 관련된 문법·구문 설명이고, 둘째 페이지는
대화 ②에 관련된 문법·구문 설명입니다.

참고 추가 설명이나 정보 제공을 위한 항목입니다.

주의 혼동이 될 수 있는 주요 내용을 다시 한번
확인하는 항목입니다.

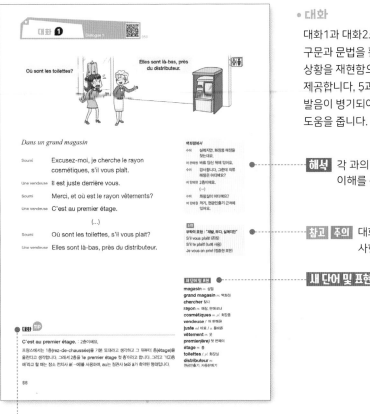

• 대화

대화1과 대화2로 나누어져 있습니다. 앞에 제시된 주요 구문과 문법을 활용하여 실생활에서 만날 수 있는 다양한 상황을 재현함으로써 회화 실력을 향상시키는 기회를 제공합니다. 5과까지 프랑스어에 가장 가까운 한국어 발음이 병기되어 있어 학습 초기에 발음을 익히는 데 도움을 줍니다.

해석 각 과의 대화문을 우리말로 옮겨 학습자의 이해를 돕습니다.

참고 **주의** 대화를 이해하는 데에 도움이 될 참고 사항을 함께 제공하고 있습니다.

새 단어 및 표현 대화문에 새롭게 등장한 단어와 표현들을 한국어 뜻과 함께 정리합니다. 필요할 경우 학습자의 이해를 돕는 설명을 포함하고 있습니다.

대화 Tip 대화문에 등장한 주요 표현에 대한 추가 설명과 주의 사항을 담고 있습니다.

• 발음

대화문에 나왔던 단어 중 유의해야 할 발음에 대해 자세히 설명합니다

• 추가 단어

각 과의 내용과 관련된 단어들을 분야별로 나누어 삽화와 함께 제시함으로써 어휘 실력을 키워 줍니다.

약자 표시	m. 남성형	f. 여성형
	s. 단수	pl. 복수
	n . 명사	a. 형용사
	ad. 부사	

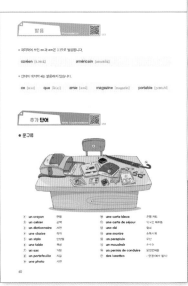

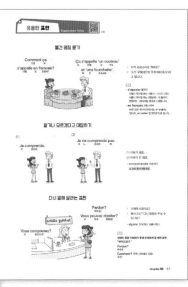

• 유용한 표현

다양한 상황을 통해 실생활에서 유용하게 쓸 수 있는 프랑스어 표현들을 익힐 수 있습니다.

• 연습 문제

각 과에서 배웠던 학습 내용을 제대로 이해했는지 스스로 확인하는 부분으로 문법·듣기·읽기 문제로 나누어져 있습니다. 다양한 유형의 관련 문제를 통해 문법 내용을 복습하고, 듣기 문제에서는 청취를 통해 학습 내용을 파악하는 능력을 기를 수 있습니다. 듣기 문제는 각각 두 번씩 들려 줍니다. 마지막으로 다양한 내용의 읽기 문제를 통해서 독해력과 어휘력을 향상시킬 수 있습니다.

• Inside 프랑스

쉬어 가는 코너로, 프랑스의 사회, 문화 및 풍습을 소개합니다.

주요 표현 미니북

일상에서 자주 쓰이는 프랑스어의 기본적인 구문을 정리하였습니다. 각 과의 내용을 학습한 후에 복습용으로 활용하거나 회화에 응용할 수 있습니다. 프랑스어와 우리말이 동시에 녹음되어 있고, 포켓북 크기로 되어 있어 휴대가 간편합니다.

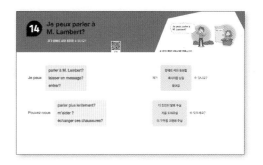

MP3 음성 파일

QR 코드로 제공되는 MP3 음성 파일은 학습자가 원어민의 발음에 익숙해지도록 본책에 있는 예비과의 발음, 각 과의 대화문과 듣기 연습 문제, 발음 추가 단어, 유용한 표현 등을 담았습니다. 반복해서 듣고 따라 읽어 주세요.

동영상 강의

예비과 1, 2와 본문 20과, 총 22개의 강의로 구성되어 있으며, QR 코드를 통해 손쉽게 시청할 수 있습니다. 각 과의 핵심 내용을 쉽게 풀어 설명함으로써 학습자의 이해를 돕습니다. 본책의 제한된 지면으로 인해 자세한 설명을 곁들일 수 없었던 부분을 저자 직강 동영상 강의로 보완하였습니다.

차 례

머리말 ⸺⸺⸺⸺⸺⸺⸺⸺⸺⸺⸺⸺ 4

이 책의 구성 및 활용 ⸺⸺⸺⸺⸺ 5

내용 구성표 ⸺⸺⸺⸺⸺⸺⸺⸺⸺ 10

등장인물 소개 ⸺⸺⸺⸺⸺⸺⸺⸺ 12

예비과 ⸺⸺⸺⸺⸺⸺⸺⸺⸺⸺⸺⸺⸺⸺⸺⸺⸺⸺⸺⸺⸺⸺⸺⸺⸺⸺ 13

Chapitre 01 **Salut, ça va bien?** 안녕, 잘 지내니? ⸺⸺⸺⸺⸺⸺ 35

Chapitre 02 **Je suis coréenne et je suis étudiante.**
나는 한국 사람이고 학생입니다. ⸺⸺⸺⸺⸺⸺ 45

Chapitre 03 **Qu'est-ce que c'est?** 이게 뭐예요? ⸺⸺⸺⸺⸺ 55

Chapitre 04 **Elle est belle et gentille.** 그녀는 예쁘고 친절해요. ⸺ 65

Chapitre 05 **Parlez-vous français?** 프랑스어를 하세요? ⸺⸺⸺ 75

Chapitre 06 **Où sont les toilettes?** 화장실이 어디에 있어요? ⸺⸺ 85

Chapitre 07 **Quel est votre numéro de téléphone?**
전화번호가 몇 번이에요? ⸺⸺⸺⸺⸺⸺⸺ 95

Chapitre 08 **Quel jour sommes-nous?** 오늘이 무슨 요일이에요? ⸺ 105

Chapitre 09 **Papa, tu peux m'aider?** 아빠, 나 좀 도와줄 수 있어요? ⸺ 115

Chapitre 10 **Prenez la deuxième rue à droite.** 오른쪽 두 번째 길로 가세요. ⸺ 125

Chapitre 11 **Ça coûte combien?** 얼마예요? ⸺⸺⸺⸺⸺⸺ 135

Chapitre 12 **Je me lève à 8 heures.** 나는 8시에 일어나요. ⸻⸻ 145

Chapitre 13 **Il fait beau, en été!** 여름에는 날씨가 좋아요! ⸻⸻ 155

Chapitre 14 **Je fais du sport tous les jours.** 나는 매일 운동을 해요. ⸻⸻ 165

Chapitre 15 **Hier, j'ai eu mal à la tête.** 어제, 머리가 아팠어요. ⸻⸻ 175

Chapitre 16 **Nous sommes allés à Avignon.** 우리는 아비뇽에 갔었어요. ⸻⸻ 185

Chapitre 17 **Je visiterai les châteaux de la Loire.**
나는 루아르 강변의 고성들을 구경할 거예요. ⸻⸻ 195

Chapitre 18 **Le voleur portait des lunettes.** 도둑은 안경을 끼고 있었어요. ⸻⸻ 205

Chapitre 19 **Je voudrais une chambre qui donne sur la mer.**
저는 바다 쪽 방을 원합니다. ⸻⸻ 215

Chapitre 20 **Je veux qu'on aille au concert.**
나는 우리가 음악회에 가면 좋겠어요. ⸻⸻ 225

부록

프랑스어권 국가들의 기본 정보 ⸻⸻ 236

동사 변화표 ⸻⸻ 238

추가 문법 ⸻⸻ 245

정답 ⸻⸻ 256

듣기 대본 · 읽기 지문 번역 ⸻⸻ 262

색인 ① 프랑스어 + 한국어 ⸻⸻ 270

색인 ② 한국어 + 프랑스어 ⸻⸻ 282

제목		주요 구문 & 문법		대화①
예비과		• 알파벳과 발음 • 형용사 • 동사　　　• 의문문	• 명사와 관사 • 주어·강세형 인칭 대명사 • 숫자	
1	Salut, ça va bien?	• 주어와 강세형 인칭 대명사 • s'appeler 동사	• Comment allez-vous? • 회화체에서의 의문문	친밀한 사이에서 인사 나누기
2	Je suis coréenne et je suis étudiante.	• être 동사 • Vous êtes d'où? • 명사와 형용사의 주어 일치	• 국가와 국적 • Qu'est-ce que vous faites? • 부정문	국적 묻고 답하기
3	Qu'est-ce que c'est?	• C'est와 Ce sont • 일반적인 의견 표명 : c'est + (남성 단수) 형용사 • Qui est-ce? • 소유의 표현 C'est à qui?	• Qu'est-ce que c'est? • 사람 소개 c'est와 ce sont	물건 명칭 묻기
4	Elle est belle et gentille.	• Comment est-il(elle)? • avoir 동사	• 형용사의 위치	사람의 외모·성격 묘사
5	Parlez-vous français?	• 1군 동사 • 기호 표현 aimer / préférer • jouer + à (+ 스포츠·게임)	• 언어 명칭 • 축약 관사	구사하는 언어 말하기
6	Où sont les toilettes?	• Où + est(sont) + 주어 명사 • il y a (+ 관사 + 명사) • 부정의 de (1) : avoir와 il y a의 부정	• 장소 전치사	백화점에서 위치 묻고 답하기
7	Quel est votre numéro de téléphone?	• 소유 형용사 • Quel est votre numéro de téléphone?	• 의문 형용사 quel	전화 걸기
8	Quel jour sommes-nous?	• 요일 : le jour • 정관사 + matin, soir, après-midi, nuit • 지시 형용사 : 이, 그, 저	• 날짜 : la date	생일 초대와 날짜 묻기
9	Papa, tu peux m'aider?	• combien de • 간접 목적 보어	• 직접 목적 보어 • 목적 보어의 위치	가족 관계 묻기
10	Prenez la deuxième rue à droite.	• prendre (la rue) • 교통수단　　• 명령문	• 시·공간적 거리의 전치사 à • 명령문에서의 목적 보어의 위치	거리에서 길 묻기
11	Ça coûte combien?	• 비교급 • il faut (+ 명사) : …이/가 필요하다	• 특수 비교급 : meilleur, mieux	옷 가게에서
12	Che cosa preferisce?	• 대명 동사 • 부정의 de (2) : 부분 관사의 부정	• 부분 관사	일상생활과 시간 표현
13	Il fait beau, en été!	• Quel temps fait-il? • Quelle heure est-il?	• 계절 • à + 시간	바캉스 계획과 계절·날씨 표현
14	Je fais du sport tous les jours.	• faire + 부분 관사 + (스포츠·취미·직업·학문) 활동 • 반복의 단위 par • 중성 대명사 y	• 중성 대명사 en	스포츠 활동 묻고 답하기
15	Hier, j'ai eu mal à la tête.	• avoir mal à (+ 신체 부위) • 복합 과거 (1) : avoir + 과거 분사	• 근접 미래 : aller + 동사 원형	병원에서 증상 말하기
16	Nous sommes allés à Avignon.	• 복합 과거 (2) : être + 과거 분사 • 주요 3군 동사의 과거 분사	• 대명 동사의 복합 과거	지난 휴가 이야기하기
17	Je visiterai les châteaux de la Loire.	• 단순 미래 • 미래 가정 : si + 현재 (종속절), 미래 (주절)	• 형용사 남성 제 2형	내일 계획 말하기
18	Le voleur portait des lunettes.	• 반과거 • 관계 대명사 que	• devoir / falloir (+ 동사 원형)	경찰서에 도난 신고하기
19	Je voudrais une chambre qui donne sur la mer.	• 관계 대명사 qui • 공손한 말씨(la politesse)의 조건법	• 조건법	호텔 예약하기
20	Je veux qu'on aille au concert.	• 접속법 • 수동태	• 접속법을 이끄는 표현	음악회에 초대·거절하기

대화②	추가 단어	유용한 표현	Inside 프랑스
공식적 상황에서 인사하고 이름 말하기	• 하루의 인사 • 헤어질 때 인사	• 이름을 물을 때　• 처음 만났을 때 • 감사의 인사	프랑스의 인사법
직업 묻고 답하기	• 국적 형용사 • 직업 명사	• 국적 묻기 • 지각 여부 확인하기 • 휴가에 대하여 묻기	수탉의 나라, 프랑스
• 물건 주인 묻기 • 누구인지 묻기	문구류	• 물건 명칭 묻기 • 알거나 모르겠다고 대답하기 • 다시 말해 달라는 표현	프랑스의 문화를 주도한 카페
공항 세관에서 신고하기	• 감정 형용사 • 외모·성격·상황 형용사	• 상태에 대하여 말하기 • 상태의 상태나 감정 추측 • 사물의 형태 표현	중세 고딕 양식의 대표적 건물, 노트르담 대성당
취미와 기호에 대해 말하기	1군 동사	• 악기 연주 표현 • 사과의 표현	'라틴 구역'의 이름은 어디서 유래했나요?
집의 가전제품 위치 묻기	집 명칭	• 거주 도시 말하기 • 거주 지역 말하기 • 주거 형태 말하기	프랑스에서 집 구하기
전화 메시지 남기기	통신 수단	• 전화 통화 • 나이 묻기 • 놀람의 표현	프랑스 전화번호는 어떻게 이루어졌나요?
영화 관람 약속 정하기	날짜 표현	모임에서 하는 표현	프랑스의 전통 축일과 풍습
도움 청하기	가족 명칭	• 연락 가능 시간 묻기 • '정도'의 표현 • '알다'의 표현	프랑스의 결혼 풍습
지하철 표 구입과 노선 묻기	상점·건물 명칭	소요 시간 말하기	파리의 지하철을 탈 때의 유의 사항
식료품점에서 물건 사기	색깔·옷의 명칭	상점에서 쓰는 표현	프랑스의 정기 세일 기간은 언제인가요?
식사 명칭과 커피 권하기	• 컴퓨터　• 노트북 컴퓨터	물건 구매 시 필요한 표현	파리 사람들의 일상, 《metro-boulot-dodo》
시간 묻기	대륙명과 국가 명칭	거주지와 행선지	온화한 프랑스의 기후
좋아하는 음식 말하기	스포츠·취미·직업·학문 활동	손님맞이·접대	초대받았을 때 지켜야 할 예절
치과 예약 변경하기	신체 명칭	건강 관련 표현	포도주 등급은 어떻게 분류되나요?
지난 주말 이야기하기	여행·관광	여행 관련 표현	Fete de la musique와 아비뇽 축제
다음 주 여행 계획 말하기	• 시간 표현　• 기간	소식에 대한 반응과 감정 표현의 감탄사	루아르 강변의 고성들 (Les châteaux de la Loire)
경찰청에서 체류증 신청하기	기관·기업 명칭	은행·세관·우체국에서 사용하는 표현	프랑스 숙박 시설에는 무엇이 있나요?
식당에서 주문하기	과일·채소	예약과 주문	브라스리와 레스토랑은 어떻게 다른가요?
의견 제시와 주장	예술·공연	평가·제안·거절하기	프랑스 뮤지컬

수미 Soumi

프랑스 대학 부설
어학 기관에서 연수 중인
한국 대학생

진수 Jinsou

수미와 같은
어학 기관에서
연수 중인
한국 대학생

엠마 Emma

프랑스 대학생,
수미의 친구

브뤼노
Bruno

프랑스 사람,
엠마의 남자 친구

존 John

미국인 대학생,
엠마와 같은
학교 친구

안토니오 Antonio

수미와 같은 어학 기관에서
연수 중인 스페인 대학생,
수미의 친구

앙트완 랑베르
Antoine Lambert

중년의 프랑스인,
수미가 다니는
어학 기관의
프랑스어 선생님

뒤랑 부부
M et Mme Durand

엠마의 부모님

이제
프랑스어를
배워 볼까요?

동영상 강의

예비과 ❶

예비과 ❷

Ⅰ 여러분은 어떤 프랑스어를 알고 있나요?

간판, 상표명, 언론 등을 통해 우리도 모르는 사이 다양한 프랑스어를 접하게 됩니다. 그럼 여러분이 어떤 프랑스어를 접하였는지 몇 가지만 알아볼까요?

1 우선 프랑스가 미식의 나라이다 보니 음식이나 식당 관련 용어들을 쉽게 볼 수 있습니다.

	baguette 바게뜨	바게트, 일명 '막대 빵'이라 불리는 프랑스의 대표적인 빵입니다.
	croissant 크화썽	'크루아상'은 원래 '초승달'이라는 뜻으로, 초승달 모양의 페스추리 빵 이름이지요. 보통 아침 식사로 커피와 함께 먹는데, 커피에 살짝 적셔 먹어도 맛이 있습니다.
	tous les jours 뚤 레 쥬흐	빵집 이름으로 잘 알려진 '뚜레쥬르'는 '매일'이라는 뜻입니다.
	pâtissier 빠띠씨에	〈내 이름은 김삼순〉이라는 드라마에서 여주인공이 제과사로 등장하면서, 제과사를 뜻하는 '파티셰'라는 단어가 널리 사용되었습니다.
	chef 셰프	〈파스타〉라는 드라마에서 요리사들이 주방장에게 "예, 셉!"이라고 소리쳐 부르던 걸 기억하시나요? 원래 chef는 '우두머리', '장'이라는 뜻으로, 주방장은 'cuisinier en chef' 뀌지니에 엉 셰프인 줄여서 chef 셰프라고 부른 것입니다.
	café 까페	커피 음료나 커피숍을 지칭하는 전 세계적 공통어입니다.
	restaurant 헤스또헝	'레스토랑'은 양식당의 대명사가 되었습니다.
	sommelier 쏘믈리에	와인의 인기와 관심이 높아지면서 와인을 감별하고, 고급 레스토랑에서 와인을 관리하며 손님에게 정보를 제공하고 조언을 해주는 '소믈리에'라는 직업이 우리나라에도 생겼습니다.
	fondue 퐁뒤	치즈에 백포도주를 넣어 불에 녹인 것에 빵 조각을 적셔 먹는 요리로, fondue는 '녹은'이라는 뜻입니다. 원래는 스위스 산간 지방에서 장보러 가기 힘든 겨울에 해 먹던 음식이라고 합니다.

2 그 밖에도 프랑스하면 예술과 패션의 나라라는 이미지가 떠오르지요. 그래서 패션과 예술에 관련된 용어도 흔하게 들을 수 있습니다.

	cinéma 씨네마	〈시네마 천국〉이라는 영화도 있었지요. '시네마'는 '영화' 또는 '영화관'을 말합니다.
	ensemble 엉썽블르	'앙상블'이라 불리는 이 말은 '함께, 같이'라는 뜻입니다. 음악에서는 '합주(단)'를 말하며, 의상에서는 위아래 옷 한 벌 세트를 의미하기도 합니다.
	Notre-Dame de Paris 노트흐담 드 빠히	프랑스 대작가 빅토르 위고의 소설 제목으로, '파리의 노트르담 대성당'이라는 뜻입니다. 뮤지컬과 〈노트르담의 꼽추〉라는 영화로도 유명합니다.

3 마지막으로 스포츠나 일상생활에서 사용되는 어휘들을 알아볼까요?

	enfant 엉펑	'아이'라는 뜻으로, 한 우유 회사가 '앙팡'이란 아동 전용 우유를 출시하였습니다. 아기라는 뜻의 'bébé' 베베도 자주 사용됩니다.
	TGV 떼제베	초고속 열차인 '떼제베'는 'train à grande vitesse' 트헹 아 그헝 드 비떼스의 약자입니다.
	grand prix 그헝 프히	스포츠나 각종 대회의 대상을 '그랑프리'라고 부릅니다.
	par terre 빠흐 떼흐	par terre는 '바닥에'라는 뜻인데 아마추어 레슬링의 용어 중 하나입니다. 우리나라의 한 레슬링 해설가가 한국식 발음으로 '빠떼루'라고 불러 유명해졌습니다.

▶ 그 외에도 펜싱이나 발레 분야에서도 프랑스어가 많이 사용되며, 화장품이나 샴푸 브랜드에서도 프랑스어를 찾아볼 수 있습니다. 화장품 브랜드로는 Étude 에뛰드 (에뛰드, '연구, 공부'), La neige 라 네쥬 (라네즈, '눈(雪)'), Lac vert 락 베흐 (라끄베르, '초록 호수'), mise en scene 미정쎈 (미장센, '연출') 등이 있습니다. 주변에서 생각보다 많은 프랑스어를 접하게 된다는 것을 알 수 있습니다.

III 알파벳과 발음

1 알파벳

프랑스어 알파벳은 영어와 같지만, 발음이 다른 철자들이 있습니다.
우리말에 선여 없는 발음도 있으므로 주의해야 합니다. 하시만 칠사에 따른 빌음이 규직적이기 때문에
규칙을 익히면 어떤 단어라도 정확히 발음할 수 있습니다.

	발음 기호	발음			발음 기호	발음
A	[ɑ]	아		N	[ɛn]	엔
B	[be]	베		O	[o]	오
C	[se]	쎄		P	[pe]	뻬
D	[de]	데		Q	[ky]	뀌
E	[ə]	으		R	[ɛ:R]	에~흐
F	[ɛf]	에프		S	[ɛs]	에스
G	[ʒe]	제		T	[te]	떼
H	[aʃ]	아슈		U	[y]	위
I	[i]	이		V	[ve]	베
J	[ʒi]	지		W	[dubləve]	두블르베
K	[kɑ]	꺄		X	[iks]	익쓰
L	[ɛl]	엘		Y	[igRɛk]	이그헥
M	[ɛm]	엠		Z	[zɛd]	제드

● 알파벳 중 주의해야 할 발음

철자	발음 설명
E	입술을 오므린 채 으 라고 발음합니다.
G	입술을 오므리고 혀를 천장에 대고 제 라고 발음합니다.
H	아슈 라고 발음할 때 '아'는 길게 '슈'는 짧게 살짝 발음합니다.
I	입술을 양쪽으로 당기며 이 라고 발음합니다.
J	영어식으로 제이 라고 발음하지 않고, 혀를 아래로 내리고 입술을 옆으로 당겨 지 라고 발음합니다. 영어의 G 발음과 유사하므로 알파벳 발음 시 유의해야 합니다.
K	'ㅋ'가 아니라 'ㄲ'으로 발음해야 합니다. 그래서 카 가 아니라, 까 로 발음합니다. (바로 뒤에 R가 나오면 크 로 발음합니다.)
P	'ㅍ'가 아니라 'ㅃ'로 발음해야 합니다. 그래서 페 가 아니라 뻬 라고 발음합니다.
Q	퀴 가 아니라 U 발음처럼 입술을 오므린 채 내밀고 뀌 라고 발음합니다.
R	프랑스어에서 가장 중요한 발음 중의 하나로, 영어의 R처럼 혀를 굴리며 '르'로 발음하면 절대 안 됩니다. 목 깊은 곳에서 가래침을 뱉을 때 내는 소리처럼 목을 긁어내듯 '흐'라고 해야 합니다. 그리고 '에'를 길게 '흐'를 짧게 에~흐 라고 발음합니다.
T	프랑스어에서는 'ㅌ'가 아니라 'ㄸ'로 발음해야 합니다. 그래서 테 가 아니라 떼 로 발음합니다. (바로 뒤에 R가 나오면 ㅌ 로 발음합니다.)
U	'우'라고 발음할 때처럼 입술을 오므려 내밀고 '이'라고 발음합니다. 우리말 중에서 입을 내밀고 위 라고 하면 가장 가까운 발음이 됩니다.
W	V가 2개 있다는 의미로 두블르베 라고 합니다.
X	영어에서는 엑스 라고 하지만, 프랑스어에서는 익쓰 라고 발음합니다.
Y	i grec 이그헥, 다시 말해 '그리스 i'라는 의미입니다. 이때도 R를 '르'로 발음하여 이그렉 이라고 하지 않고, '흐'로 발음합니다.
Z	영어의 Z와 마찬가지로 성대를 울리며 '즈' 소리를 내며 제드 라고 발음합니다.

2 **철자 기호**

(1) **apostrophe (´)** 아뽀스트호프 : 모음이나 무음 h(모음 취급)로 시작하는 단어가 올 때, 모음 충돌을 막기 위해 앞 단어의 마지막 모음을 생략하고 ≪'≫를 붙여 두 단어를 축약시킵니다.

002

> Le or → L'or 로흐 금   La amie → L'amie 라미 여자 친구

(2) **accent aigu (´)** 악썽 떼귀 : e 위에 붙이며(é), 입술을 양옆으로 당기면서 [e] 에 라고 발음합니다.

> thé 떼 (홍)차   café 꺄페 커피, 커피숍

(3) **accent grave (`)** 악썽 그하브 : a, e, u 세 모음 위에 붙일 수 있습니다. (à, è, ù). è의 경우 입을 좀 벌리고 혀를 아래쪽에 놓고 [ɛ] 에 라고 발음합니다.

> là 라 저기에   crème 크헴 크림   où 우 어디에

(4) **accent circonflexe (^)** 악썽 씨흐꽁플렉쓰 : y 이외의 모든 모음에 붙일 수 있습니다. (â, ê, î, ô, û)

> âme 암므 영혼   rêve 헤브 꿈   dîner 디네 저녁 식사
> hôpital 오삐딸 병원   sûr 쒸흐 확신하는

(5) **tréma (¨)** 트헤마 : e와 i 위에 붙일 수 있습니다(ë, ï). 연속된 두 모음을 각각 별개로 발음 나게 할 때 두 번째 모음 위에 붙입니다.

> Noël 노엘 크리스마스   mosaïque 모자이끄 모자이크

(6) **cédille (ç)** 쎄디으 : c 밑에 붙여서 c가 모음 a, o, u 앞에서 [k]가 아니라 [s]로 발음 나게 합니다.

> français 프헝쎄 프랑스의 (cédille가 없다면 프헝께로 발음)   garçon 갸흐쏭 소년
> reçu 흐쒸 받아들여진

(7) **trait d'union (-)** 트헤 뒤니옹 : 두 단어를 연결하거나 주어와 동사를 도치시켜 의문문을 만들 때 동사와 주어 사이에 붙입니다.

> wagon-restaurant 바공 헤쓰또헝 (기차의) 식당 칸
> Êtes-vous 에뜨 부 당신은 …입니까?
> ‾‾‾‾ ‾‾‾‾
> 동사 주어

3 모음

(1) 순모음 : 철자가 어떻게 발음되는지 규칙을 알아 두면 단어를 읽을 때 도움이 됩니다.

철자	발음 기호	발음 방법	예
i î y	$[i]$ 이	입을 다물기 직전 양 입술 끝을 좌우로 당겨 소리 낸다.	ici [isi] 이씨 여기에 dîner [dine] 디네 저녁 먹다 type [tip] 띱 유형
e é	$[e]$ 에	닫힌 음이므로 입을 작게 열고 입술을 양끝으로 당겨 소리 낸다.	et [e] 에 그리고 idée [ide] 이데 생각
è ê ai ei	$[\varepsilon]$ 에	열린 음이므로 입을 크게 열고 [e]보다 아래쪽에서 소리 낸다.	père [pɛːʀ] 뻬흐 아버지 tête [tɛt] 떼뜨 머리 chaise [ʃɛːz] 셰즈 의자 beige [bɛːʒ] 베쥬 베이지색의
a à	$[a]$ 아	입 앞쪽에서 나는 소리	table [tabl] 따블르 탁자 là [la] 라 저기에
a â	$[ɑ]$ 아	입 안쪽의 목구멍을 크게 열고 소리를 낸다.	repas [ʀəpɑ] 흐빠 식사 pâtes [pɑt] 빠뜨 파스타
o au	$[ɔ]$ 오	입을 크게 벌리고 입술을 앞으로 내밀어 '오'와 '어'의 중간 음을 낸다.	homme [ɔm] 옴므 남자, 인간 Paul [pɔl] 뽈 폴
o (음절 끝) ô au eau	$[o]$ 오	[ɔ]보다 입을 작게 벌리는 대신 입술을 더 앞으로 내밀어 소리 낸다.	trop [tʀo] 트흐 너무 tôt [to] 또 일찍 aussi [osi] 오씨 또한 gâteau [gato] 갸또 케이크
ou où oû	$[u]$ 우	입을 앞으로 내밀고 '우'라고 소리 낸다.	jour [ʒuːʀ] 쥬흐 날, 요일 où [u] 우 어디에 croûte [kʀut] 크후뜨 (빵) 껍질

철자	발음 기호	발음 방법	예
u û	[y] 위	입술을 오므려 앞으로 내밀고 '위'라고 발음한다.	bus [bys] 뷔스 버스 flûte [flyt] 플뤼뜨 플루트
eu œu	[œ] 외	혀는 [ɛ], 입술은 [ɔ] 소리를 내는 요령으로 발음하며, '외'에 가까운 소리이다.	heure [œːʀ] 외흐 시간 soeur [sœːʀ] 쐬흐 언니, 누나, 여동생
eu	[ø] 으	혀는 [e], 입술은 [o] 소리를 내는 요령으로 발음하며, [œ]보다 입술을 조금 더 오므려 '외'와 '으'의 중간 음으로 발음한다.	bleu [blø] 블르 파란색의
e	[ə] 으	[œ]와 [ø]의 중간 음으로, 입술을 오므려 '으'라고 발음한다.	petit [pəti] 쁘띠 작은

(2) 비모음 : 모음 + m / n

철 자	발음 기호	발음 방법	예
am an em en	[ɑ̃] 엉	[a] 소리를 내는 입 모양으로 콧소리를 낸다.	chambre [ʃɑ̃ːbʀ] 성브흐 방 danse [dɑ̃ːs] 덩쓰 춤 ensemble [ɑ̃sɑ̃ːbl] 엉썽블르 함께 enfant [ɑ̃nfɑ̃] 엉펑 아이
im in ym ain ein en (단어 끝)	[ɛ̃] 엥	[ɛ] 소리를 내는 입 모양으로 콧소리를 낸다.	simple [sɛ̃ːpl] 쌩쁠르 간단한 vin [vɛ̃] 벵 포도주 symphonie [sɛ̃foni] 쌩포니 심포니 bain [bɛ̃] 벵 목욕 plein [plɛ̃] 쁠렝 가득 찬 examen [egzamɛ̃] 에그자멩 시험
om on	[ɔ̃] 옹	입이 비교적 작아지면서 [ɔ] 소리에다 콧소리를 낸다.	nom [nɔ̃] 농 이름 oncle [ɔ̃kl] 옹끌르 삼촌
um un	[œ̃] 앙	[œ] 소리를 내는 입 모양으로 콧소리를 낸다.	parfum [paʀfœ̃] 빠흐팡 향수 brun [bʀœ̃] 브항 갈색의

▶ 현대 프랑스어에서는 [ɛ̃]과 [œ̃]의 구분이 모호해져 [œ̃]이 들어가는 단어들 (예 un, brun, lundi, parfum)도 [ɛ̃]으로 대체되어 발음되는 경향이 있습니다.

> **주의**
> 단어의 마지막 e는 발음하지 않습니다.
> madame 부인 마다메 (×) → 마담 (○)
> chambre 방 성브헤 (×) → 성브흐 (○)

4 자음

(1) 마지막 자음은 발음하지 않는 것이 원칙

grand [gʀɑ̃] 그헝 큰
heureux [œʀø] 외흐 행복한
long [lɔ̃] 롱 긴

petit [pəti] 쁘띠 작은
nez [ne] 네 코
beaucoup [boku] 보꾸 많이

> **예외** 끝 자음이 발음되는 경우도 있는데 특히 끝 자음이 **c, f, l, r, q**일 때 발음되는 경우가 많습니다.
>
> - autobus [otobys] 오또뷔스 버스
>   six [sis] 씨쓰 6
>   huit [ɥit] 위뜨 8
> - sac [sak] 싹 가방
>   ciel [sjɛl] 씨엘 하늘
>   coq [kɔk] 꼬끄 수탉
>
>   est [ɛst] 에스뜨 동쪽
>   sept [sɛt] 쎄뜨 7
>   dix [dis] 디쓰 10
>   neuf [nœf] 뇌프 9
>   fleur [flœːʀ] 플뢰흐 꽃

(2) 두 가지로 발음되는 자음

자음 뒤에 모음 a, o, u가 나오는지, e나 i가 나오는지에 따라 자음의 발음이 달라집니다.

① c [k] + a, o,
   cahier 까예 공책
   cuisine 뀌진 요리
   content 꽁떵 만족한

c [s] + e, i
   ceci 쓰씨 이것
   place 쁠라쓰 광장, 좌석

ç [s] + a, o, u
   ça 싸 이것
   déçu 데쒸 실망한
   garçon 갸흐쏭 소년

② sc [sk] + a, o, u
   scolaire 스꼴레흐 학교의
   sculpture 스뀔뛰흐 조각

sc [s] + e, i
   scène 쎈 장면
   science 씨엉쓰 과학

③ g [g] + a, o, u
   gant 겅 장갑
   guitare 기따흐 기타

g [ʒ] + e, i
   page 빠쥬 페이지
   biologie 비올로지 생물

(3) **-gn-** : [ɲ] **'뉴'로 발음**

montagne [mɔ̃taɲ] 몽딴뉴 산　　　campagne [kɑ̃paɲ] 껑빤뉴 시골
Espagne [ɛspaɲ] 에스빤뉴 스페인　　champignon [ʃɑ̃piɲɔ̃] 셩삐뇽 버섯

(4) **ex의 발음**

① **ex** [gz] + 모음 : 주로 '그즈'로 발음
exambo 에그자멩 시험　　　　　　　**exemple** 에그정쁠 예, 본보기

② **ex** [ks] + 자음 : 주로 '크쓰'로 발음
excellent 엑쎌렁 뛰어난　　　　　　texte 떽스뜨 텍스트

(5) **ill + 모음**

① [(i)j] : 원칙적으로 '(이)~으'로 발음
famille 파미̈으 가족　　　　　　　**fille** 피̈으 딸, 소녀

② [il] : ll이 'ㄹ'로 발음되어 '일'로 발음되는 경우
ville 빌 도시　　　　　　　　　　village 빌라쥬 마을
mille 밀 천　　　　　　　　　　　million 밀리옹 백만

(6) **-ti-**

① **-tion** [-sjɔ̃] : '씨용'으로 발음
ambition 엉비씨용 야망　　　　　　station 스따씨용
conversation 꽁베흐싸씨용 대화　　solution 쏠뤼씨용 답, 해결책

② **-stion** [-stjɔ̃] : '쓰띠용'으로 발음
question 께쓰띠용 질문　　　　　　suggestion 쒸제쓰띠용 제안

③ 기타 **-ti-**의 발음 : [-ti-] '띠' 또는 [-si-] '씨'로 발음
amitié 아미띠예 우정　　　　　　　patience 빠씨엉쓰 인내심

(7) **ch** : [ʃ] **'슈'로 발음**

chocolat 쇼꼴라 초콜릿　　　　　　chien 쉬엥 개

22

(8) qu+(모음) : u를 발음하지 않고 [k] '끄'로 발음

quel 껠 어떤 qui 끼 누구 question 께쓰띠용 질문

(9) ph : f처럼 [f] '프'로 발음

photo 포또 사진 phrase 프하즈 문장

(10) h : 발음되지 않는 묵음

h는 그 어떤 경우에도 발음되지 않습니다. h는 유음 h(h aspiré)와 무음 h(h muet)로 나뉘는데 유음 h는 자음으로 취급해서 연음이나 축약을 하지 못하며, 무성 h는 모음으로 취급해서 연음이나 축약이 가능합니다. 사전에서 h로 시작하는 단어를 찾았을 때 〈†〉 표시가 붙은 것이 유음 h입니다.

▶ 무음 h : l'horloge 로흘로쥬 벽시계　　 l'hôtel 로뗄 호텔 ·············　 축약 가능
　　　　　　les hommes 레 좀므 인간(남자)들 ·········　 연음 가능

▶ 유음 h : le / hibou 르 이부 올빼미　　 la / haine 라 엔느 증오 ·······　 축약 불가능
　　　　　　les / héros 레 에호 주인공들 ············　 연음 불가능

5 연음

발음되지 않는 마지막 자음이 모음이나 무음 h로 시작되는 다음 단어와 이어져 발음되는 것을 연음, 또는 연독이라고 합니다.

les amis 레 자미 친구들 ils aiment 일 젬므 그들은 사랑한다

chez elle 쉐 젤 그녀 집에 tout à coup 뚜따꾸 갑자기

끝 자음 s, x는 z(즈)로 연음됩니다.
nous avons 누 자봉 우리는 가지고 있다
dix heures 디 죄흐 10시

Ⅲ 명사와 관사

1 명사의 성과 수

프랑스어에서 명사는 남성과 여성으로 나뉩니다. 또한 남성 복수와 여성 복수로도 나뉘어, 명사 하나가 4가지 형태를 갖게 됩니다. 그런데 명사 앞에는 꼭 관사(부정 관사, 정관사, 부분 관사)가 놓입니다. 아니면 관사 대신 소유 형용사(나의, 너의 …)나 지시 형용사(이, 그, 저)를 넣기도 합니다. 이때 관사와 소유 형용사, 지시 형용사는 명사의 성·수에 일치시키게 됩니다.

사람의 경우에는 명사의 성을 구분하기 쉽습니다. 예를 들어, '여자, 소녀, 어머니, 할머니'는 여성 명사이고, '남자, 소년, 아버지, 할아버지'는 남성 명사입니다. 문제는 사물 명사인데, 사물 명사는 임의적으로 성이 결정되어 보통 '문법적 성'을 가지게 됩니다.

livre 책	sac 가방	남성 명사
table 탁자	fleur 꽃	여성 명사

● 명사는 원래부터 남성형과 여성형으로 고정되어 있는 것도 있지만, 남성 명사에 e를 붙여 여성 명사로 만들 수 있습니다. 이때 e는 발음되지 않습니다.

남성 명사 + e → 여성 명사

● 명사의 복수는 단수 명사에 s를 붙여 만들며, s는 발음되지 않습니다. 여성 복수 명사는 남성 단수 명사에 e를 붙여 여성형으로 만든 다음에 s를 붙입니다.

단수 명사 + s → 복수 명사

étudiant 에뛰디엉 남학생 (1명)	étudiante 에뛰디엉뜨 여학생 (1명)
étudiants 에뛰디엉 학생들 (남학생들, 또는 남자 + 여자 학생들)	étudiantes 에뛰디엉뜨 여학생들

주의

여성형을 만들기 위해 붙인 e는 발음되지 않습니다. 하지만 끝 자음이 발음되지 않는 남성 명사에 e가 붙으면 끝 자음이 발음됩니다. 예를 들어, étudiant (학생)의 마지막 t는 발음되지 않아 에뛰디엉이라고 하지만, étudiante의 마지막 t는 끝 자음이 아니기 때문에 발음이 되어 에뛰디엉뜨라고 합니다.

2 부정 관사

명사 앞에 놓인 부정 관사는 명사의 성과 수에 따라 세 형태로 변합니다.

남성 단수	여성 단수	남성·여성 복수
un 앙	une 윈	des 데

사람	남성 단수	un homme 남자, 인간 아 놈므	남성 복수	des hommes 남자(인간)들 데 좀므
	여성 단수	une femme 여자, 부인 윈 팜므	여성 복수	des femmes 여자(부인)들 데 팜므
사물	남성 단수	un livre 책 앙 리브흐	남성 복수	des livres 책들 데 리브흐
	여성 단수	une photo 사진 윈 포또	여성 복수	des photos 사진들 데 포또

● 부정 관사는 특정되지 않은 명사 (사람·사물) 앞에 놓이며, 영어의 부정 관사 a에 해당합니다.

C'est un ordinateur. 그것은 컴퓨터이다.
쎄 따 노흐디나뙤흐.

C'est une fille. 그 사람은 소녀이다.
쎄 뛴 피으.

Ce sont des voitures. 그것은 자동차들이다.
쓰 쏭 데 브와뛰흐.

> **참고**
> c'est 그것은 …이다
> ce sont 그것들은 …이다

> **예외**
>
> monsieur 므씨으 (남성에 대한 경칭), madame 마담 (부인, 기혼 여성에 대한 경칭), mademoiselle 맏무아젤 (미혼 여성에 대한 경칭), maman 마멍 (엄마), papa 빠빠 (아빠)와 같은 호칭은 관사 없이 사용합니다.

3 정관사

(1) 형태

정관사는 영어의 the에 해당하는 관사로 명사 앞에 붙입니다. 명사의 성·수에 따라 정관사도 다음과 같이 세 형태로 변화합니다.

남성 단수	여성 단수	남성·여성 복수
le 르	la 라	les 레

le sac 르 싹 가방
la valise 라 발리즈 여행 가방

les sacs 레 싹 가방들
les valises 레 발리즈 여행 가방들

(2) 정관사의 축약

정관사 le와 la 다음에 모음이나 무음 h(모음 취급)로 시작하는 명사가 나오면 모음 충돌을 피하기 위해 le 나 la를 l'로 축약합니다.

le ami → l'ami 라미 남자 친구   la amie → l'amie 라미 여자 친구

le homme → l'homme 롬므 남자, 인간   la histoire → l'histoire 리스뜨와흐 역사, 이야기

(3) 정관사의 용법

① **한정된 것을 나타낼 때** : 'de + 명사' 구문이나 관계 대명사 절이 앞의 명사를 한정할 때

C'est une chambre. 그것은 방이다. (부정 관사 une은 불특정의 방을 가리킴.)
쎄   뛴   셩브흐.

C'est la chambre de Bruno. 그것은 브뤼노의 방이다. (브뤼노의 방으로 한정)
쎄   라 셩브흐   드 브뤼노.

② **총체적인 것을 나타낼 때** : 일부가 아닌 전체를 지칭할 때

La musique, c'est beau. 음악은 아름답다. (음악이라는 것 전체 지칭)
라 뮈지끄   쎄 보.

③ **유일한 것을 나타낼 때** : 고유명사, 즉 태양이나 별 같은 천체를 비롯하여 대륙, 국가, 강, 바다, 산 이름 앞

le Soleil 르 쏠레이으 태양   les étoiles 레 제뚜왈 별들
l'Europe 뢰홉 유럽   la Corée 라 꼬헤 한국
la Seine 라 쎈느 센 강   les Alpes 레 잘쁘 알프스

4 명사의 여성형

여성 명사는 남성 명사에 e를 붙여 만드는 것이 원칙입니다. 그 외에도 몇 가지 원칙이 더 있습니다.

(1) e로 끝난 명사는 남성과 여성 형태 동일

un journaliste 기자   une journaliste 여기자
앙   주흐날리스뜨   원   주흐날리스뜨

un Suisse 스위스 남자   une Suisse 스위스 여자
앙   쒸이쓰   원   쒸이쓰

(2) en으로 끝난 남성 명사는 enne로 변화

un musicien 음악가   une musicienne 여 음악가
앙   뮈지씨엥   원   뮈지씨엔느

un Coréen 한국 남자   une Coréenne 한국 여자
앙   꼬헤엥   원   꼬헤엔느

(3) er로 끝난 남성 명사는 ère로 변화

un boulanger 제빵사
앙 불렁제

un pâtissier 제과사
앙 빠띠씨에

une boulangère 여 제빵사
윈 불렁제흐

une pâtissière 여 제과사
윈 빠띠씨에흐

(4) eur로 끝난 남성 명사는 euse나 rice로 변화

un chanteur 가수
앙 셩뛰흐

un acteur 배우
아 낙뙤흐

une chanteuse 여 가수
윈 셩뛰즈

une actrice 여배우
위 낙트히쓰

---

5 명사의 복수

단수 명사에 s를 붙여 복수를 만드는 것이 기본 원칙입니다. 그 외의 복수를 만드는 법칙은 다음과 같습니다.

(1) s, x, z로 끝나는 명사 : 단수와 복수 형태 동일 (s와 x는 대부분의 경우 발음되지 않음.)

un pays 국가
앙 뻬이

un croix 십자가
앙 크화

un gaz 가스
앙 갸즈

des pays 국가들
데 뻬이

des croix 십자가들
데 크화

des gaz 가스들
데 갸즈

(2) al로 끝나는 명사 : aux로 변화 (al은 [al] 알, aux는 [o] 오로 발음)

un animal 동물
아 나니말

un journal 신문
앙 주흐날

des animaux 동물들
데 자니모

des journaux 신문들
데 주흐노

(3) eau, eu, au 로 끝나는 명사 : x 첨가
(eau는 [o] 오 / eu는 [œ] 외나 [ø] 으 / au는 [o] 오로 발음되며, 끝 자음 x는 발음되지 않음.)

un manteau 외투
앙 멍또

un cheveu 머리카락 한 올
앙 슈브

un noyau 씨, 핵심
앙 느와요

des manteaux 외투들
데 멍또

des cheveux 머리카락들
데 슈브

des noyaux 씨, 핵심들
데 느와요

IV 형용사

1 형용사의 여성형

변화		
남성 형용사 + e	grand - grande 큰 그헝 그헝드	petit - petite 작은 쁘띠 쁘띠뜨
e → e	jeune - jeune 젊은 죈느 죈느	difficile - difficile 어려운 디피씰
en → enne	coréen - coréenne 한국의 꼬헤엥 꼬헤엔느	ancien - ancienne 예전의, 전직의 엉씨엥 엉씨엔느
el → elle	actuel - actuelle 현재의 악뛰엘 악뛰엘	officiel - officielle 공식적인 오피씨엘 오피씨엘
on → onne	bon - bonne 좋은, 맛있는 봉 본느	mignon - mignonne 귀여운 미뇽 미뇬느
er → ère	premier - première 첫째의 프흐미에 프흐미에흐	léger - légère 가벼운 레제 레제흐
x → se	heureux - heureuse 행복한 외회 외회즈	sérieux - sérieuse 신지한 쎄히외 쎄히외즈
f → ve	neuf - neuve 새것의 뇌프 뇌브	sportif - sportive 운동을 즐기는 스뽀흐띠프 스뽀흐띠브
eur → euse → rice	menteur - menteuse 거짓말쟁이의 멍뙤흐 멍뙤즈	calculateur - calculatrice 계산적인 꺌뀔라뙤흐 꺌뀔라트히쓰

● 불규칙 여성 형용사 : 위의 법칙을 따르지 않고 불규칙 여성 형태를 갖는 형용사들이 있는데 자주 사용되는 형용사들이기 때문에 꼭 암기해 두어야 합니다. (왼쪽이 남성형, 오른쪽이 여성형입니다.)

beau - belle 아름다운
보 벨

gentil - gentille 친절한
정띠 정띠으

gros - grosse 뚱뚱한
그호 그호쓰

blanc - blanche 흰색의
블렁 블렁슈

nouveau - nouvelle 새로운
누보 누벨

vieux - vieille 늙은
비으 비에이으

roux - rousse 적갈색의
후 후쓰

long - longue 긴
롱 롱그

2 형용사의 복수

원칙 단수 + s	petit - petits 작은 쁘띠　　쁘띠	grande - grandes 큰 (여성 복수) 그헝드　　　그헝드
-s, -x : 불변	gros - gros 뚱뚱한, 두꺼운 그호　　그호	vieux - vieux 늙은, 낡은 비으　　비으
-eau → eaux	beau - beaux 아름다운 보　　　보	nouveau - nouveaux 새로운 누보　　　누보
-al → aux	amical - amicaux 다정한 아미깔　　아미꼬	original - originaux 독창적인 오히지날　　오히지노
-eu → eus	bleu - bleus 파란색의 블르　　블르	

le gros livre　　　　　→　　　　les gros livres 두꺼운 책들
르 그호 리브흐　　　　　　　　　　레 그호 리브흐

le beau tableau　　　　→　　　　les beaux tableaux 아름다운 그림들
르 보 　따블로　　　　　　　　　　레 보 　　따블로

Ⅴ 주어 인칭 대명사와 강세형 인칭 대명사

주어	강세형	주어	강세형
je ㅈㅎ나	moi 무와	nous 누 우리	nous 누
tu 뛰 너	toi 뚜와	vous 부 당신(들), 너희들	vous 부
il 일 그	lui 뤼	ils 일 그들	eux 으
elle 엘 그녀	elle 엘	elles 엘 그녀들	elles 엘

1 tu 와 vous

tu는 '너'라는 반말에 해당합니다. 하지만 한국어의 반말과는 차이가 있습니다. tu는 단순 반말이 아니라 가까운 사이에서 친밀감을 나타내는 인칭입니다. vous는 단수와 복수 인칭에 모두 사용됩니다. 단수로 쓰일 때는 '당신'이라는 존칭으로 격식을 갖춘 사이에서 사용되며, 복수로 쓰일 때는 '너희' 또는 '당신들'의 뜻으로 반말과 존칭을 동시에 나타낼 수 있습니다.

2 ils

ils은 남성 복수인 '그들'입니다. 그런데 주어가 남자와 여자일 때도 ils을 사용합니다. 예를 들어, 여자인 수미와 남자인 진수가 주어일 때 ils로 받아 다음과 같이 씁니다.

Soumi et Jinsou, ils sont étudiants. 수미와 진수, 그들은 학생입니다.
수미   에 진수   일 쏭   떼뛰디엉.

3 강세형 인칭 대명사의 용법

(1) 주어 강조 : 특히 두 주어의 차이점을 부각시키기 위해 주어 앞에 붙임.

Moi, je suis étudiant, et lui, il est professeur. 나는 학생이고, 그는 선생님입니다.
무와   쥬 쒸   제뛰디엉   에 뤼   일 레   프호페쐬흐.

(2) 전치사 다음에 사용

Je suis avec lui. 나는 그와 함께 있습니다.
쥬 쒸   자베끄 뤼.

(3) c'est (복수 : ce sont) 다음 또는 / aussi(역시)와 함께 쓰일 때

A Qui est là? 거기 누구세요?
   끼 엘 라?

B C'est moi. 저예요.
   쎄   무와.

Moi aussi, je suis coréen. 나 역시 한국인입니다.
무와 오씨   쥬 쒸 꼬헤엥.

참고
avec …와/과 함께   qui 누구
là 거기에

30

VI 동사

모든 동사에는 동사 원형(infinitif 엥피니띠프)이 있으며, 주어의 인칭에 따라 동사가 변화합니다.

● 세 그룹의 동사

프랑스어에는 세 그룹의 동사가 있습니다. 어미가 er로 끝나는 1군 동사, ir로 끝나는 2군 동사가 있는데, 이 두 그룹의 동사는 어미가 규칙적으로 변화하는 동사들입니다. 인칭에 따른 어미 변화만 알아 두면 어떤 1·2군 동사라도 변화시킬 수 있습니다. 하지만 어미가 re나 oir, ir로 끝나는 일부 동사들은 불규칙하게 변화하여 3군 불규칙 동사라 불립니다.

동사 그룹	동사 어미	예시 동사
1군 규칙 동사	-er	parler 빠흘레 말하다
2군 규칙 동사	-ir	finir 피니흐 끝나다
3군 불규칙 동사	-re, -oir, -ir	être 에트흐 …이다 avoir 아부와흐 가지다 partir 빠흐띠흐 떠나다

1 1군 동사 (-er)

(1) 어미 변화

-er를 뺀 나머지가 어간이 되며 인칭별로 정해진 어미(e, es, e, ons, ez, ent)를 붙여 변화시킵니다. 이때 e, es, ent는 발음되지 않으며, ons는 '옹', ez는 '에'로 발음됩니다.

parler 빠흘레 말하다	
je parle 쥬 빠흘르 나는 말한다	nous parlons 누 빠흘롱 우리는 말한다
tu parles 뛰 빠흘르 너는 말한다	vous parlez 부 빠흘레 당신(당신들 / 너희들)은 말한다
il / elle parle 일(엘) 빠흘르 그(녀)는 말한다	ils / elles parlent 일(엘) 빠흘르 그(녀)들은 말한다

(2) 모음이나 무음 h(모음 취급)로 시작하는 동사는 모음 충돌을 막기 위해 je가 j'로 축약됩니다. 하지만 tu는 축약하지 않습니다. (모음 u는 축약 안 함.)

aimer 에메 좋아하다		habiter 아비떼 살다	
j'	aime 젬므	j'	habite 쟈비뜨
tu	aimes 뛰 엠므	tu	habites 뛰 아비뜨
il / elle	aime 일(엘) 렘므	il / elle	habite 일(엘) 라비뜨
nous	aimons 누 제몽	nous	habitons 누 자비똥
vous	aimez 부 제메	vous	habitez 부 자비떼
ils / elles	aiment 일(엘) 젬므	ils / elles	habitent 일(엘) 자비뜨

2 2군 동사 (-ir)

-ir를 뺀 나머지 어간에 인칭별로 정해진 어미(is, is, it, issons, issez, issent)를 붙여 변화시킵니다.

finir 피니흐 끝나다, 끝마치다			
je	finis 쥬 피니 나는 끝마친다	nous	finissons 누 피니쏭 우리가 끝마친다
tu	finis 뛰 피니 너는 끝마친다	vous	finissez 부 피니쎄 당신(당신들 / 너희들)이 끝마친다
il / elle	finit 일(엘) 피니 그(녀)는 끝마친다	ils / elles	finissent 일(엘) 피니쓰 그(녀)들이 끝마친다

3 3군 동사 (-re, -oir, -ir)

3군 동사는 불규칙적으로 변화하는 동사입니다. 3군 동사 중에는 어간이 바뀌지만 어미가 일정 규칙에 따라 변화하는 것도 있습니다. 하지만 이 규칙이 모든 3군 동사에 적용되는 것은 아닙니다.

● 3군 동사 어미

주어	어미 변화			주어	어미 변화
je	s	x	e	nous	ons
tu	s	x	es	vous	ez
il/elle	t / d	t	e	ils/elles	ent

● 주요 3군 동사 변화의 예

voir 브와흐 보다		prendre 프헝드흐 먹다, 타다, 잡다	
je	vois 쥬 브와	je	prends 쥬 프헝
tu	vois 뛰 브와	tu	prends 뛰 프헝
il/elle	voit 일(엘) 브와	il/elle	prend 일(엘) 프헝
nous	voyons 누 브와용	nous	prenons 누 프흐농
vous	voyez 부 브와예	vous	prenez 부 프흐네
ils/elles	voient 일(엘) 브와	ils/elles	prennent 일(엘) 프헨느

vouloir 불르와흐 원하다		ouvrir 우브히흐 열다	
je	veux 쥬 브	j'	ouvre 쥬브흐
tu	veux 뛰 브	tu	ouvres 뛰 우브흐
il/elle	veut 일(엘) 브	il/elle	ouvre 일(엘) 루브흐
nous	voulons 누 불롱	nous	ouvrons 누 주브홍
vous	voulez 부 불레	vous	ouvrez 부 주브헤
ils/elles	veulent 일 뵐르	ils/elles	ouvrent 일(엘) 주브흐

Ⅶ 의문문

1 도치 의문문 : 동사 – 주어?

문법적으로 정확한 의문형으로, 도치하는 경우에 동사와 주어 사이에 항상 '–'(trait d'union 트헤 뒤니옹)을 붙여야 합니다. 주어가 인칭 대명사일 때 도치 의문문을 만들 수 있습니다.

Êtes-vous français? 에뜨 부 프헝쎄? 당신은 프랑스인입니까?
<u>동사</u> <u>주어</u>

2 Est-ce que 의문문 : Est-ce que + 주어 + 동사?

Est-ce que로 시작하는 의문문은 주어와 동사를 도치시키지 않아 편리하게 사용할 수 있는 의문형으로, 문어체와 회화체에서 모두 사용 가능합니다.

Est-ce que vous êtes français? 에쓰 끄 부 제뜨 프헝쎄? 당신은 프랑스인입니까?
<u>주어</u> <u>동사</u>

3 평서문 형태의 의문문 : 주어 + 동사?

평서문 (주어 + 동사)의 끝을 올려서 질문합니다. 문법적으로 틀린 의문형이지만 일상 회화에서 자주 사용됩니다.

Vous êtes français? 부 제뜨 프헝쎄? 당신은 프랑스인입니까?
<u>주어</u> <u>동사</u>

● 의문사

qui 끼	누가, 누구를
que 끄	무엇
quand 껑	언제
où 우	어디
comment 꼬멍	어떻게
pourquoi 뿌흐꽈	왜
combien 꽁비엥	얼마나 (수량·가격)

Ⅷ 숫자

1 기수 1~10

1	2	3	4	5
un 앙	deux 드	trois 트화	quatre 까트흐	cinq 쎙끄
6	7	8	9	10
six 씨쓰	sept 쎄뜨	huit 위뜨	neuf 뇌프	dix 디쓰

주의

cinq (5), six (6), huit (8), dix (10) 다음에 자음이나 유음 h로 시작하는 단어가 나오면 끝 자음 [k], [s], [t]가 발음되지 않습니다.

six garçons 씨쓰 갸흐쏭 (×) → 씨 갸흐쏭 (○) 6명의 소년들

2 서수 : 기수 형용사 + ième

premier(ère) 프흐미에 (첫째의)와 second(e) 스공(드) (둘째의)을 제외하고는 기수 형용사에 -ième를 붙여 서수 형용사를 만듭니다.

premier(ère) 프흐미에   deuxième 드지엠   troisième 트화지엠   quatrième 까뜨히엠
cinquième 쎙끼엠   sixième 씨지엠   septième 쎄띠엠   huitième 위띠엠
neuvième 뇌비엠   dixième 디지엠

▶ quatre (4)처럼 e로 끝난 숫자는 e를 없애고 ième를 붙입니다. '5번째의'의 경우에는 cinq (5)에 u를 붙인 다음 ième를 붙이며, '9번째의'의 경우에는 neuf (9)의 f를 v로 바꾼 다음 ième를 붙입니다.

Salut, ça va bien?

동영상 강의

- 주어와 강세형 인칭 대명사 moi, toi, vous
- Comment allez-vous?: 어떻게 지내세요?
- s'appeler 동사: 이름이 …이다
- 회화체에서의 의문문

Salut! Ça va?
쌀뤼! 씨 바!
안녕! 잘 지내니?

Oui, ça va!
위, 씨 바!
응, 잘 지내.
Et toi, tu vas bien?
에 뚜와, 뛰 바 비엥?
너는 잘 지내?

● **주어와 강세형 인칭 대명사 moi, toi, vous**

강세형 인칭 대명사는 주어를 강조할 때, **et** 에 (그리고, 그런데) 다음에 쓰여 '그런데 너는? / 당신은요?'라고
물어볼 때나 **aussi** 오씨 (역시)와 함께 쓰입니다.

주어 인칭 대명사	강세형 인칭 대명사	주어 인칭 대명사	강세형 인칭 대명사
je 쥐 나	**moi** 무와	nous 누 우리	nous 누
tu 뛰 너	**toi** 뚜와	vous 부 당신(들), 너희들	**vous** 부
il 일 그	lui 뤼	ils 일 그들	eux 으
elle 엘 그녀	elle 엘	elles 엘 그녀들	elles 엘

A Moi, je vais bien, et toi? 나는 잘 지내. 그런데 너는?
무와, 쥐 베 비엥, 에 뚜와?

B Moi aussi, je vais bien. 나도 잘 지내.
무와 오씨, 쥐 베 비엥.

> **주의**
> 친한 사이나 가족 간에는 일반적으로 tu를 사용하
> 고, 처음 만나거나 격식을 갖추어야 하는 사이에서
> 는 존칭인 vous를 사용합니다. ils은 주어가 남성
> 집단이거나 남녀 혼성 집단일 때 사용합니다.

● **Comment allez-vous?: 어떻게 지내세요?**

allez의 동사원형은 aller (지내다)로 je vais, tu vas, ça va, vous allez로 동사 변화합니다. comment
은 '어떻게'라는 뜻의 의문사입니다. p. 240 aller 동사 변화 참조

A Comment allez-vous? 어떻게 지내세요?
꼬멍 딸레 부?

B Je vais bien. 잘 지내요.
쥐 베 비엥.

A Ça va? 잘 지내?
싸 바?

B Ça va. 잘 지내요.
싸 바.

Comment vous appelez-vous?
꼬멍　　　　부　　자쁠레　　부?
이름이 뭐예요?

Je m'appelle Soumi.
쥬　마뻴　　　　수미.
수미예요.

● s'appeler 동사 : 이름이 …이다

s'appeler는 '이름이 …이다'라는 뜻의 동사입니다. 주어의 인칭에 따라 다음과 같이 변화합니다.

Je m'appelle 쥬 마뻴　　　　　　내 이름은 … 입니다

Tu t'appelles 뛰 따뻴　　　　　　네 이름은 … 이다

Vous vous appelez 부 부 자쁠레　당신 이름은 … 입니다

A　Comment vous appelez-vous? 이름이 뭐예요?
　　꼬멍　　　　부　　자쁠레　　부?

B　Je m'appelle Soumi. 수미예요.
　　쥬　마뻴　　　　수미.

● 회화체에서의 의문문

Comment vous appelez-vous? (당신 이름이 뭐예요?)는 '의문사 comment + 동사 + 주어'의 순서로
쓰인 문장으로, 문법적으로 정확한 의문문입니다. 하지만 회화체에서는 의문사가 문장 맨 뒤에 놓여, '주어 +
동사 + 의문사' 또는 '의문사 + 주어 + 동사'의 형태로 쓰이는 경우가 많이 있습니다. p. 33 의문문 참조

Comment vous appelez-vous?
꼬멍　　　　부　　자쁠레 부?
당신 이름이 뭐예요?

〈회화체〉

Vous vous appelez **comment**?
부　　부　　자쁠레　　꼬멍?
(주어)　　　(동사)　　　(의문사)

Comment vous vous appelez?
꼬멍　　　　부　　부　　자쁠레?
(의문사)　　(주어)　　　(동사)

Salut, Emma!

Salut, Jinsou! Ça va?

Jinsou **Salut, Emma!**
쌀뤼, 엠마!

Emma **Salut, Jinsou! Ça va?**
쌀뤼, 진수! 싸 바?

Jinsou **Oui, ça va! Et toi, tu vas bien?**
위, 싸 바! 에 뚜와, 뛰 바 비엥?

Emma **Je vais bien, merci.**
쥬 베 비엥. 멕씨.

(…)

Emma **Au revoir, bonne journée!**
오 흐봐흐, 본 주흐네!

Jinsou **Merci, toi aussi. À tout à l'heure!**
멕씨, 뚜와 오씨. 아 뚜 따 뢰흐!

진수 안녕, 엠마!
엠마 안녕, 진수! 잘 지내니?
진수 응, 잘 지내. 너는 잘 지내?
엠마 잘 지내. 고마워.
      (…)
엠마 또 만나, 좋은 하루 보내!
진수 고마워, 너도. 나중에 보자.

새 단어 및 표현

salut 안녕 (만나거나 헤어질 때의 인사)
ça 이것, 저것 (구어체) (문어체는 cela)
oui 예 (긍정의 대답) (↔ non 아니요)
bien 잘 (↔ mal 잘 못, 나쁘게)
merci 감사합니다
revoir m. 재회 / v. 다시 보다
bon(ne) 좋은
journée f. (아침부터 저녁까지의) 하루
aussi 역시, 또한
tout à l'heure 조금 후에, 곧

대화 **TIP**

위의 대화문은 친한 사이에서 나누는 인사입니다. 격의 없는 사이, 특히 젊은이들은 보통 salut
하고 인사를 하면, salut라고 대답합니다. '안녕'의 뜻으로 영어의 Hi에 해당합니다. 또한, 작별
인사를 할 때 젊은이들은 au revoir 대신 Tchao! (= ciao) 챠오라고도 인사합니다.

Comment allez-vous?

Je vais très bien, merci, et vous?

Soumi	**Bonjour, monsieur!** 봉주흐, 므씨으!	
M. Lambert	**Bonjour, mademoiselle!** 봉주흐, 맏무와젤!	
Soumi	**Comment allez-vous?** 꼬멍 딸레 부?	
M. Lambert	**Je vais très bien, merci. Et vous?** 쥬 베 트헤 비엥, 멕씨. 에 부?	
Soumi	**Très bien, merci.** 트헤 비엥, 멕씨.	
M. Lambert	**Comment vous appelez-vous?** 꼬멍 부 자쁠레 부?	
Soumi	**Je m'appelle Soumi.** 쥬 마뻴 수미.	

수미 안녕하세요, 선생님!
랑베르 안녕하세요!
수미 어떻게 지내세요?
랑베르 아주 잘 지내요. 고마워요.
학생은요?
수미 잘 지냅니다.
랑베르 이름이 뭐예요?
수미 수미예요.

새 단어 및 표현

bonjour 안녕(하세요). (아침·낮 인사)
monsieur (이름 앞) … 씨, 귀하
(남성에 대한 경칭)
mademoiselle 아가씨, 양
(미혼 여성에 대한 경칭)
comment 어떻게
aller (안부) 지내다
très 매우
et 그리고, 그런데
s'appeler 이름이 …이다
p. 238 appeler 동사 변화 참조

대화 TIP

위 대화문은 예의를 갖춰 인사하는 내용입니다. Comment allez-vous? 하고 물으면,
Je vais bien 쥬 베 비엥 (잘 지냅니다), Pas mal 빠 말 (잘 지내는 편입니다), Comme ci
comme ça 꼼씨 꼼싸 (그럭저럭 지냅니다), Je vais mal 쥬 베 말 (잘 지내지 못합니다)로 답
할 수 있으나, 아주 친한 사이가 아닐 때는 잘 지낸다고 대답하는 것이 예의입니다.

발음

Prononciation

020

● 끝 자음은 발음하지 않은 것이 원칙

Lambert [lãbɛːʀ]	comment [kɔmã]	allez [ale]	vous [vu]
très [tʀɛ]	salut [saly]	vais [vɛ]	vas [va]

● r 같은 일부 끝 자음은 발음되는 경우도 있습니다.

bonjour [bɔʒuːʀ]   revoir [ʀəvwaːʀ]

● 연음 (liaison)

발음이 되지 않는 끝 자음 다음에 모음이나 무음 h로 시작하는 단어가 나오면 연결하여 읽습니다. s는 [z]로 연음됩니다.

Comment allez-vous? [꼬멍 알레 부] (×) → [꼬멍 딸레 부] (○)
Comment vous appelez-vous? [꼬멍 부 아쁠레 부] (×) → [꼬멍 부 자쁠레 부] (○)
À tout à l'heure. [아 뚜 아 뢰흐] (×) → [아 뚜 따 뢰흐] (○)

추가 표현

Expressions Supplémentiares

021

● **하루의 인사**

Bonsoir! 안녕(하세요)! 〈저녁 인사〉
Bonne nuit! 잘 자(요)! 〈밤 인사〉
Bonne matinée! 좋은 아침나절 보내(세요)!
Bonne soirée! 좋은 저녁 시간 보내(세요)!

À demain!   Salut!

● **헤어질 때 인사**

À tout de suite! 조금 이따 만나(요)!
À plus tard! 나중에 봐(요)!
À bientôt! 곧 만나(요)!
À demain! 내일 만나(요)!
Salut! 안녕!
Bonsoir! 안녕! (저녁 때 사용)

이름을 물을 때 (비격식적 표현)

Tu t'appelles
뛰 　 따뻴

comment?
꼬멍?

Je m'appelle
쥬 　 마뻴

Antonio.
엉또니오.

A 네 이름이 뭐야?

B 내 이름은 안토니오야.

처음 만났을 때

Enchantée,
엉썽떼,

John.
존.

Enchanté, Soumi.
엉썽떼, 　 수미.

A (만나서) 반가워요, 존.

B 반가워요, 수미

참고

Enchanté(e) (만나서) 반갑습니다.

앞에 **Je suis** 쥬 쒸 (나는 …이다) 가 생략된
형태이며, 말하는 사람이 여자일 때는 끝에
e를 붙여서 **Enchantée**라고 합니다. 단어
끝의 **e**는 발음이 되지 않습니다.

감사의 인사

Merci beaucoup.
멕씨 　 보꾸.

Je vous en prie.
쥬 부 정 프히.

A 대단히 감사합니다.

B 천만에요.

▶ beaucoup 많이

참고

'천만에(요)'의 여러 표현

▶ 친한 사이에서 사용

De rien.
드 히엥.

Il n'y a pas de quoi.
일 니 아빠 　 드 꽈.

▶ 격식을 갖춘 표현

Je vous en prie.
쥬 부 　 정 프히

À votre service.
아 보트흐 쎄흐비쓰.

문법

1 빈칸에 vous나 tu를 넣으세요.

(1) Comment allez- _____, monsieur?

(2) Comment t'appelles- _____?

(3) _____ vas bien, Antonio?

(4) _____ vous appelez comment?

2 빈칸에 강세형 인칭 대명사 moi, toi, vous를 넣으세요.

(1) Je vais bien, merci, et _____ madame?

(2) Salut, Emma! Bonne soirée! – Merci, _____ aussi.

(3) _____, je vais très bien.

3 다음 그림에 해당하는 인사말을 찾아 연결하세요.

(1) •

• ① Salut, ça va?

(2) •

• ② Enchanté, mademoiselle!

(3) •

• ③ Je vous en prie, monsieur!

(4) •

• ④ Salut! - À bientôt!

듣기 ● 다음을 듣고 빈칸에 알맞은 말을 넣으세요.

023

(1) A _____ vous appelez-vous?

   B Je _____ Soumi.

(2) A Comment _____-vous?

   B Je _____ très bien.

(3) A Au _____, Emma.

   B À demain, Soumi.

(4) A Merci, Antonio!

   B _____, Soumi.

(5) A Bonne _____, John.

   B _____. À _____, Soumi.

(6) A Enchanté, madame.

   B _____, monsieur.

읽기 ● 다음 대화문을 보고 주어진 단어 중 알맞은 것을 찾아 넣으세요.

merci   Salut   À tout à l'heure   bien   toi   vais

Emma   Bonsoir, Jinsou!

Jinsou   (1) _____, Emma!

Emma   Tu vas (2) _____?

Jinsou   Je (3) _____très bien, (4) _____, et

         (5) _____?

Emma   Pas mal, merci.

         (...)

Jinsou   Au revoir!

Emma   (6) _____!

프랑스의 인사법

프랑스에서 가장 일상적인 인사 방법은 악수!

처음 만났거나 공적인 자리에서는 보통 악수를 합니다. 악수를 청할 때도 무언의 관례가 있습니다. 남녀 간의 만남에서 남자가 여자에게 악수를 청하는 것이 아니라 여성이 남성에게 먼저 손을 내밀고 악수를 청합니다. 또한 나이 많은 사람이 어린 사람에게 악수를 청하는 것이 일반적입니다.

친밀한 사이가 되면 비즈!

어느 정도 친밀한 사이가 되면 'bise 비즈' 또는 'bisou 비주'라 불리는 볼을 맞대는 신체적 접촉을 통해 친밀감을 표현합니다. 비즈는 입술을 볼에 가져다 대고 뽀뽀를 하는 것이 아니라, 서로 양 볼을 살짝 맞대고 입으로 뽀뽀 소리를 내는 인사입니다. 비즈의 횟수는 두 번, 세 번, 네 번 등 지역마다 다릅니다. 비즈는 여자 친구 간, 남녀 친구 간, 가족, 친지, 가까운 지인들과 나누는 인사인데, 청소년이나 대학생 등 젊은이들은 처음 소개받은 친구들과 곧바로 비즈를 하는 격의 없는 태도를 보입니다. 여기서 상대가 주저하면 친구가 되고 싶지 않다는 행동이니 주의해야 합니다. 하지만 남자끼리는 친한 사이여도 비즈를 하지 않고 악수를 합니다.

Je suis coréenne et je suis étudiante.

동영상 강의

- être 동사
- 국가와 국적
- Vous êtes d'où?: 어디 출신이세요?
- Qu'est-ce que vous faites?: 무슨 일을 하세요?
- 명사와 형용사의 주어 일치
- 부정문

Soumi, vous êtes coréenne?
수미, 부 제뜨 꼬헤엔느?

수미 씨는 한국 사람이에요?

Oui, je suis coréenne.
위, 쥬 쒸 꼬헤엔느.

네, 저는 한국 사람이에요.

● être 동사

être는 '···이다' 또는 '···에 있다'라는 뜻입니다.

	긍정문	의문형
je	**suis** 쥬 쒸 나는 ···이다	Suis-je?
tu	**es** 뛰 에 너는 ···이다	Es-tu?
il / elle	**est** 일 / 엘 레 그녀는 ···이다	Est-il / elle?
nous	**sommes** 누 썸 우리는 ···이다	Sommes-nous?
vous	**êtes** 부 제뜨 당신(당신들, 너희들)은 ···이다	Êtes-vous?
ils / elles	**sont** 일 / 엘 쏭 그/그녀들은 ···이다	Sont-ils / elles?

● 국가와 국적

국가는 고유 명사이므로 정관사를 사용하며, 국적 명사의 첫 글자는 대문자입니다.

국가 명칭	국적 명칭 (남성)	국적 명칭 (여성)	국적 형용사
la Corée 한국 라 꼬헤	un Coréen 한국 남자 앙 꼬헤엥	une Coréenne 한국 여자 윈 꼬헤엔느	coréen(ne) 한국인의 꼬헤엥(꼬헤엔느)

● Vous êtes d'où?: 어디 출신이세요?

출신 도시나 국적을 물어보는 질문입니다. de는 '···로 부터'라는 뜻으로, où는 '어디에'라는 의문사입니다.

Vous êtes d'où? 부 제뜨 두?	Je suis coréen. 저는 한국인입니다. (être + 국적 형용사) 쥬 쒸 꼬헤엥 Je suis de Séoul. 저는 서울 사람이에요. (être de + 출신 도시 명칭) 쥬 쒸 드 쎄울.

Bruno, vous êtes étudiant?
브휘노, 부 재뜨 제뛰디엉?

브뤼노 씨는 학생이세요?

Non, je ne suis pas étudiant.
농, 쥬 느 쒸 빠 제뛰디엉.

아니요, 저는 학생이 아니에요.

● Qu'est-ce que vous faites?: 무슨 일을 하세요?

직업을 묻는 표현으로, 'Je suis + 직업 명사'로 답하면 됩니다.

A Qu'est-ce que vous faites? 무슨 일을 하세요?
  께스 끄 부 페뜨?

B Je suis étudiant. 저는 학생이에요.
  쥬 쒸 제뛰디엉.

참고

que 무엇

주의

직업 명사 앞에 관사를 붙이는 것이 원칙이지만,
'être + 직업 명사'가 나올 때는 관사를 생략합니다.
Je suis un étudiant. (x)
Je suis étudiant. (O) 나는 대학생입니다.

● 명사와 형용사의 주어 일치

être 동사 다음에 속사(주어를 꾸며 주는 형용사나 명사)가 나올 때, 속사를 주어의 성(性)과 수(數)에 일치시킵니다. 남성형에 e를 붙이면 여성형이 됩니다. p. 26~27 명사의 여성형 참조

Il est français. 그는 프랑스인이다.
일 레 프헝쎄.

Elle est française. 그녀는 프랑스인이다. **형용사**
엘 레 프헝쎄즈.

Il est étudiant. 그는 학생이다.
일 레 떼뛰디엉.

Elle est étudiante. 그녀는 여학생이다. **명사**
엘 레 떼뛰디엉뜨

● 부정문 : ne + 동사 + pas

부정문은 동사 앞·뒤에 ne … pas를 붙여 만듭니다. ne 다음에 모음이나 무음 h로 시작하는 동사가 나오면 ne는 n'로 축약됩니다.

je	ne suis pas 나는 …가 아니다 느 쒸 빠
tu	n'es pas 너는 …가 아니다 네 빠
il / elle	n'est pas 그녀는 …가 아니다 네 빠
nous	ne sommes pas 우리는 …가 아니다 느 썸 빠
vous	n'êtes pas 당신(당신들, 너희들)은 …가 아니다 네뜨 빠
ils / elles	ne sont pas 그/그녀들은 …가 아니다 느 쏭 빠

A Êtes-vous chinoise?
  에뜨 부 쉬누와즈?
  중국 여자 분이세요?

B Non, je ne suis pas chinoise.
  농. 쥬 느 쒸 빠 쉬누와즈.
  아니요, 저는 중국 사람이 아니에요.

Vous êtes d'où?

Moi, je suis américain.

Soumi	**Bonjour, John, vous êtes d'où?** 봉쥬흐, 존 부 제뜨 두?
John	**Moi, je suis américain. Et vous,** 무와, 쥬 쒸 자메히껭. 에 부, **vous êtes chinoise?** 부 제뜨 쉬누와즈?
Soumi	**Non, je ne suis pas chinoise, je suis** 농, 쥬 느 쒸 빠 쉬누와즈, 쥬 쒸 **coréenne.** 꼬헤엔느.
John	**Ah, bon! Vous êtes de Séoul?** 아, 봉! 부 제뜨 드 쎄울?
Soumi	**Oui, je suis de Séoul. On se tutoie?** 위, 쥬 쒸 드 쎄울. 옹 쓰 뛰뚜와?
John	**D'accord.** 닥꼬흐.

수미	안녕하세요, 존, 어디 출신이세요?
존	저는 미국 사람이에요. 그런데, 당신은 중국 사람이세요?
수미	아니요, 저는 중국 사람이 아니라, 한국 사람이에요.
존	아, 그렇군요! 서울 사람이세요?
수미	네, 서울 사람이에요. 우리 서로 말을 놓을까요?
존	좋아요.

대화 TIP

주어 인칭 대명사 on

주어 인칭 대명사 on은 원래 '사람들'이라는 뜻입니다. 하지만 회화체에서는 nous(우리)를 대신할 수 있습니다. on은 의미상 복수이지만, 동사는 항상 3인칭 단수 형태를 씁니다.

Bruno et moi, **on** (= nous) **est** français. 브뤼노와 나, 우리는 프랑스인이다.
(동사 : 3인칭 단수)

새 단어 및 표현

de …로부터
où 어디에
  (d'où 는 de와 où의 축약 형태)
américain(e) 미국(인)의
chinois(e) 중국(인)의
coréen(ne) 한국(인)의
se tutoyer 서로 말을 놓다
d'accord 좋아(요)
(동의를 나타내는 말)

Je suis employé
de banque.

Qu'est-ce que
vous faites?

Soumi	Emma, qui est-ce? 엠마, 끼 에 쓰?
Emma	C'est mon ami. Il s'appelle Bruno. 쎄 모 나미. 일 싸뻴 브휘노.
Soumi	Bonjour, Bruno. Vous êtes étudiant? 봉쥬흐, 브휘노. 부 제쯔 제뛰디엉?
Bruno	Non, je ne suis pas étudiant. 농. 쥬 느 쒸 빠 제뛰디엉
Soumi	Alors, qu'est-ce que vous faites? 알로흐, 께 쓰 끄 부 페뜨?
Bruno	Je suis employé de banque. 쥬 쒸 정쁠라예 드 벙끄.

수미	엠마, 이 분은 누구야?
엠마	내 친구야. 이름은 브뤼노야.
수미	안녕하세요, 브뤼노. 학생이세요?
브뤼노	아니요, 저는 학생이 아니에요.
수미	그럼, 무슨 일을 하세요?
브뤼노	은행원이에요.

 대화 TIP

Qu'est-ce que vous faites? 무슨 일을 하세요?

Qu'est-ce que vous faites?는 '무슨 일을 하세요?'라는 뜻으로 사적으로 직업을 물어볼 때 쓰는 표현입니다. 공적인 질문은 Quelle est votre profession? 껠 레 보트흐 프호페씨용? (당신의 직업이 무엇입니까?)입니다. 두 질문에 대한 답은 모두 'Je suis + 무(無)관사 직업 명사'로 하면 됩니다.

새 단어 및 표현

qui 누구
c'est 이것은(이 사람은) …이다
mon 나의
ami(e) 친구
étudiant(e) 대학생
alors 그러면, 그래서
que 무엇
faire 하다, 만들다 p. 242 동사 변화 참조
employé(e) 회사원, 종업원
de …의 (소유)
banque f. 은행

발음 Prononciation

026

u는 [y]로 발음합니다. 입술을 오므려 '우'에 가깝게 만들고 입술 모양을 변화시키지 않고 '위'로 발음하면 됩니다.

étudiant [etydjã]	tutoie [tytwa]	Bruno [bʀyno]

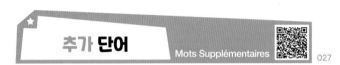

추가 단어 Mots Supplémentaires

027

● 국적 형용사

allemand(e)
독일(인)의

mexicain(e)
멕시코(인)의

anglais(e)
영국(인)의

canadien(ne)
캐나다(인)의

espagnol(e)
스페인(인)의

italien(ne)
이탈리아(인)의

japonais(e)
일본(인)의

russe
러시아(인)의

● 직업 명사

① ② ③ ④

① **un(e) chanteur(euse)**	가수
② **un(e) cuisinier(ère)**	요리사
③ **un(e) photographe**	사진작가
④ **un(e) serveur(euse)**	웨이터
un(e) boulanger(ère)	제빵사
un(e) dentiste	치과 의사
un(e) infirmier(ère)	간호사
un(e) informaticien(enne)	정보 처리 기사
un(e) journaliste	기자
un(e) acteur(rice)	배우

주의

남성형으로만 쓰이는 직업 명사

un professeur 교수	un peintre 화가
un médecin 의사	un mannequin (패션) 모델
un écrivain 작가	un policier 경찰관

국적 묻기

Je suis espagnol.
쥬 쒸 제스빠뇰.

Vous venez d'où?
부 브네 두?

A 어느 나라 사람이세요?

B 저는 스페인 사람이에요.

▶ venir de (···의) 출신이다 **p. 244 동사 변화**
(Vous venez de quel pays?
어느 나라 사람이에요?)

참고

venir 오다

지각 여부 확인하기

Non, nous sommes
농, 누 썸

en avance.
저 나벙스.

Nous sommes
누 썸

en retard?
정 흐따흐?

A 우리 지각했어?

B 아니, 우리 일찍 왔어.

▶ être en retard 지각하다 (retard *m.*
지체) | être en avance 일찍 오다
(avance *f.* (시간·공간) 앞섬)

참고

être à l'heure 정시에 오다

휴가에 대하여 묻기

Oui, je suis
위 쥬 쒸

en vacances.
정 바껑쓰.

Vous êtes en
부 제뜨 정

vacances?
바껑쓰?

A 휴가 중이세요?

B 네, 휴가 중입니다.

▶ être en vacances 휴가 중이다
(vacances는 항상 복수로 사용 / en은
상태를 나타내는 전치사)

연습 문제 Exercices

문법 **1** 빈칸에 알맞은 être동사를 넣으세요.

(1) Angela _____ allemande.

(2) Ils _____ acteurs.

(3) Vous _____ coréen, monsieur?

(4) Tu n' _____ pas de Séoul?

2 밑줄 친 형용사의 여성형을 빈칸에 넣으세요.

(1) Bruno est <u>français</u>. Emma est _____.

(2) Jinsou est <u>coréen</u>. Soumi est _____.

(3) Takumi est <u>japonais</u>. Naoko est _____.

(4) John est <u>américain</u>. Linda est _____.

3 그림을 보고 빈칸을 채우세요.

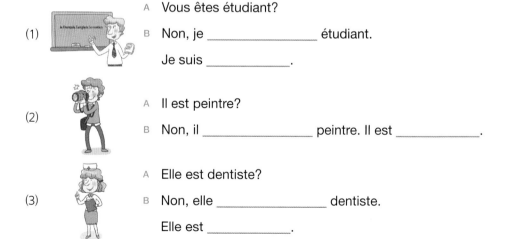

(1)
  A   Vous êtes étudiant?

  B   Non, je _____ étudiant.

      Je suis _____.

(2)
  A   Il est peintre?

  B   Non, il _____ peintre. Il est _____.

(3)
  A   Elle est dentiste?

  B   Non, elle _____ dentiste.

      Elle est _____.

4 다음 질문에 올바른 답을 연결하세요

(1) Tu es anglais?   •   • ① Je suis de Madrid.

(2) Qu'est-ce que vous faites?   •   • ② Je suis mannequin.

(3) Tu es d'où?   •   • ③ Oui, je suis anglais.

1 다음을 듣고 알맞은 인물을 찾아 연결하세요.

029

이름		국적		직업
(1) Roberto •		• ① américaine •		• ⓐ étudiante
(2) Jane •		• ② canadien •		• ⓑ chanteur
(3) Jina •		• ③ italien •		• ⓒ journaliste
(3) Mark •		• ④ coréenne •		• ⓓ boulanger

2 다음을 듣고 해당 인물의 국적과 직업을 고르세요.

030

(1) 안토니오　① 영국인　② 스페인인　③ 이탈리아인　④ 프랑스인

　　　　　　　ⓐ 작가　　ⓑ 교수　　ⓒ 기자　　ⓓ 학생

(2) 메이　① 일본인　② 한국인　③ 중국인　④ 독일인

　　　　　ⓐ 의사　　ⓑ 제빵사　　ⓒ 변호사　　ⓓ 요리사

(3) 루이스　① 미국인　② 멕시코인　③ 칠레인　④ 스페인인

　　　　　ⓐ 선생님　　ⓑ 사진작가　　ⓒ 학생　　ⓓ 정보 처리 기사

● 다음 대화문을 읽고 빈칸에 de, en, d'를 넣으세요.

Bruno　Vous êtes (1) _____ vacances?

Minho　Oui. Vous êtes français?

Bruno　Oui, je suis français, et vous, vous êtes (2) _____ où?

Minho　Je suis coréen. Je suis (3) _____ Séoul. Et vous, vous êtes

　　　　(4) _____ Paris?

Bruno　Non. Moi, je suis (5) _____ Bordeaux.

수탉의 나라, 프랑스

국제 스포츠 시합에 출전한 프랑스 선수들의 상징은 수탉입니다.
1998년 프랑스 월드컵의 마스코트도 수탉이었습니다.

월드컵 프랑스전에서는 수탉 마스코트가 등장하거나 실제 수탉을 들고 응원하는 열혈팬도 목격하게 됩니다. 프랑스 유명 스포츠 용품 상표가 ≪le coq sportif 르 꼬끄 스뽀흐띠≫(le coq 는 프랑스어로 '수탉'의 의미)인 것도 우연이 아닐 것입니다. 왜 수탉이 프랑스의 상징이 되었을까요? 그것은 프랑스 민족의 선조인 골족 (les Gaulois 레 골루와)의 라틴어 발음에서 기인합니다. 로마인들은 골족을 ≪gallus 갈루스≫라 불렀는데, 이말은 '골 (Gaule) 지방 사람들'과 '수탉'이라는 이중적 의미를 지닌 단어였습니다. 그래서 수탉이 프랑스 민족의 상징이 되었다고 합니다. 프랑스인들은 수탉이 가진 야생성, 서민적 느낌, 용감함을 자신들의 기질과 동일시하였습니다. 골족의 주화에도 수탉이 등장하며, 프랑스 대혁명 당시 수탉은 시민들의 상징으로 사용되었고, 엘리제 대통령궁 정원의 담 쇠창살도 수탉으로 장식되어 있습니다. 골족에게서는 프랑스인의 보편적 기질을 찾아볼 수 있습니다. 골족은 용맹하고, 이방인을 환대하는 장점을 가지고 있었지만, 경박하고 호기심이 많고 수다스러웠다고 합니다. 그리하여 담소와 웅변을 즐겼고, 격한 성격으로 언쟁을 일삼았던 민족이었습니다. 프랑스인들도 자신들이 수다스럽고(프랑스어로 'bavard' 바바흐) 논쟁을 즐긴다고 인정합니다. 식당이나 카페 등 어느 곳에서나 담소를 즐기고, 격론을 벌이는 프랑스인들을 자주 볼 수 있습니다.

Qu'est-ce que c'est?

- c'est 와 ce sont
- Qu'est-ce que c'est?: 이게 뭐예요?
- 일반적인 의견 표명: c'est + (남성 단수) 형용사
- Qui est-ce?: 저 사람이 누구예요?
- 사람 소개 c'est 와 ce sont
- 소유의 표현 C'est à qui?: 누구 거예요?

Qu'est-ce que c'est?
께 쓰 끄 쎄?
저게 뭐지요?

C'est un livre de français.
쎄 땅 리브흐 드 프헝쎄.
프랑스어 책입니다.

● c'est 와 ce sont

c'est는 '이것은(이 사람)은 …이다'의 뜻으로, 사물과 사람에게 모두 사용할 수 있습니다. ce sont은 c'est 의 복수 형태입니다. c'est 다음에는 반드시 관사를 동반한 명사가 나오지만, 사람 이름 같은 고유명사일 때는 관사를 쓰지 않습니다. 또한 c'est와 ce sont 다음에 직업 명사나 국적 명사가 와도 꼭 관사를 붙여야 합니다.

p. 25 부정 관사, p. 27 명사의 복수 참조

	c'est + 관사 + 단수 명사	**c'est** + 관사 + 복수 명사
사람	C'est un chanteur. 그는 가수이다. 쎄 땅 셩뙤흐.	C'e sont des chanteurs. 그들은 가수들이다. 쓰 쏭 데 셩뙤흐.
사물	C'est un passeport. 그것은 여권이다. 쎄 땅 빠스뽀흐.	Ce song des passeports. 그것들은 여권이다. 쓰 쏭 땅 빠스뽀흐.

● Qu'est-ce que c'est?: 이게 뭐예요?

단수일 때는 c'est un(e), 복수일 때는 ce sont des로 대답합니다. Qu'est-ce que c'est?는 대답이 복 수로 나올지라도 단수 형태로만 질문합니다. Qu'est-ce que ce sont?(그것들은 뭐예요?)은 틀린 표현입니 다.

A Qu'est-ce que c'est? 이게 뭐예요?
    께 쓰 끄 쎄?

B C'est un journal. 그것은 신문이에요.
    쎄 땅 주흐날.

B Ce sont des ordinateurs. 그것은 컴퓨터들입니다.
    쓰 쏭 데 조흐디나뙤흐.

참고
utile 유용한

● 일반적인 의견 표명: c'est + (남성 단수) 형용사

Internet, c'est utile. 인터넷은 유용하다.
엥떼흐넷, 쎄 뛰띨.

Les fleurs, c'est beau. 꽃들은 아름답다.
레 플뢰흐, 쎄 보. (일반적으로 꽃들이 아름답다는 뜻)

주의
한정된 대상에 대해 의견 표명할 때 사용:
il(elle)(s) + est(sont) + 형용사
Ces fleurs, elles sont belles. 이 꽃들은 아름답다.
쎄 플뢰흐, 엘 쏭 벨.
(모든 꽃이 아니라 언급된 그 꽃이 아름답다는 뜻)

Qui est-ce?
끼 에 쓰?
저 사람 누구야?

C'est un ami.
쎄 따 나미.
친구야.

● Qui est-ce?: 저 사람이 누구예요?

qui는 '누구'라는 뜻의 의문사이며, 이 질문은 항상 단수 형태로 사용합니다. 대답은 **c'est**(이 사람은 …이다)나 **ce sont**(이 사람들은 …이다)으로 합니다.

A Qui est-ce? 저 사람이 누구예요?
    끼 에 쓰?

B C'est Bruno. 브뤼노예요.
    쎄 브휘노.

A Qui est-ce? 저 사람이 누구예요?
    끼 에 쓰?

B Ce sont des amis. 친구들이에요.
    쓰 쏭 데 자미.

● 사람 소개 c'est 와 ce sont

사람을 소개할 때 1, 2인칭의 경우에는 **je suis, tu es, nous sommes, vous êtes**를 사용할 수 있지만, 3인칭에서는 il(s)과 elle(s) 대신 **c'est**와 **ce sont**을 사용합니다.

A Êtes-vous Emma? 당신이 엠마입니까?
    에뜨 부 엠마?

B Oui, je suis Emma. 네, 제가 엠마입니다.
    위, 쥬 쒸 엠마.

A Qui est-ce? 저 사람이 누구예요?
    끼 에 쓰?

B C'est Antonio. 그는 안토니오입니다.
    쎄 엉또니오.

> **주의**
> Il est Antonio. (×)

● 소유의 표현 C'est à qui?: 누구 거예요?

'être à + 사람'은 소유를 나타냅니다. 사람을 나타내는 명사 대신, '나, 너, 그'처럼 인칭 대명사를 써야 할 경우에는 강세형 인칭 대명사를 씁니다.

A C'est à qui, ce sac? 이 가방 누구 거예요?
    쎄 따 끼, 쓰 싹?

B Il est à Emma. 엠마 거예요. (Il은 '가방'을 대신한 대명사)
    일 레 따 엠마.

    (= C'est à Emma.)

A C'est à qui, ce livre? 이 책 누구 거예요?
    쎄 따 끼, 쓰 리브흐?

B Il est à moi. 내 거예요. (à + 강세형 인칭 대명사)
    일 레 따 무와.

    (= C'est à moi.)

C'est un journal français.

Qu'est-ce que c'est?

Jinsou **Qu'est-ce que c'est?**
께 쓰 끄 쎄?

Emma **C'est le journal Le Figaro.**
쎄 르 쥬흐날 르 피갸호.

Jinsou **C'est un journal anglais?**
쎄 땅 쥬흐날 엉글레?

Emma **Non, c'est un journal français.**
농, 쎄 땅 쥬흐날 프헝쎄.

Jinsou **Et ça, qu'est-ce que c'est?**
에 싸, 께 쓰 끄 쎄?

Emma **Ce sont des magazines.**
쓰 쏭 데 마가진.

진수 이게 뭐야?
엠마 '르 피가로' 신문이야.
진수 영국 신문이니?
엠마 아니, 프랑스 신문이야.
진수 그러면, 이건 뭐야?
엠마 그것들은 잡지야.

대화 TIP

C'est와 Ce sont의 의문문

C'est의 경우 Est-ce로 도치 의문문이 가능하지만, Ce sont의 경우에는 Sont-ce처럼
도치 의문문이 아니라 Est-ce que ce sont의 형태만을 사용합니다.

Est-ce un magazine? (○) 그것은 잡지입니까?
Est-ce que c'est un magazine? (○)

Sont-ce des magazines ? (×) 그것은 잡지들입니까?
Est-ce que ce sont des magazines? (○)

새 단어 및 표현

journal *m.* 신문 (*pl.* journaux)
anglais(e) 영국(인)의
français(e) 프랑스(인)의
magazine *m.* 잡지

C'est à qui, ce portable?

Il est à Antonio.

John	Qu'est-ce que c'est? 께 쓰 끄 쎄?
Soumi	C'est un portable. 쎄 떵 뽁따블르.
John	Il est joli! C'est à qui, ce portable? 일 레 졸리! 쎄 따 끼, 쓰 뽁따블르?
Soumi	Il est à Antonio. 일 레 따 엉또니오.
John	Antonio, qui est-ce? 엉또니오, 끼 에 쓰?
Soumi	C'est un ami espagnol. 쎄 따 나미 에스빠뇰.

존	이게 뭐야?
수미	휴대 전화야.
존	예쁜데! 이 휴대 전화 누구 거야?
수미	안토니오 거야.
존	안토니오가 누군데?
수미	스페인 친구야.

주의

il(s)과 elle(s)은 사람뿐 아니라, 사물을 대신합니다.

Emma, elle est belle.
엠마는 아름답다.
La Tour Eiffel, elle est belle.
에펠탑은 아름답다.

대화 TIP

C'est un ami espagnol. 그는 스페인 친구야.

이때 부정 관사 un을 쓴 것은 여러 친구 중의 하나라는 의미입니다. 그리고 3인칭 '그, 그녀'를 소개할 때는 il과 elle이 아닌 **c'est** 로 소개합니다.

　　Il est un ami espagnol. (×)
　　C'est un ami espagnol. (○)

새 단어 및 표현

portable *m.* 휴대 전화
(= un téléphone portable)

joli(e) 예쁜

ce 이, 그, 저 (지시 형용사)
(명사 앞에 놓인 ce는 지시 형용사 / ce
sont 의 ce처럼 동사 앞에 놓인 ce는 대명사)

ami(e) 친구

espagnol(e) 스페인(인)의

● 마지막에 쓰인 en과 ain은 [ɛ̃]으로 발음합니다.

coréen [kɔʀeɛ̃]　　　　américain [ameʀikɛ̃]

● 단어의 마지막 e는 발음하지 않습니다.

ce [s(ə)]　　que [k(ə)]　　amie [ami]　　magazine [magazin]　　portable [pɔʀtabl]

추가 **단어** Mots Supplémentaires

034

● 문구류

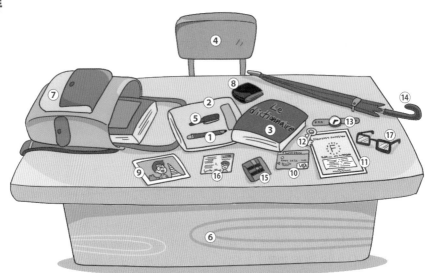

①	**un crayon**	연필	⑩	**une carte bleue**	은행 카드
②	**un cahier**	공책	⑪	**une carte de séjour**	외국인 체류증
③	**un dictionnaire**	사전	⑫	**une clé**	열쇠
④	**une chaise**	의자	⑬	**une montre**	손목시계
⑤	**un stylo**	만년필	⑭	**un parapluie**	우산
⑥	**une table**	책상	⑮	**un mouchoir**	손수건
⑦	**un sac**	가방	⑯	**un permis de conduire**	운전면허증
⑧	**un portefeuille**	지갑	⑰	**des lunettes**	f. 안경 (복수 명사)
⑨	**une photo**	사진			

물건 명칭 묻기

Comment ça
꼬멍   싸
s'appelle en francais?
싸뻴   엉   프헝쎄?

Ça s'appelle 'un couteau'
싸   싸뻴   앙   꾸또
et 'une fourchette'.
에   원   푸흐셰뜨.

A 이게 프랑스어로 뭐예요?

B 그건 '꾸또(칼)'와 '푸흐셰뜨(포크)'라
   고 합니다.

> 참고

· **s'appeler** 불리다
  사람이 주어일 때는 '이름이 …이다'이지만,
  사물이 주어일 때는 '(명칭이)…라 불리다,
  (명칭이) …이다'라는 뜻으로 사용합니다.

· **en français** 프랑스어로
  en은 표현 수단의 전치사로, en anglais
  '영어로', en coréen '한국어로'의 뜻 입니다.

알거나 모르겠다고 대답하기

(1)

Je comprends.
쥬   꽁프헝.

(2)

Je ne comprends pas.
쥬   느   꽁프헝   빠.

(1) 이해가 돼요.

(2) 이해가 안 돼요.

▶ **comprehendre** 이해하다
  p. 240 동사 변화 참조

다시 말해 달라는 표현

Pardon?
빠흐동?

Vous pouvez répéter?
부   뿌베   헤뻬떼?

Vous comprenez?
부   꽁프흐네?

A 이해하시겠어요?

B 뭐라고요? 다시 말씀해 주실 수
   있나요?

▶ **répéter** 반복하다, 되풀이하다

> 참고

상대의 말을 이해하지 못해 반복하게
할 때의 표현: "뭐라고(요)?"

Pardon?
빠흐동?

Comment? (친한 사이에서 사용)
꼬멍?

문법 1 다음 명사를 여성 명사로 바꾸세요.

(1) un serveur – une _____   (2) un musicien – une _____

(3) un infirmier – une _____   (4) un homme – une _____

2 빈칸에 c'est 나 ce sont, 부정 관사 (un, une, des)를 넣으세요.

(1) _____ _____ chanteuse.   (2) _____ _____ portefeuille.

(3) _____ _____ boulangère.   (4) _____ _____ chaises.

3 Qui est-ce나 Qu'est-ce que c'est를 사용하여 질문을 하세요.

(1) A _____

    B C'est une actrice française.

(2) A _____

    B C'est un sac.

(3) A _____

    B Ce sont des amis.

(4) A _____

    B Ce sont des lunettes.

4 빈칸에 un/une, il est/elle est/c'est를 넣으세요. (들어갈 것이 없으면 X 표시)

(1) Qui est-ce? _____ Mey. _____ chinoise.

(2) Robert est _____ informaticien. _____ un bon informaticien.

(3) Jinsou est _____ coréen. _____ interprète.

(4) Céline Dion est _____ chanteuse. _____ une chanteuse canadienne.

1 다음을 듣고 알맞은 부정 관사(un, une, des)를 넣으세요.

(1) _____ portable

(2) _____ photo

(3) _____ étudiantes

(4) _____ clés

(5) _____ dictionnaires

(6) _____ hommes

036

2 다음을 듣고 빈칸에 들어갈 대답을 쓰세요.

(1) Qu'est-ce que c'est?

①   ②   ③   ④

_____   _____   _____   _____

037

(2) Qu'est-ce que vous faites?

①   ②   ③   ④

_____   _____   _____   _____

● 다음 명함(la carte de visite)을 보고 질문에 답하세요.

Louis Catel

journaliste

téléphone : 04 90 45 77 86
courriel : mc09@gogo.fr

(1) A   Comment il s'appelle?

     B   Il _____

(2) A   Qu'est-ce qu'il fait?

     B   Il _____

(3) A   Son courriel(= e-mail)?

     B   C'est _____

프랑스의 문화를 주도한 카페

카페는 루브르 박물관과 프랑스 요리와 함께 프랑스의 3대 문화로 선정될 정도로 중요한 의미를 갖는 공간입니다. 파리에는 전통과 역사를 자랑하는 유명한 카페들이 있는데, 그중 'café Procope 까페 프호꼬프'와 'Les deux Magots 레 되마고', 'café de Flore 까페 드 플로흐'가 가장 유명합니다. 1644년 터키로부터 처음으로 커피와 커피 제조에 필요한 기구들이 프랑스에 들어왔으며, 1699년 이후부터 커피가 확산되었습니다. '카페 프로코프'의 성공에 고무되어 카페들이 우후죽순처럼 문을 열기 시작해, 1723년에는 파리에만 380여 곳의 카페가 있었다고 합니다.

café Procope

❶ 프랑스풍으로 장식된 최초의 카페
1686년 '라틴 구역(Quartier latin 꺄흐띠에 라땡)'에 문을 열었는데, 이곳은 터키풍으로 장식된 다른 카페와는 달리 고유 프랑스풍으로 장식된 최초의 카페였다고 합니다.

❷ 웨이터(garçon)
유럽 카페에서 흔히 볼 수 있는 웨이터(garçon 갸흐쏭)의 흑백 스타일 복장, 팔에 백색 헝겊을 걸치고 한 손에 티 포트를 쥔 모습이 바로 '카페 프로코프'에서 비롯되었습니다.

❸ 지식인들의 정치적 담론의 장
몰리에르, 라신, 루소, 디드로, 몽테스키외, 볼테르 등 유명 인물들이 이곳을 자주 찾았다고 하는데, 볼테르는 사람들이 그의 작품이나 인간성에 대해 어떤 평가를 하는지 알고 싶어서 몰래 카페에 드나들었다고 합니다. '문학 카페', '철학 카페'라고 불린 이곳은 지식인들의 정치적 담론의 장이었습니다.

Les deux Magots

❶ 유래
1885년에 Saint Germain 쌩 제흐맹 거리에 문을 연 '레 되 마고'는 카페가 있던 자리에 원래 중국산 비단을 파는 가게가 있어서, 실크의 원산지인 중국을 상징하는 뜻에서 중국 인형을 놓았다고 전해집니다.

❷ 카페 문화의 황금시대
피카소가 큐비즘을 창시한 곳도, 카뮈가 「이방인」을 완성한 곳도 바로 이 카페였으며, 2차 대전 후 사르트르와 보부아르는 거의 매일 두 시간씩 이곳에서 글을 썼다고 합니다. '카페 드 플로흐'는 '레 되 마고'와 함께 좋은 라이벌 관계를 이루며 파리 카페 문화의 황금시대를 연출하였습니다. 이 두 카페는 지금도 많은 관광객의 발길을 끌어 모으는 관광 명소로 자리잡고 있습니다. 핫초코는 특히 '레 되 마고'는 진한 초콜릿 맛의 '핫초코(chocolat 쇼꼴라)'로도 명성을 떨치고 있습니다.

Elle est belle et gentille.

동영상 강의

- Comment est-il(elle)? : 저 남자(여자) 어때요?

- 형용사의 위치

- avoir 동사 : 가지다

● Comment est-il(elle)? 저 남자(여자) 어때요?

이 표현은 인물의 외모와 성격을 물어보는 질문입니다. 대답은 'il / elle est (+ 외모나 성격 형용사)'로 대답합니다. il / elle은 사람뿐 아니라 사물을 대체할 수 있기 때문에 사물의 형태나 상태에 대해서도 물어볼 수 있는 질문입니다. p. 28~29 형용사 p. 25 정관사 참조

A Comment est-il? 그 남자가 어때요?
   꼬멍   에 띨?

B Il est gentil. 그는 친절합니다.
   일 레   정띠.

A Comment est la table? 탁자가 어떻습니까?
   꼬멍   에 라 따블르?

B Elle est ronde. 탁자는 둥급니다.
   엘 레   홍드.

참고
rond(e) 둥근

● 형용사의 위치

원칙적으로 형용사는 명사 뒤에 위치합니다. 특히 색깔·국적 형용사, 형태의 형용사, 긴 형용사, 현재 분사나 과거 분사에서 파생된 형용사는 항상 명사 뒤에 놓입니다.

un pull rouge 빨간색 스웨트 **색깔**
앙 쀨 후쥬

un étudiant italien 이탈리아 학생 **국적**
아 네뛰디엉   이딸리엥

★ 명사 앞에 위치하는 형용사

bon(ne) 좋은 봉(본느)	mauvais(e) 나쁜 모베(모베즈)	beau(belle) 아름다운 보 (벨)	joli(e) 예쁜 졸리(졸리)
petit(e) 작은 쁘띠(쁘띠뜨)	grand(e) 큰 그헝(그헝드)	gros(se) 뚱뚱한, 두꺼운 그호(그호쓰)	
jeune 젊은 쥔느	nouveau(nouvelle) 새로운 누보(누벨)	vieux(vieille) 늙은, 오래된 비으(비에이으)	

un **nouveau** copain 새 친구
앙 누보   꼬뺑

une **belle** fleur 예쁜 꽃
윈 벨   플뢰흐

un **bon** pain 맛있는 빵
앙 봉 뺑

une **jeune** fille 젊은 여자
윈 쥔느   피으

66

Avez-vous des amis français?
아베 부 데 자미 프헝쎄?

프랑스 친구들이 있나요?

Oui, j'ai des amis
위, 제 데 자미

français.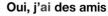
프헝쎄.

네, 프랑스 친구들이 있어요.

● avoir 동사: 가지다

'가지다'라는 뜻의 avoir는 3군 불규칙 동사입니다.

긍정형		부정형		의문형
j'	**ai** 제	je	**n'ai pas** (축약)	ai-je?
tu	**as** 뛰 아	tu	n'as pas	as-tu?
il/elle	**a** 일(엘) 라	il/elle	n'a pas	a-t-il/elle?
nous	**avons** 누 자봉	nous	n'avons pas	avons-nous?
vous	**avez** 부 자베	vous	n'avez pas	avez-vous?
ils/elles	**ont** 일(엘) 종	ils/elles	n'ont pas	ont-ils/elles?

A **As-tu des amis anglais?** 너는 영국 친구들이 있니?
아 뛰 데 자미 정글레?

B **Oui, j'ai des amis anglais.** 응, 나는 영국 친구들이 있어.
위. 제 데 자미 정글레.

A **Avez-vous rendez-vous avec Emma?** 당신은 엠마와 약속이 있나요?
아베 부 헝데 부 아베 껨마?

B **Non, je n'ai pas rendez-vous avec elle.** 아니요, 그녀와 약속이 없어요.
농. 쥬 네 빠 헝데 부 아베 껠.

> **참고**
> rendez-vous *m.* (만날) 약속

> **주의**
> j'ai는 모음 충돌을 피하기 위해 je와 ai가 축약된 것입니다. tu의 u도 모음이지만 u는 축약하지 않습니다.
> 부정형은 동사 앞·뒤로 ne … pas를 붙이는데, 이때에도 축약에 주의해야 합니다. 또한 3인칭 단수(il, elle)의 도치 의문문에서 모음 충돌을 피하기 위해 '허사의 t'를 넣습니다. 이 t는 아무 의미 없이, 모음 충돌을 피할 용도로 들어갑니다.

대화 ❶   Dialogue 1   038

Fle est belle et gentille

Comment est-elle?

Antonio	Qui est la jeune fille, là-bas? 끼 에 라 죈느 피으, 라 바?
Soumi	C'est Emma Durand. 쎄 엠마 뒤헝.
Antonio	Comment est-elle? 꼬멍 에 뗄?
Soumi	Elle est belle et gentille. 엘 레 벨 에 정띠으.
Antonio	En plus, elle a de beaux yeux bleus! 엉 쁠뤼스, 엘 라 드 보 지으 블르!
Soumi	En effet, elle a de beaux yeux. 어 네페, 엘 라 드 보 지으.

안토니오 저기 저 젊은 여자가 누구야?
수미 엠마 뒤랑이야.
안토니오 저 여자 어떠니?
수미 예쁘고 친절해.
안토니오 게다가 그녀 눈이 예쁜 파란색이야.
수미 정말이지, 그녀는 눈이 예뻐.

대화 TIP

복수의 de: de + 복수 형용사 + 복수 명사

형용사가 명사 앞에 놓일 경우, 부정 관사 복수 des가 de로 바뀝니다.

des beaux yeux → **de** beaux yeux 예쁜 눈
des jolies fleurs → **de** jolies fleurs 예쁜 꽃들
des bons amis → **de** bons amis 좋은 친구들

새 단어 및 표현

jeune 젊은
fille *f.* 소녀, 여자
là-bas 저기에
gentil(le) 친절한
en plus 게다가
yeux *m. pl.* 눈 (단수 : oeil)
bleu(e) 파란색의
en effet 실제로, 정말이지 (단언)
grand(e) 큰
beau(belle) 아름다운

Avez-vous quelque chose à déclarer?

Non, rien.

À la douane
알 라 두안

D*   ## Bonjour, votre passeport, s'il vous plaît!
봉쥬흐,   보트흐   빠쓰보흐,   씰   부   쁠레!

Soumi   ## Voilà, monsieur.
부왈라,   므씨으.

D   ## Avez-vous quelque chose à déclarer?
아베   부   껠끄   쇼즈   아

Soumi   ## Non, rien. J'ai seulement une bouteille
농,   히엥.   제   쐴멍   윈   부떼이으

        ## de vin.
        드   벵.

D   ## Bon! Au revoir, mademoiselle.
봉!   오   흐브와흐,   맏무와젤.

* un dounier(세관원)을 줄여 D로 표시

세관에서

세관원	안녕하세요, 여권이요 (제시하세요)!
수미	여기 있어요.
세관원	신고할 것이 있습니까?
수미	아니요, 아무것도 없어요. 포도주 한 병 밖에 없어요.
세관원	됐습니다! 안녕히 가세요.

참고

Voilà
물건을 직접 보여 주며 여기 있다고 말할 때뿐 아니라, 'voilà + 명사'로 쓰여 사람이나 사물을 제시하는 '저기에 … 이/가 있다'라는 뜻으로도 사용.

Voilà un étudiant.
저기에 학생이 한 명 있다.

Voilà des chaises.
저기에 의자들이 있다.

대화 TIP

Avez-vous quelque chose à déclarer? 신고할 것이 있습니까?

quelque chose는 '어떤 것'에 해당하는 중성 대명사입니다. 동사가 형용사처럼 중성 대명사나 명사를 꾸며 줄 때는 앞에 전치사 à를 붙입니다.

J'ai quelque chose à faire. 나는 할 것이 있다.
제   껠끄   쇼즈   아 페흐.

J'ai une lettre à envoyer. 나는 보낼 편지가 있다.
제   윈   레트흐   아 엉부와이예.

새 단어 및 표현

douane *f.* 세관
douanier *m.* 세관원
passeport *m.* 여권
voilà (물건을 보여 주며) 여기 있습니다
quelque chose 어떤 것
déclarer 신고(선언)하다
rien 아무것
seulement 단지, 오로지
bouteille *f.* 병
vin *m.* 포도주
bon! 좋아요, 됐어요 (감탄사)

● 반 자음 [j] : i 나 y + 모음 → [j]

yeux [jø] [이의] : 정관사 les와 함께 쓰면 연음되어 les yeux [lezjø] [레지의]로 발음합니다.

bouteille [butɛj] [부떼이의]

★ 추가 **단어**
Mots Supplémentaires
041

● 감정 형용사

content(e)
기분 좋은, 만족한

heureux(se)
행복한

malheureux(se)
불행한

surpris(e)
놀란

fâché(e)
화난

inquiet(ète)
걱정스러운

triste
슬픈

ennuyeux(se)
지루한

● 외모·성격·상황 형용사

①

②

③

①	**intelligent(e)**	똑똑한
②	**blond(e)**	금발의
③	**mince**	날씬한
④	**joli(e)**	예쁜
⑤	**laid(e)**	못생긴
⑥	**marié(e)**	기혼의

④

⑤

⑥

célibataire	미혼의
sympathique	호감이 가는
bavard(e)	수다스러운
gros(se)	뚱뚱한
intelligent(e)	똑똑한

유용한 표현

Expressions Utiles

042

상태에 대하여 말하기

J'ai chaud et
제   쇼   에
j'ai soif.
제   수와프.

Moi, j'ai faim.
무와   제   펭.

A 덥고 목이 말라.

B 나는 배고파.

▸ le faim 배고픔, 기아 | la soif 갈증 |
chaud *m.* 더위, 뜨거움 / *a.* 더운, 뜨거운

참고

J'ai froid. 나 추워요.   le froid 추위
J'ai peur. 나 무서워요.   la peur 두려움, 공포
J'ai sommeil. 나 졸려요.   le sommeil 잠

상대의 상태나 감정 추측하기

Vous avez l'air
부   자베   레흐
faigué.
파띠게.

Non, je ne suis
농,   쥬 느 쒸
pas fatigue.
빠   파띠게.

A 피곤해 보이시네요.

B 아니요, 피곤하지 않아요.

▸ fatigue(e) 피곤한 |
avoir l'air (+ 형용사) …처럼 보이다

사물의 형태 표현

Attention à ce couteau!
아떵씨용   아 쓰   꾸또!
Il est trenchant.
일 레   트헝성.

그 칼 조심해요! 날카로워요.

▸ Attention à …에 조심하다 |
couteau *m.* 칼 | trenchant(e) *a.*
예리한, 칼날이 선

참고

사물 형태 표현 형용사

long(ue) 롱(그) 긴   carré(e) 까헤 정사각형의
court(e) 꾸흐(뜨) 짧은   large 라흐쥬 (폭이) 넓은
ovale 오발 타원형의   étroit(e) 에트화(뜨) (폭이) 좁은

문법 1 다음 그림을 보고, 빈칸에 들어갈 적절한 형용사를 고르세요. (복수의 답 가능)

(1) La femme a les cheveux _____.

　　① roux　　　　　　② bruns　　　　　　③ blonds

(2) L'homme est _____.

　　① gros　　　　　　② mince　　　　　　③ fâché

(3) L'homme a _____.

　　① un sac　　　　　② des lunnettes　　　③ un chapeau

(4) La femme et l'homme sont _____ .

　　① gros　　　　　　② jeunes　　　　　　③ vieux

▸ femme *f.* 여자 ∣ cheveux *m.pl.* 머리카락 ∣ roux(rousse) 적갈색의 ∣ homme *m.* 남자 ∣ chapeau *m.* 모자

2 그림을 보고 문장을 여성형이나 복수로 바꾸세요.

exemple 1　C'est un <u>acteur merveilleux</u>.

exemple 2　C'est un <u>ami français</u>.

(1) C'est une _____ _____.

(2) Ce sont des _____ _____.

043

듣기 ● 다음을 듣고 다음 형용사가 남성이면 '남성'에, 여성이면 '여성', 남성과 여성이 동일하면 '알 수 없음'에 체크하세요.

	① 남성 (un homme)	② 여성 (une femme)	③ 알 수 없음 (on ne sait pas)
(1)	☐	☐	☐
(2)	☐	☐	☐
(3)	☐	☐	☐
(4)	☐	☐	☐
(5)	☐	☐	☐
(6)	☐	☐	☐
(7)	☐	☐	☐

읽기 ● 다음 글을 읽고 진수의 친구가 몇 명인지 국적에 따라 숫자를 써 넣으세요. p. 34 숫자 참조

J'ai dix amis. J'ai deux amis coréens, un ami américain, trois amis japonais et quatre amis français. Mais je n'ai pas d'amis chinois, et pas d'amis allemands.

coréen(s)	allemand(s)	français	japonais	américain(s)	chinois
				1명	

중세 고딕 양식의 대표적 건물, 노트르담 대성당

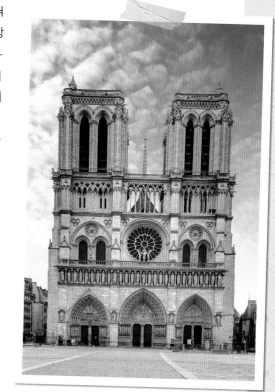

13세기에 완성된 노트르담 대성당은 약 180년에 걸쳐 건설된 중세 고딕 양식의 대표적인 건축물로, 파리의 센 강에 떠 있는 시테 섬에 위치해 있습니다. 노트르담 (Notre-Dame 노트흐담)은 영어로 'Our lady'로 '성모마리아'를 가리킵니다. 고딕 건축은 그리스-로마 정신을 바탕으로 만들어졌던 지중해 건축의 영향에서 벗어나 본격적인 유럽 본토의 건축 시대가 도래했음을 알리는 양식으로, 프랑스에서 처음으로 시작되었습니다. 고딕의 첫 번째 특징은 하늘을 향해 치솟은 첨탑으로, 천국에 더 가까이 도달하려는 중세인들의 염원을 표현합니다. 두 번째 특징은 건물 정면의 초점이 되는 커다란 원형 창 (일명 장미창, rose window)으로, 스

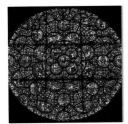

테인드글라스로 장식되어 있습니다. 성서의 내용을 색깔을 입혀 표현함으로써 신비롭고 경건한 분위기를 조성한 스테인드글라스는 조명, 장식, 교육적인 효과를 거두고 있습니다. 세 번째 특징은 비잔틴 교회당에서 볼 수 있었던 모자이크나 벽화가 사라지고 조각 장식이 그 자리를 대신하게 된 것입니다. 스테인드글라스 때문에 벽화를 그릴 벽면이 없어졌기 때문입니다. 노트르담 대성당의 외관이나 내부는 섬세한 조각상들로 장식되어 있어 성당 전체에 풍부한 음영이 드러납니다. 정면에 있는 3개

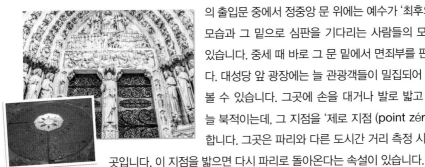

의 출입문 중에서 정중앙 문 위에는 예수가 '최후의 심판'을 하는 모습과 그 밑으로 심판을 기다리는 사람들의 모습이 조각되어 있습니다. 중세 때 바로 그 문 밑에서 면죄부를 판매했다고 합니다. 대성당 앞 광장에는 늘 관광객들이 밀집되어 있는 한 지점을 볼 수 있습니다. 그곳에 손을 대거나 발로 밟고 사진을 찍느라 늘 북적이는데, 그 지점을 '제로 지점 (point zéro 쁘웽 제호)'라고 합니다. 그곳은 파리와 다른 도시간 거리 측정 시 기준점이 되는 곳입니다. 이 지점을 밟으면 다시 파리로 돌아온다는 속설이 있습니다.

2019년 4월 15일 노트르담 대성당에서 큰 화재가 발생하여, 첨탑과 목조 지붕 등이 붕괴되는 등 큰 피해를 입었습니다. 진화 작업 끝에 성당의 가장 기본적인 골조와 정면 탑의 붕괴는 막았으며, 현재 첨탑은 원형 그대로의 복원 공사가 진행 중에 있습니다.

Parlez-vous français?

동영상 강의

- 1군 동사
- 언어 명칭
- 기호 표현 : aimer / préférer (+ 정관사 + 명사)
- 축약 관사
- jouer + à (+ 스포츠·게임)

Parlez-vous français?
빠흘레 부 프헝쎄?
프랑스어를 하십니까?

Oui, je parle français.
위, 쥬 빠흘르 프헝쎄.
네, 프랑스어를 해요.

● 1군 동사

1군 동사는 **-er**의 어미를 갖는 동사로, 어미가 **e**, **es**, **e**, **ons**, **ez**, **ent**로 변화합니다. _{p. 31 1군 동사 참조}

parler 말하다		parler 부정형		parler 의문형	
je	parle 쥬 빠흘르	je	ne parle pas	je	est-ce que je parle?
tu	parles 뛰 빠흘르	tu	ne parles pas	tu	parles-tu?
il / elle	parle 일(엘) 빠흘르	il / elle	ne parle pas	il / elle	parle-t-il(elle)?
nous	parlons 누 빠흘롱	nous	ne parlons pas	nous	parlons-nous?
vous	parlez 부 빠흘레	vous	ne parlez pas	vous	parlez-vous?
ils / elles	parlent 일(엘)빠흘르	ils / elles	ne parlent pas	ils / elles	parlent-ils(elles)?

주의
1군 동사에서 je에 대한 의문형은 도치 의문문이 아니라 **est-ce que**의문문을 사용합니다. 또한 모든 1군 동사에서 il과 elle의 도치 의문문은 모음 충돌을 피하기 위해 '허사의 **t**'를 넣습니다.

● 언어 명칭

언어 명칭은 국적 형용사 앞에 정관사 **le**를 붙이면 언어 명칭이 됩니다. 모음으로 시작하는 언어 명칭 앞에서 **le**는 **l'**로 축약됩니다.

le + (남성 단수) 국적 형용사 → 언어 명칭

le français 프랑스어
르 프헝쎄

le coréen 한국어
르 꼬헤엥

l'anglais 영어
렁글레

le chinois 중국어
르 쉬누와

le japonais 일본어
르 쟈뽀네

l'espagnol 스페인어
레스빠뇰

l'italien 이탈리아어
리딸리엥

l'allemand 독일어
랄 멍

A Étudiez-vous le français? 당신은 프랑스어를 공부합니까?
에뛰디에 부 르 프헝쎄?

B Oui, j'étudie le français. 네, 저는 프랑스어를 공부합니다.
위 제뛰디 르 프헝쎄.

_{참고}
étudier 공부하다

Aimez-vous le football?
에메 부 르 풋볼?
너희들 축구 좋아하니?

Oui, donc nous jouons
위, 동끄 누 주옹
souvent au football.
쑤벙 오 풋볼.
응, 그래서 우리는 축구를 자주 해.

● **기호 표현 : aimer / adorer / préférer (+ 정관사 + 명사)**

aimer(좋아하다), adorer(아주 좋아하다), préférer(더 좋아하다) 다음에 명사가 나올 때는 항상 정관사(le, la, les)를 넣어야 합니다.

A Aimez-vous le chocolat? 당신은 초콜릿을 좋아하세요?
에메 부 르 쇼꼴라?

B Oui, j'adore le chocolat. 네, 초콜릿을 아주 좋아합니다.
위 자도흐 르 쇼꼴라.

● **축약 관사**

전치사 de와 à는 정관사 le나 les와 만나면 축약이 됩니다.

> de + le → du   à + le → au
>
> de + les → des   à + les → aux

As-tu l'adresse du restaurant? 너는 식당 주소를 가지고 있니? (← de + le)
아 뛰 라드헤쓰 뒤 헤스또헝?

Elle parle des vacances. 그녀는 바캉스에 대해 말한다. (← de + les)
엘 빠흘르 데 바껑쓰.

> **주의**
> de la, de l' / à la, à l'는 축약
> 하지 않고 그대로 사용합니다.

> **참고**
> parler de ⋯에 대해 말하다

● **jouer à (+ 팀 스포츠·게임)**

jouer '(운동·게임을)하다'의 뜻으로 쓰일 때 전치사 à를 동반하며, 뒤에 정관사가 나오기 때문에 축약 관사에 주의해야 합니다.

A Le week-end, je joue au tennis. Et vous? 나는 주말에 테니스를 칩니다. 당신들은요? (← à + le)
르 위껜드, 쥬 주 오 떼니스. 에 부?

B Nous, nous jouons aux cartes. 우리는 카드놀이를 합니다. (← à + les)
누, 누 주옹 오 까흐뜨.

Bruno	Qu'est-ce que tu écoutes? 께 쓰 끄 뛰 에꾸뜨?
Soumi	J'écoute de la musique américaine. 제꾸뜨 드 라 뮈지끄 아메히껜느.
Bruno	Tu parles aussi anglais? 뛰 빠흘르 오씨 엉글레?
Soumi	Oui, j'étudie l'anglais depuis dix ans. 위, 제뛰디 렁글레 드쀠 디 정.
Bruno	Tu parles anglais, français et coréen. 뛰 빠흘르 엉글레, 프헝쎄 에 꼬헤엥. C'est formidable! 쎄 포흐미다블르!

브뤼노 너 뭐 듣고 있어?
수미   미국 음악을 들어.
브뤼노 너 영어도 하니?
수미   응, 10년 전부터 영어 공부를
      하고 있어.
브뤼노 너는 영어, 프랑스어, 한국어를
      하는구나. 대단해!

대화 TIP

언어 구사: parler(+언어)

'parler(말하다) + 언어' 구문에서는 언어 명사 앞에 붙는 정관사 le를 생략합니다.

A Parlez-vous français? 프랑스어를 하세요?
   빠흘레   부   프헝쎄?
B Oui, je parle français. 네, 프랑스어를 합니다.
   위, 쥬 빠흘르 프헝쎄.

A Parle-t-il espagnol? 그는 스페인어를 해요?
   빠흘르 띨 에스빠뇰?
B Non, il ne parle pas espagnol. 아니요, 스페인어를 못해요.
   농,   일느 빠흘르 빠 에스빠뇰.

새 단어 및 표현

écouter 듣다
musique f. 음악
parler 말하다
l'anglais m. 영어
depuis ···이래로
le français m. 프랑스어
le coréen m. 한국어
an m. 년, 해
formidable 엄청난, 대단한

Je visite souvent des musées.

Moi, je joue au basket et au football.

Jinsou	**Qu'est-ce que tu fais le week-end?**
	께 쓰 끄 뛰 페 르 위껜드?
Soumi	**Je visite souvent des musées, et toi?**
	쥬 비지뜨 쑤벙 데 뮈제, 에 뚜와?
Jinsou	**Moi, je joue au basket et au football.**
	무와, 쥬 주 오 바스껫 에 오 풋볼.
Soumi	**Tu aimes le sport?**
	뛰 엠므 르 스뽀흐?
Jinsou	**Oui, j'adore le sport, surtout le football.**
	위, 쟈도흐 르 스뽀흐, 쒸흐뚜 르 풋볼.
Soumi	**Moi, je préfère le tennis.**
	무와, 쥬 프헤페흐 르 떼니쓰.

진수 너 주말에 뭐 하니?

엠마 나는 자주 박물관을 구경하는데, 너는?

진수 나는 농구와 축구를 해.

엠마 스포츠를 좋아하니?

진수 응, 스포츠를 아주 좋아해, 특히 축구를 좋아해.

엠마 나는 테니스를 더 좋아해.

주의

visiter + 장소 명사

Je visite Paris.
나는 파리를 방문한다.

Ils visitent la France.
그들은 프랑스를 방문한다.

대화 TIP

이 대화문은 취미와 기호에 대해 물어보는 내용입니다. 주로 aimer(좋아하다), adorer(아주 좋아하다), préférer(더 좋아하다) 동사를 사용하여 말하며, 이때 뒤에 정관사가 나온다는 사실을 잊지 마세요 (ex. J'aime le sport). 그리고 운동은 jouer à (+ 스포츠 명칭)를 사용합니다. 예를 들어, '탁구(골프)를 치다'는 jouer au ping-pong (au golf)라고 합니다.

새 단어 및 표현

week-end *m.* 주말

visiter 방문(여행·관람)하다

souvent 자주

musée *m.* 박물관, 미술관

jouer 놀다, (경기·게임)하다, (악기) 연주하다

aimer 좋아하다

adorer 아주 좋아하다, 숭배하다

surtout 특히

préférer 더 좋아하다, 선호하다

p. 238 동사 변화 참조

발음 Prononciation 046

ai는 [ɛ](에)로 발음됩니다. 또한 an은 비모음 [ã] (엉)으로 발음됩니다. 이때 '앙'이라고 하지 말고, 코를 울리면서 '엉'으로 발음해야 합니다.

anglais [ãglɛ]　　　　　　**fais** [fɛ]

***ai*me** [ɛm]　　　　　　　**français** [frãsɛ]

추가 단어 Mots Supplémentaires 047

● 1군 동사

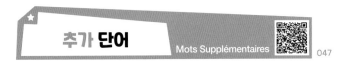

① **acheter** 사다
② **arriver** 도착하다
③ **chanter** 노래하다
④ **commencer** 시작하다
⑤ **cuisiner** 요리하다
⑥ **danser** 춤추다
⑦ **déjeuner** 점심 먹다
⑧ **déménager** 이사하다
⑨ **fermer** 닫다

envoyer 보내다
habiter 살다
louer 임대하다
manger 먹다
marcher 걷다
préparer 준비하다
regarder 보다
rencontrer 만나다
rentrer (집에) 돌아오다
rester 머물다
travailler 일하다, 공부하다
voyager 여행하다

유용한 **표현**
Expressions Utiles

악기 연주 표현

Vous jouez
부   주에
du piano?
뒤   빠노?

Oui, je joue
위, 쥬 주
du piano.
뒤   빠노.

A 피아노를 치세요?
B 네, 피아노를 칩니다.

> 참고
>
> jouer **de** (+ 악기) :
> …을/를 연주하다 (축약 관사 주의)
> jouer **du** violon (← de + le)
> 바이올린을 연주하다
> jouer **du** violoncelle 첼로를 연주하다
> jouer **de** la guitare 기타를 연주하다

사과의 표현 (정중한 표현)

Pardon,
빠흐동,
excusez-moi!
엑쓰뀌제 무와!

Je vous en prie.
쥬 부 정 프히.

A 죄송합니다.
B 괜찮습니다.

> 주의
>
> 용서를 구할 때(죄송합니다), 부탁을 할 때(실
> 례지만), 상대의 말을 알아듣지 못해 반복해
> 달라고 할 때(뭐라고요?)의 세 가지 뜻으로 사
> 용합니다.

사과의 표현 (친한 사이)

Je suis désolée!
쥬 쒸   데졸레!

Ce n'est pas grave.
쓰 네 빠 그하브.

A 미안해.
B 괜찮아 (별거 아니야).

▶ désolé(e) 유감스러운, 죄송한

> B의 기타 표현
>
> Je vous en prie. (가장 정중한 표현)
> Ce n'est pas grave. (정중한 사이나
> 친한 사이 모두에서 사용 가능). (grave 심
> 각한, 중대한)
> Ça ne fait rien. 별 거 아니에요.
> Il n'y a pas de mal. 괜찮아요.
> Ce n'est rien. 별거 아니야. (주로 친한
> 사이에서 사용)

문법

1 빈칸에 적절한 동사 어미를 넣으세요.

(1) il regard_____   (2) tu parl_____   (3) vous aim_____

(4) nous arriv_____   (5) j'écout_____   (6) ils habit_____

2 주어진 동사를 알맞게 변화시켜 넣으세요. p. 246~247 1군 변칙 동사 참조

(1) Tu _____ (envoyer) une lettre.

(2) Bruno _____ (préférer) le football.

(3) Nous _____ (commencer) le travail.

(4) Ils _____ (acheter) une baguette.

▶ lettre *f.* 편지 | travail *m.* 일 | baguette *f.* 바게트 빵

3 수미가 어디 있는지 au, à la, à l'를 넣어 문장을 완성하세요.

A Où est Soumi?

(1) B Elle est _____ marché.   (2) B Elle est _____ hôpital.

(3) B Elle est _____ maison.   (4) B Elle est _____ restaurant.

4 다음 인물들이 무엇을 하는지 jouer 동사를 활용하여 쓰세요.

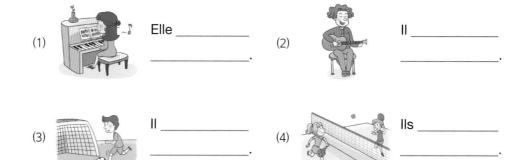

(1) Elle _____ _____.

(2) Il _____ _____.

(3) Il _____ _____.

(4) Ils _____ _____.

● 다음을 듣고 지문의 내용이 참(vrai)인지 거짓(faux)인지 체크하세요.

	vrai	faux
(1) Elle vient d'Italie.	☐	☐
(2) Elle est étudiante.	☐	☐
(3) Elle habite et travaille à Paris.	☐	☐
(4) Elle parle un peu français.	☐	☐

049

읽기 ● 다음 글을 읽고, 질문에 답하세요.

 Jinsou étudie le français depuis 6 mois. Il ne _____ pas encore très bien français. Le français est difficile pour lui. Il achète des livres français et il étudie à la bibliothèque, parce qu'il prépare un examen. Il déjeune à la cafétéria. Le soir, il rentre chez lui très tard, et il dîne à la maison.

(1) Jinsou étudie _____.

① à la cafétéria   ② au restaurant

③ à la bibliothèque   ④ à la maison

(2) 밑줄 친 곳에 들어갈 알맞은 동사는 무엇인가요?

① parle   ② aime   ③ voyage   ④ habite

(3) 위 글의 내용과 일치하는 것을 고르세요.

① Il parle très bien français.   ② Il dîne à la cafétéria.

③ Il rentre tôt à la maison.   ④ Il prépare un examen.

▶ encore 아직, 여전히 | difficile 어려운, 힘든 | pour (목적) 위한 / (이익·이해) …을 위하여, …에게 | bibliothèque *f.* 도서관 | examen *f.* 시험 | cafétéria *f.* 카페테리아 | soir *m.* 저녁 | chez …의 집에 | tard 늦게 | tôt 일찍 | dîner 저녁 먹다 | maison *f.* 집

'라틴 구역'의 이름은 어디서 유래했나요?

'라틴 구역'(le Quartier latin 까흐띠에 라뗑)은 센 강 좌안 지구에 위치한 파리의 한 구역을 말합니다. 서울이 한강을 중심으로 강남과 강북으로 나뉘듯이 파리는 센 강을 중심으로 남북으로 나뉘지만 오른쪽과 왼쪽이라는 표현을 씁니다. 대서양 방향으로 흐르는 강물의 방향을 바라보는 위치에서 강의 오른쪽은 우안(la rive droite 라 히브 드화뜨, 북쪽에 해당), 왼쪽은 좌안(la rive gauche 라 히브 고슈, 남쪽에 해당)이라 불립니다.

라틴 구역

노트르담 대성당 가까이에 있어 관광객으로 붐비고 소규모의 식당들이 밀집해 있는 관광 지구, 뒷골목에는 그리스, 튀니지, 모로코, 베트남 등 외국 식당들이 줄지어 자리 잡고 있는데, 물론 한국 식당도 찾아볼 수 있습니다. 이곳에서는 비교적 저렴한 가격으로 외국 음식들을 맛볼 수 있습니다. 또한 카페와 패스트푸드점, 옷 가게 같은 상점들이 즐비하게 늘어서 젊은이들이 몰려드는 거리입니다.

대학가 (파리의 13개 대학 중 7개 대학이 밀집되어 있는 대학가)

중세 때 세워진 유명한 파리 4대학, 소르본 대학(la Sorbonne 라 쏘흐본)을 비롯하여, 일부 대학들은 설립 초기에 라틴어로 강의가 진행되었기 때문에 '라틴 구역'이라는 이름이 붙여졌습니다.

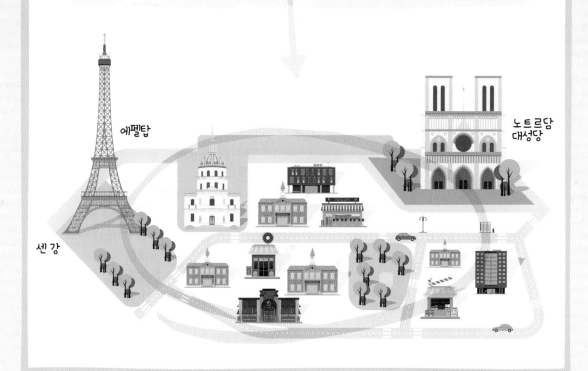

에펠탑

노트르담 대성당

센 강

Où sont les toilettes?

동영상 강의

- Où + est(sont) + 주어 명사 :
  (…이/가) 어디에 있어요?

- 장소 전치사

- il y a (+ 관사 + 명사) : … 이/가 있다

- 부정의 de (1) : avoir와 il y a의 부정

Où est le chien?
개가 어디에 있어요?

Il est sur la chaise.
의자 위에 있어요.

● **Où + est(sont) + 주어 명사: (…이/가) 어디에 있어요?**

A Où est la montre?
손목시계가 어디 있어요?

B Elle est **sur** la table.
탁자 위에 있어요.

A Où sont les lunettes?
안경이 어디 있어요?

B Elles sont **sous** la table.
탁자 밑에 있어요.

● **장소 전치사**

dans le tiroir
서랍 안에

entre le livre et le portable
책과 휴대폰 사이에

sur la table
탁자 위에

sous la table
탁자 밑에

devant la chaise
의자 앞에

derrière la chaise
의자 뒤에

à côté du portable
휴대폰 옆에

près du portable
휴대폰 가까이에

à droite du livre 책 오른쪽에

à gauche du livre 책 왼쪽에

Y a-t-il une banque près d'ici?
이 근처에 은행이 있나요?

Non, il n'y a pas de banque.
아니요, 은행이 없습니다.

● il y a (+ 관사 + 명사): …이/가 있다

il y a 다음에는 단수 명사나 복수 명사가 나올 수 있습니다. il y a는 비인칭 구문으로 절대 변화하지 않습니다.

I y a <u>une librairie</u> dans le quartier. 동네에 서점이 있습니다.
(단수 명사)

Il y a <u>des gens</u> dans la rue. 거리에 사람들이 있습니다.
(복수 명사)

의문형 주어인 il과 동사인 a의 순서를 도치하여 의문문을 만들고 모음 충돌을 피하기 위해 '허사의 t'를 중간에 넣었습니다. 또는 주어와 동사를 도치시키지 않고 est-ce que 의문문을 만들 수도 있습니다.

Y a-t-il des chaises dans la chambre ? 방 안에 의자들이 있습니까?

Est-ce qu'il y a une station de métro près d'ici? 이 근처에 지하철역이 있습니까?

참고

librairie *f.* 서점
quartier *m.* 동네, 구역
gens *m. pl* 사람들
rue *f.* 길, 거리
ici 여기에

● 부정의 de (1): avoir와 il y a의 부정

avoir와 il y a의 부정문에서 부정 관사(un, une, des)는 부정의 de로 바뀝니다.

A Avez-vous **une** voiture? 자동차가 있으세요?

B Non, je n'ai pas **de** voiture. 아니요, 저는 자동차가 없습니다.

A Avez-vous **des** enfants? 자녀가 있으세요?

B Non, je n'ai pas **d'**enfants. 아니요, 자녀가 없습니다.

A Y a-t-il **des** clés sur le lit? 침대 위에 열쇠들이 있습니까?

B Non, il n'y a pas **de** clés. 아니요, 열쇠들이 없습니다.

참고

voiture *f.* 자동차
enfant *m.* 아이, 자녀
lit *m.* 침대
clé *f.* 열쇠

주의
모음 충돌을 피하기 위해 다음과 같이 축약합니다.
de + enfants → d'enfants

> Où sont les toilettes?
>
> Elles sont là-bas, près du distributeur.

Dans un grand magasin

Soumi	Excusez-moi, je cherche le rayon cosmétiques, s'il vous plaît.
Une vendeuse	Il est juste derrière vous.
Soumi	Merci, et où est le rayon vêtements?
Une vendeuse	C'est au premier étage.

(...)

Soumi	Où sont les toilettes, s'il vous plait?
Une vendeuse	Elles sont là-bas, près du distributeur.

백화점에서

수미	실례지만, 화장품 매장을 찾는데요.
여 판매원	바로 당신 뒤에 있어요.
수미	감사합니다, 그런데 의류 매장은 어디예요?
여 판매원	2층이에요.
	(…)
수미	화장실이 어디예요?
여 판매원	저기, 현금 인출기 근처에 있어요.

주의

부탁의 표현: "제발, 부디, 실례지만"
S'il vous plaît! (존칭)
S'il te plaît! (tu에 사용)
Je vous en prie! (정중한 표현)

새 단어 및 표현

magasin *m.* 상점
grand magasin *m.* 백화점
chercher 찾다
rayon *m.* 매장, 판매 코너
cosmétiques *m. pl.* 화장품
vendeuse *f.* 여 판매원
juste *ad.* 바로 / *a.* 올바른
vêtement *m.* 옷
premier(ère) 첫 번째의
étage *m.* 층
toilettes *f. pl.* 화장실
distributeur *m.*
현금 인출기, 자동판매기

 대화 TIP

C'est au premier étage. : 2층이에요.

프랑스에서는 1층(rez-de-chaussée)을 기본 토대라고 생각하고 그 위부터 층(étage)을 올린다고 생각합니다. 그래서 2층을 'le premier étage 첫 층'이라고 합니다. 그리고 '1(2)층에'라고 할 때는 장소 전치사 à(…에)를 사용하며, au는 정관사 le와 à가 축약된 형태입니다.

Y a-t-il un frigo?

Oui, il est à côté du placard.

Emma	Le studio est tout petit.
A.I.	Oui, mais il est confortable et il est meublé.
Emma	Où est la machine à laver?
A.I.	Elle est dans la cuisine.
Emma	Y a-t-il un frigo?
A.I.	Oui, il est à côté du placard.
Emma	Est-ce qu'il y a un ascenseur?
A.I.	Non, il n'y a pas d'ascenseur.

*A.I. agent immobilier

엠마	원룸이 아주 작네요.
중개업자	네, 그렇지만 안락하고, 가구가 딸려 있지요.
엠마	세탁기가 어디 있어요?
중개업자	부엌 안에 있어요.
엠마	냉장고가 있나요?
중개업자	네, 벽장 옆에 있어요.
엠마	승강기는 있나요?
중개업자	아니요, 승강기는 없습니다.

새 단어 및 표현

studio *m.* 스튜디오, 원룸

tout *a.* 모든 / *ad.* 매우

agent immobilier *m.* 부동산 중개업자

mais 그러나, 하지만

confortable 안락한, 쾌적한

meublé(e) 가구가 갖추어진

machine à laver *f.* 세탁기

cuisine *f.* 부엌, 요리

frigo *m.* 냉장고
(réfrigérateur의 구어적 표현)

placard *m.* 벽장

ascenseur *m.* 엘리베이터

대화 TIP

Le studio est tout petit. 문장에서 tout는 '매우'라는 뜻의 부사로, 형용사나 다른 부사를 꾸며 줍니다. 여기서는 petit라는 형용사를 강조하는 부사입니다.

그런데 tout가 명사 앞에 놓이면 부정 형용사로서, 단수는 '…전체, 온', 복수는 '모든'을 뜻합니다. 부정 형용사는 성·수에 따라 tout, toute, tous, toutes로 변화합니다. 예를 들어 tout le studio(스튜디오 전체), tous les placards(모든 벽장들), toutes les machines à laver(모든 세탁기들)처럼, 명사의 성·수에 따라 tout의 형태가 바뀝니다.

sc 다음에 모음 e, i가 나오면 [s]로 발음됩니다.

ascenseur [asãsœːʀ]

★ **추가 단어** Mots Supplémentaires 053

● 집 명칭

3층
le deuxième étage

2층
le premier étage

1층
le rez-de-chaussée

①	**la chambre**	방(침실)	⑦	**la cave**	지하실
②	**la salle de séjour**	거실	⑧	**le sol**	바닥
③	**la salle de bain(s)**	욕실	⑨	**le garage**	차고
④	**la cuisine**	부엌	⑩	**la fenêtre**	창문
⑤	**l'entrée**	*f.* 현관, 입구	⑪	**la porte**	문
⑥	**l'escalier**	*m.* 계단	⑫	**le toit**	지붕

거주 도시 말하기

Où habitez-vous?

J'habite à Nice.

A 어디 사세요?
B 저는 니스에 살아요.

참고

habiter à + 도시명
habiter à Séoul 서울에 살다
habiter à Londres 런던에 살다
habiter à Rome 로마에 살다

거주 지역 말하기

Où habitez-vous?

J'habite **en** banlieue.

A 어디 사세요?
B 저는 교외에 살아요.

참고

거주 지역 표현들
en banlieue 교외에   à la campagne 시골에
en ville 도시에   au centre-ville 도심지에

주거 형태 말하기

Vous habitez **dans** une maison?

Non, j'habite **dans** un appartement.

A 주택에서 사세요?
B 아니요, 저는 아파트에서 살아요.

참고

주거 형태를 말할 때는 habiter 동사 다음에
전치사 dans(… 안에)을 사용합니다.
habiter dans un studio 스튜디오에 살다

문법

1 다음 그림을 보고 물음에 답하세요.

(1) A Où est l'ordinateur?

    B Il est _____ la table.

(2) A Où est la poubelle?

    B Elle est _____ la chaise.

(3) A Où sont les chiens?

    B Ils sont _____ le fauteuil.

(4) A Où est le lit?

    B Il est _____ le canapé.

▸ ordinateur *m.* 컴퓨터 | poubelle *f.* 쓰레기통 | fauteuil *m.* (1인용) 안락의자 | canapé *m.* 소파

2 보기 처럼 il y a 와 il n'y a pas로 대답하세요.

exemple

A Dans le quartier, y a-t-il un supermarché ou une épicerie?

B <u>Il n'y a pas de supermarché, mais il y a une épicerie.</u>

(1)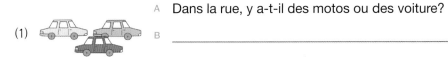

A Dans la rue, y a-t-il des motos ou des voiture?

B _____

_____.

(2)

A Dans le quartier, y a-t-il une station de métro ou un arrêt de bus?

B _____

_____.

(3)

A Dans le quartier, y a-t-il une banque ou un distributeur?

B _____

_____.

▸ supermarché *m.* 슈퍼마켓 | épicerie *f.* 식료품점 | moto *f.* 오토바이 | arrêt de bus *m.* 버스 정류장

듣기 ● 다음을 듣고 그림에 해당하는 번호를 고르세요.

(1)

A   Où est Bruno?

B   ①   ②   ③   ④

(2)

A   Où est Bruno?

B   ①   ②   ③   ④

(3)

A   Où est Bruno?

B   ①   ②   ③   ④

읽기 ● 다음 그림을 보고 무엇을 가리키는지 un, une, des를 사용하여 써 보세요.

(1) Sous la table, sur la chaise, il y a _____.

(2) À droite de la fenêtre, derrière les fleurs, il y a _____.

(3) Entre le fauteuil et le lit, il y a _____.

(4) Sous la table, à gauche, il y a _____.

프랑스에서 집 구하기

프랑스에서 원룸(studio 스뛰디오) 또는 투룸(un deux-pièces 앙 되 삐에쓰) 등 아파트를 임대할 때 부동산 중개업소(agence immobilière 아정스 이모빌리에흐)를 통해서 알아봅니다. 아파트를 임대할 때 전세의 개념은 없고, 매달 loyer 루와예라 불리는 임대료를 내야 합니다. 가구를 갖추고 있지 않은 아파트는 'un appartement vide(빈, 비어 있는 아 나빠흐뜨멍 비드)'라고 하고, 가구 옵션이 갖추어진 것은 'un appartement meublé 아 나빠흐뜨멍 뫼블레'라고 합니다. 임대 기간은 보통 3년이고, 두 달치 임대료를 보증금(caution 꼬씨용) 명목으로 선불로 내야 합니다. 프랑스에서는 다세대 주택도 아파트(appartement)라 불립니다. 아파트 단지 내의 아파트를 구하고 싶으면 'appartement dans une résidence 아빠흐뜨멍 덩 쥔 헤지덩쓰'라고 밝혀야 합니다.

프랑스 대학에 입학한 학생들은 기숙사 방을 얻을 수 있습니다. 기숙사에는 1인용 방도 있고, 부부나 가족을 위한 방들도 있습니다. '파리에는 파리 국제 기숙사촌 (Cité internationale universitaire de Paris)'이 있습니다. 이곳에는 독일관, 스위스관, 노르웨이관, 일본관, 동남아관, 한국관 등이 있는데, 자리가 남으면 다른 나라 출신의 학생들도 받고 있습니다. 입주 신청을 총괄하는 사무실이 있어서, 미리 인터넷으로 신청할 수도 있고 직접 가서 신청할 수도 있습니다.

아파트에 살든, 기숙사에 살든 소득이 없는 학생들은 국가로부터 집세의 절반에 가까운 '주거 수당 (allocation de logement 알로까씨용 드 로쥬멍)'을 받을 수 있습니다. 외국 학생들도 혜택을 받을 수 있으니 기억해 두세요.

Quel est votre numéro de téléphone?

동영상 강의

- 소유 형용사
- 의문 형용사 quel: 어떤
- Quel est votre numéro de telephone?

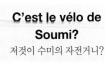

C'est le vélo de Soumi?
저것이 수미의 자전거니?

Oui, c'est son vélo.
응, 그녀의 자전거야.

● 소유 형용사

소유 형용사는 명사 앞에 놓이며, 명사의 성과 수에 일치시킵니다. 소유 형용사가 나오면 관사를 쓰지 않습니다.

		남성 단수	여성 단수	남성 / 여성 복수
je (1인칭 단수)	나의	mon	ma	mes
tu (2인칭 단수)	너의	ton	ta	tes
il/elle (3인칭 단수)	그(녀)의	son	sa	ses
nous (1인칭 복수)	우리의	notre	notre	nos
vous (2인칭 복수)	당신(너희)(들)의	votre	votre	vos
ils/elles (3인칭 복수)	그(녀)(들)의	leur	leur	leurs

mon / ma / mes : 나의

C'est **un** cahier.	→	C'est **mon** cahier. 그것은 내 공책이다.
C'est **une** chambre.	→	C'est **ma** chambre. 그것은 내 방이다.
C'est **des** chats.	→	C'est **mes** chats. 그것은 내 고양이들이다.

son / sa / ses : '그'뿐 아니라 '그녀'의 소유를 나타냅니다.

A C'est le vélo de Soumi?

B Oui, c'est **son** vélo. 네, 그것은 그녀의 자전거입니다.

A C'est la voiture de Bruno?

B Oui, c'est **sa** voiture. 네, 그것은 그의 자동차입니다.

A Ce sont les amis d'Emma?

B Oui, ce sont **ses** amis. 네, 그들은 그녀의 친구들입니다.

> **주의**
>
> 여성 소유 형용사 ma, ta, sa는 모음이나 무음 h로 시작하는 여성 단수 명사 앞에서 mon, ton, son으로 바뀝니다. 모음 충돌을 피하기 위해 남성 소유 형용사로 대체됩니다.
> ma amie (×) → **mon** amie (○) 내 여자 친구
> ta adresse (×) → **ton** adresse (○) 네 주소
> sa horloge (×) → **son** horloge (○) 그녀의 벽시계

C'est le 01 66 42 57 64.
01 66 42 57 64 번이에요.

Quel est votre numéro de téléphone?
당신 전화번호가 몇 번이에요?

● 의문 형용사 quel : 어떤

의문 형용사는 꾸며 주는 주어나 명사의 성·수에 따라 네 가지 형태로 변화합니다.

남성 단수	여성 단수	남성 복수	여성 복수
quel	quelle	quels	quelles

의문 형용사가 주어의 속사로 쓰이는 경우: 주어의 성·수에 일치

A **Quel** est votre **nom**? 당신 이름이 뭐예요?
(남성 단수)

B Je m'appelle André. 제 이름은 앙드레입니다.

A **Quelle** est votre **adresse**? 당신 주소가 뭐예요?
(여성 단수)

B 16, rue Victor Hugo. 빅토르 위고가 16번지입니다.

의문 형용사가 명사를 수식하는 경우: 명사의 성·수에 일치

A **Quelles fleurs** aimez-vous? 당신은 어떤 꽃들을 좋아하세요?
(여성 복수)

B J'aime les roses. 저는 장미들을 좋아합니다.

● Quel est votre numéro de téléphone? : 당신 전화번호가 몇 번이에요?

전화번호를 답할 때는 c'est를 사용하며, 번호 앞에는 정관사 le를 붙입니다. 전화번호(le numéro de téléphone)가 남성 단수 명사이기 때문입니다. p. 249 수 형용사 참조

A Quel est votre numéro de téléphone? 당신 전화번호가 몇 번이에요?

B C'est **le** 01 66 42 57 64. 01 66 42 57 64 번이에요.

Qui est à l'appareil?

C'est Soumi, une de ses amies.

M. Durand	Allô?
Soumi	Je suis bien chez M. Durand?
M. Durand	Oui, c'est bien ça.
Soumi	Bonjour, monsieur. Je peux parler à Emma, s'il vous plaît?
M. Durand	Qui est à l'appareil?
Soumi	C'est Soumi, une de ses amies.
M. Durand	Un instant!

뒤랑 씨	여보세요?
수미	거기가 뒤랑 씨 댁 맞나요?
뒤랑 씨	네, 그런데요.
수미	안녕하세요. 엠마와 통화할 수 있을까요?
뒤랑 씨	누구세요?
수미	엠마 친구 수미예요.
뒤랑 씨	잠깐만요!

대화 TIP

전화 통화 용어

· 누구세요? Qui est à l'appareil? 또는 C'est de la part de qui?

· 거기가 01 05 22 41 16 번입니까? Je suis bien au 01 05 22 41 16?

· 전화 잘못 거셨어요. Vous avez fait erreur.

새 단어 및 표현

allô (전화) 여보세요

bien (강조) 정말로, 분명히 / 잘, 훌륭하게

chez (+ 사람) …집에

pouvoir 할 수 있다 p. 243 동사 변화 참조

appareil *m.* 기계, 전화기

de (부분) …중의 / (소유) …의

instant *m.* 순간 (= moment)

Un instant! 잠깐(만)! (= un moment!)

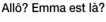

Allô? Emma est là?

Elle n'est pas là.

Mme Durand	Allô?
John	Bonjour, madame. Emma est là, s'il vous plaît?
Mme Durand	Non, elle n'est pas là. Vous voulez laisser un message?
John	Oui, je suis John. Peut-elle me rappeler sur mon portable?
Mme Durand	Quel est votre numéro de téléphone?
John	C'est le 06 27 70 42 55.

뒤랑 부인 여보세요?

존 안녕하세요, 부인. 엠마 있습니까?

뒤랑 부인 아니요, 없는데요. 메시지를 남기시겠어요?

존 네, 저는 존입니다. 엠마가 제 휴대 전화로 전화해 줄 수 있을까요?

뒤랑 부인 전화번호가 몇 번이에요?

존 06 27 70 42 55번이에요.

대화 TIP

전화 통화에서 통화하기를 원하는 상대가 있는지 물을 때, Elle est à la maison? (그녀가 집에 있습니까?)라고 구체적인 장소를 제시하지 않고 là (거기에)를 사용합니다.

Je suis John. 저는 존입니다. (= C'est John.)

새 단어 및 표현

là 거기에, 저기에
vouloir 원하다 p. 244 동사 변화 참조
laisser 남기다
message *m.* 메시지, 전언
me 나에게, 나를 (동사 앞 위치)
rappeler 다시 전화하다, 상기시키다
numéro *m.* 번호

appareil [apaʀɛj] : 끝의 -il은 [일]로 발음하지 않고, [이으]라고 발음합니다.
monsieur [məsjø] : 마지막 음절의 eu는 [ø]로 발음합니다.

● 통신 수단

①	②	③	④
⑤	⑥	⑦	⑧

①	**l'annuaire**	*m.* 전화번호부, 연락처	**le téléphone via internet**	인터넷 전화
②	**la cabine téléphonique**	공중전화 부스	**la tonalité**	(전화의) 신호음
③	**le combiné**	(전화기의) 수화기	**sonner**	(벨이) 울리다
④	**le fax**	팩스	**décrocher**	수화기를 들다
⑤	**l'indicatif téléphonique**	*m.* (시외 전화의) 지역 번호	**raccrocher**	수화기를 놓다
⑥	**le répondeur**	전화 자동 응답기	**composer le numéro**	전화번호를 누르다
⑦	**la carte téléphonique**	전화 카드	**envoyer un sms (= un texto)**	(전화) 문자를 보내다
⑧	**le smartphone**	스마트폰	**localiser un téléphone portable**	휴대 전화를 위치 추적하다
	le téléphone fixe	고정 유선전화 (집 전화)	**la localisation téléphonique**	전화 위치 추적
	le téléphone mobile (= le téléphone portable)	휴대 전화	**le Wi-Fi (wifi)**	와이파이

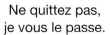
전화 통화

Je peux parler à
M. Lambert?

Ne quittez pas,
je vous le passe.

A 랑베르 씨와 통화할 수 있을까요?

B 끊지 말고 기다리세요. 바꿔 드릴
게요.

▸ quitter (행동) 그만두다, 떠나다 | passer
(전화를) 바꿔 주다, 지나가다

참고

Il est déjà en ligne. 그는 이미 통화 중입니다.
déjà 이미, 벌써
ligne *f.* 줄, 전화선 / (지하철·버스) 노선

나이 묻기

Quel âge
avez-vous?

J'ai vingt et un
ans.

A 몇 살이에요?

B 21살입니다.

▸ âge *m.* 나이 | an *m.* 년, 해

놀람의 표현

Café

Tiens, Soumi!

Quelle bonne
surprise!

A 어, 수미!

B 이게 웬일이야!

▸ tiens! (감탄사) (놀람) 어, 야! |
surprise *f.* 놀람, (뜻밖의) 기쁨

참고

quel 감탄구: quel + (형용사) + 명사!
Quelle belle voiture!
정말 멋진 자동차네요!

문법

1 빈칸에 알맞은 의문 형용사를 넣으세요.

(1) _____ est votre adresse?   (2) _____ temps fait il?

(3) _____ chansons préférez-vous?   (4) _____ beaux yeux!

2 보기 처럼 다음 전화번호를 문자로 쓰세요.

A   Quel est votre numéro de téléphone?

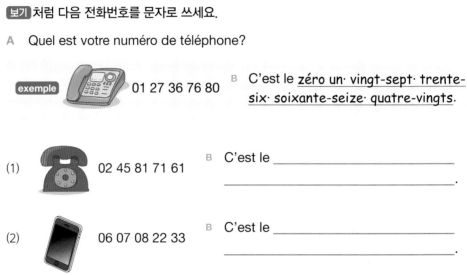

exemple   01 27 36 76 80   B   C'est le <u>zéro un· vingt-sept· trente-six· soixante-seize· quatre-vingts</u>.

(1)   02 45 81 71 61   B   C'est le _____

_____.

(2)   06 07 08 22 33   B   C'est le _____

_____.

3 빈칸에 알맞은 소유 형용사를 넣으세요.

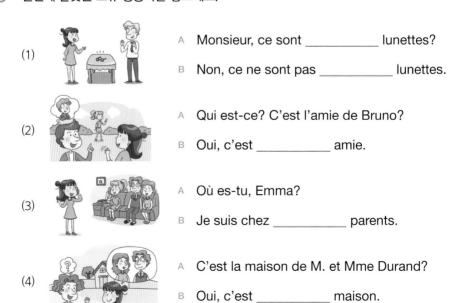

(1)   A   Monsieur, ce sont _____ lunettes?

    B   Non, ce ne sont pas _____ lunettes.

(2)   A   Qui est-ce? C'est l'amie de Bruno?

    B   Oui, c'est _____ amie.

(3)   A   Où es-tu, Emma?

    B   Je suis chez _____ parents.

(4)   A   C'est la maison de M. et Mme Durand?

    B   Oui, c'est _____ maison.

1 다음을 듣고 올바르게 연결하세요.

Quel est votre numéro de portable?

① 06 45 54 60 02   ② 06 44 45 80 05   ③ 06 45 44 80 02

2 다음을 듣고 내용과 맞는 그림을 고르세요.

① Bonjour!   ② Bonjour!   ③ Bonjour!

3 다음을 듣고 잘못된 내용을 고르세요.

① 엠마는 부재중이다.

② 엠마는 안토니오의 전화번호를 모른다.

③ 안토니오는 메시지를 남기기를 원한다.

④ 안토니오는 엠마와 통화하고 싶어 한다.

● 다음 대화를 읽고 빈칸에 들어갈 올바른 문장을 고르세요.

A   Allô, est-ce que je peux parler à Jean, s'il vous plaît?

B   Ah, (1) _____. Il n'y a pas de Jean, ici.

A   Mais c'est bien le 01 24 77 88 99?

B   Oui, c'est bien ce numéro, mais il n'y a pas de Jean.

A   Oh, excusez-moi, monsieur!

B   (2) _____.

(1) ① ne quittez pas   ② il est en ligne   ③ vous avez fait erreur

(2) ① Je vous en prie   ② Il est là   ③ Je vous le passe

프랑스 전화번호는 어떻게 이루어졌나요?

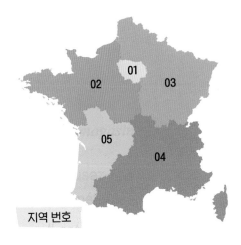

지역 번호

프랑스 전화번호는 10개의 숫자로 이루어지며 앞의 두 숫자는 지역 번호입니다. 01은 파리와 수도권(île de France), 02는 북서부(Nord-Ouest), 03은 북동부(Nord-Est), 04는 남동부(Sud-Est), 05는 남서부(Sud-Ouest) 지역을 가리킵니다. 휴대 전화번호는 06으로 시작합니다.

외국에서 프랑스로 국제 전화를 걸 때는 지역 번호의 첫 번호인 0을 누르면 안 됩니다. 예를 들어 외국에서 파리로 전화를 할 때는 01-33-1-○○ ○○ ○○ ○○을 누릅니다. 프랑스에서 한국으로 전화를 걸 때도 지역 번호의 첫 0을 빼는데, 예를 들어 프랑스에서 서울로 전화를 걸 때는 00-82-2-○○○ ○○○○을 누릅니다. 우체국이나 '따바(tabac)'에서 일반 전화 카드나 국제 전화 카드를 구입할 수 있습니다. 일반 전화 카드는 프랑스 국내나 국외 전화 모두 가능하며, 50 unités 위니떼와 120 unités 두 가지 종류가 있습니다. 오로지 국제 전화를 걸 때 사용하는 전화 카드도 있는데, 대륙별로 구분이 되어 있습니다. 한국에 전화하려면 아시아(Asie 아지)용 국제 전화 카드를 구입하면 되고, 전화의 자동 음성 안내에 따라 번호를 여러 번 눌러야 하는 번거로움이 있지만 훨씬 더 저렴하게 통화할 수 있습니다.

프랑스인들도 휴대 전화로 문자를 많이 보냅니다. 특히 크리스마스와 연말에 문자 서비스가 폭주하고 있습니다. 우리나라 젊은이들이 SMS 약자나 특수 기호를 쓰는 것처럼, 프랑스 젊은이들도 마찬가지입니다. 예를 들어, c'est avec qui?, c'est où? 쎄아벡끼?, 쎄우? (누구하고 있어?, 어디야?)는 ≪sé avek ki?, sé où≫로 표시하며, ≪A+≫는 à plus tard 아 쁠뤼 따흐 (나중에 보자)의 약자입니다.

*따바(tabac) : 담배, 우표, 전화 카드, 지하철이나 버스 승차권, 로또 등을 판매하는 상점

Quel jour sommes-nous?

동영상 강의

- 요일: le jour

- 날짜: la date

- 정관사 + matin, soir, après-midi, nuit

- 지시 형용사: 이, 그, 저

Quel jour oommos-nous?
오늘이 무슨 요일이지?

Nous sommes lundi.
월요일이야.

● 요일: le jour

요일이나 날짜를 말할 때는 nous sommes, c'est, on est를 사용하며, 요일 앞에는 관사를 붙이지 않습니다.

월요일	화요일	수요일	목요일	금요일	토요일	일요일
lundi	mardi	mercredi	jeudi	vendredi	samedi	dimanche

A **Quel jour sommes-nous?** 오늘이 무슨 요일이에요?
(요일과 날짜를 모두 물을 수 있는 질문이지만, 주로 요일에 대한 질문)

B **Nous sommes jeudi.** 목요일이에요.
(= Aujourd'hui, c'est jeudi. / On est jeudi.)

> 참고
> jour *m.* 요일, 날

> 주의
> 요일 앞에 정관사 le를 붙이면 '···마다'라는 반복의 의미를 갖게 됩니다.
> **Le mardi, j'ai un cours.**
> 나는 화요일마다 수업이 있습니다. (매주 화요일)
> **Mardi, j'ai un cours.**
> 화요일에 수업이 있습니다. (이번 화요일)

● 날짜: la date

날짜 앞에는 항상 정관사 le를 붙입니다. 매달 1일은 서수인 le premier를, 2일부터는 기수를 사용하기 때문에 2일은 le deux, 3일은 le trois라고 합니다. 그런데 요일과 날짜를 동시에 쓸 때는 정관사 le를 요일 앞에 붙입니다. 그렇다고 요일의 반복을 나타내는 것이 아니라 날짜 앞에 놓인 le가 단순히 요일 앞으로 이동하는 것뿐입니다.

> 참고
> la date 연월일, 날짜

A **Nous sommes le combien?** 오늘이 며칠이에요? (날짜만을 물어볼 때의 질문)

B **Nous sommes le premier.** 1일이에요.

A **Quelle est la date aujourd'hui?** 오늘이 며칠이에요?

B **Nous sommes le samedi 26 août 2023.** 2023년 8월 26일 토요일이에요.

Tu es libre ce soir?
오늘 저녁에 시간 있어?

Oui, je suis libre.
응, 시간 있어.

● 정관사 le + matin (아침), soir (저녁) / l' + après-midi (오후) / la + nuit (밤)

아침, 오후, 저녁, 밤에 정관사를 붙이면 '기간'을 나타냅니다.

Le matin, je mange du pain. 아침에 나는 빵을 먹습니다.

Je travaille **le** soir. 아침에 나는 저녁에 일을 합니다.

● 지시 형용사: 이, 그, 저

지시 형용사는 소유 형용사와 마찬가지로 명사 앞에 관사 없이 놓이며, 꾸며 주는 명사의 성·수에 일치시킵니다.

남성 단수	여성 단수	남성·여성 복수
ce (남성 제2형 : cet)	cette	ces

A Regardez **ces** photos. Qui est **ce** monsieur? Et qui est **cette** dame?
이 사진들을 보세요. 이 남자 분은 누구예요? 그리고 이 부인은 누구예요?

B Je ne connais pas **cet** homme et **cette** femme. 나는 이 남자와 이 여자를 모릅니다.

p. 240 connaître 동사 변화 참조

> **주의**
>
> 모음이나 무음 h로 시작하는 남성 단수 명사는 모음 충돌을 피하기 위해 ce 대신 남성 제2형인 cet로 써야 합니다.
> ce ami → **cet** ami 이 친구
> ce étudiant → **cet** étudiant 이 학생
> ce hôtel → **cet** hôtel 이 호텔

지시 형용사 + 시간 명사: '현재' 의미

ce matin	cet après-midi	ce soir	cette nuit
오늘 아침	오늘 오후	오늘 저녁	오늘 밤

cette semaine 이번 주   ce mois-ci 이번 달   cette année 올해

Tu peux venir chez moi vendredi soir?

Oui, avec plaisir.

Emma	Tu es libre vendredi prochain?
Jinsou	Oui, pourquoi?
Emma	C'est mon anniversaire. Tu peux venir chez moi vendredi soir?
Jinsou	Oui, avec plaisir. Mais quel jour sommes-nous, aujourd'hui?
Emma	Nous sommes mardi. C'est donc dans trois jours. (...)
Jinsou	Bon anniversaire!

엠마 이번 금요일에 시간 있니?

진수 응, 왜?

엠마 내 생일이야. 금요일 저녁에 우리 집에 올 수 있어?

진수 응, 기꺼이 가지. 그런데 오늘이 무슨 요일이지?

엠마 화요일이야. 그러니까 3일 후야.
(…)

진수 생일 축하해!

새 단어 및 표현

libre 자유로운, 한가한
prochain(e) (시간적) 다음의
pourquoi 왜
anniversaire *m.* 생일
plaisir *m.* 기쁨, 쾌락
aujourd'hui 오늘
donc (결과) 그래서, 따라서
dans (시간) 후에, (장소) 안에

대화 TIP

대립·양보(mais) / 결과(donc)의 접속사

mais는 대립(그러나, 그런데)과 양보(그렇긴 해도)를 나타냅니다. 양보의 접속사로는 pourtant, cependant이 있습니다. donc은 결과(그래서)의 접속사이며, alors, c'est pourquoi도 같은 뜻입니다.

Tu veux aller au cinéma avec moi?

J'ai déjà rendez-vous cet après-midi.

Antonio	Quel jour sommes-nous, aujourd'hui?
Soumi	Nous sommes samedi. C'est déjà le week-end.
Antonio	Tu veux aller au cinéma avec moi?
Soumi	Ah, c'est dommage! J'ai déjà rendez-vous cet après-midi.
Antonio	Alors, tu es libre demain?
Soumi	Oui. Demain après-midi, ça va.
Antonio	À demain alors.

안토니오	오늘이 무슨 요일이야?
수미	토요일이야. 벌써 주말이네.
안토니오	나랑 같이 영화관에 갈래?
수미	아, 유감이야! 나는 이미 오늘 오후에 약속이 있어.
안토니오	그러면 내일은 시간 있니?
수미	응. 내일 오후에 괜찮아.
안토니오	그럼 내일 봐.

대화 TIP

- venir는 '오다'이고, aller는 '가다'입니다. 그런데 aller 뒤에 avec moi(나와 함께), avec nous(우리와 함께)가 나오면 aller 대신 venir 동사를 사용합니다. Tu vas avec moi? 는 틀린 표현입니다.

- Ça va?는 인사말로 쓰일 뿐만 아니라, 상대의 의견을 물어보거나, 상태를 물어볼 때도 사용할 수 있습니다. 예를 들어 약속 시간을 정할 때 상대가 괜찮은지, 또는 누가 넘어졌을 때 괜찮은지 물어볼 때도 사용할 수 있습니다.

새 단어 및 표현

aller 가다, (안부) 지내다
cinéma *m.* 영화, 영화관
dommage *m.* 유감스러운 일
alors 그러면, 그래서, 그러므로
demain *m. ad.* 내일
vouloir + 동사 원형 / 명사
C'est dommage! 유감천만이야!
(= Quel dommage!)
Avec plaisir. 기꺼이, 즐거이
(= volotiers)

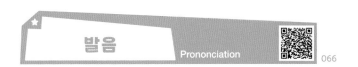

donc : 문두에서는 끝 자음이 발음되어 [dɔ̃ĸ]로 발음하며, 기타의 경우는 끝 자음이 발음되지 않아 [dɔ̃]으로 발음합니다.

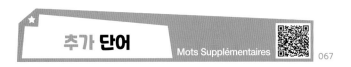

추가 **단어** Mots Supplémentaires 067

● 날짜 표현

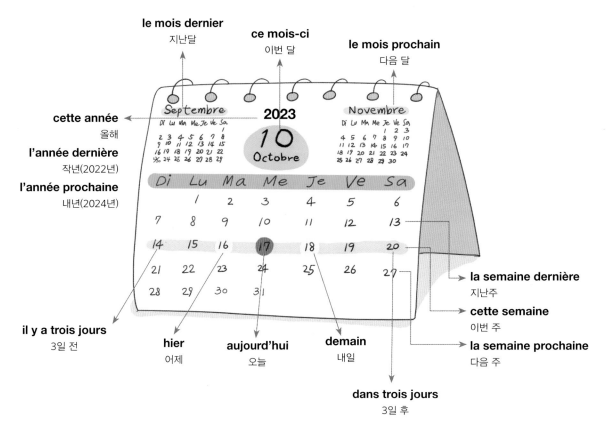

le mois dernier
지난달

ce mois-ci
이번 달

le mois prochain
다음 달

cette année
올해

l'année dernière
작년(2022년)

l'année prochaine
내년(2024년)

la semaine dernière
지난주

cette semaine
이번 주

la semaine prochaine
다음 주

il y a trois jours
3일 전

hier
어제

aujourd'hui
오늘

demain
내일

dans trois jours
3일 후

참고

월(les mois)

월은 관사가 없는 명사이며, 앞에 en이나 au mois de를 붙입니다. 예를 들어 '1월에'는 en janvier나 au mois de janvier라고 합니다.

janvier 1월	février 2월	mars 3월	avril 4월
mai 5월	juin 6월	juillet 7월	août 8월
septembre 9월	octobre 10월	novembre 11월	décembre 12월

모임에서 하는 표현

Toutes mes
félicitations!

Merci, c'est
gentil.

A 정말 축하합니다!

B 감사합니다, 고맙습니다.

▶ felicitation *f.* 축하 | c'est gentil
고맙다, 친절하다

Santé!

Tchin!

A 건강을 위하여, 건배!

B 건배!

▶ santé *f.* 건강 | tchin! (간투사) (구어)
(술을 마실 때 잔을 부딪치며 내는 소리)
건배! (= Tchin-tchin)

Servez-vous!

Bon appétit!

A 다들 먹어!

B 맛있게 (많이) 먹어!

▶ se servir (음식을) 자기 접시에 덜어서
먹다, (술을) 자기 잔에 따라 마시다 |
appétit *m.* 식욕

Joyeux Noël!
Et bonne année
à tous!

Bon Noël!

A 메리 크리스마스! 모두 새해 복
많이 받아!

B 즐거운 성탄절!

▶ joyeux(se) 즐거운, 기쁜 | Noël *m.* 크
리스마스, 성탄절 | tous *n. pl.* 모두, 모든
사람들 / *a.* 모든 | réveillon *m.* 크리스
마스이브 파티, 송년회

문법

1 다음 날짜를 보기 처럼 다시 쓰세요.

exemple   4월 12일 → <u>le douze avril</u>

(1) 8월 1일   →   _____

(2) 5월 25일   →   _____

2 괄호 안의 두 표현 중에서 다음 대답이 나올 수 있는 질문을 하나 고르세요.

(1) A   (Quel jour / Quelle date) est-ce aujourd'hui?

B   Aujourd'hui, c'est vendredi.

(2) A   (Quel jour / Le combien) sommes-nous?

B   Nous sommes le 31.

(3) A   C'est (quand / combien), ton anniversaire?

B   Demain.

3 빈칸에 알맞은 요일을 넣으세요.

(1) Aujourd'hui, c'est mardi. Demain, c'est _____.

(2) Aujourd'hui, c'est lundi. Hier, c'est _____.

(3) Aujourd'hui, c'est jeudi. Dans deux jours, c'est _____.

4 빈칸에 알맞은 지시 형용사를 넣으세요.

(1) _____ après-midi

(2) _____ cinéma

(3) _____ photo

(4) _____ étudiante

(5) _____ ami

(6) _____ hôtels

듣기 ● 다음을 듣고 알맞은 답을 고르세요.

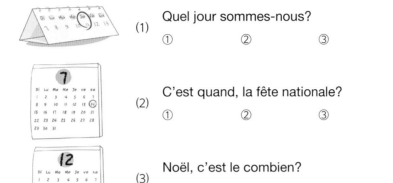

(1) Quel jour sommes-nous?

①   ②   ③   ④

(2) C'est quand, la fête nationale?

①   ②   ③   ④

(3) Noël, c'est le combien?

①   ②   ③   ④

▸ la fête nationale 국경일 (프랑스 대혁명 기념일)

읽기 ● 다음 글을 읽고 질문에 답하세요.

L'anniversaire de Soumi, c'est le trente août.
C'est mercredi. Mais elle n'est pas libre mercredi.
Alors, elle organise une fête dans trois jours,
le samedi deux septembre.

(1) C'est quand, l'anniversaire de Soumi?

① 9월 2일   ② 8월 3일

③ 9월 30일   ④ 8월 30일

(2) 위 글과 일치하는 내용은 무엇인가요?

① 수미는 수요일에 시간이 있다.

② 수미는 생일 이틀 후에 파티를 한다.

③ 수미는 9월 2일에 생일 파티를 한다.

④ 수미는 8월 30일에 생일 파티를 한다.

INSIDE 프랑스

프랑스의 전통 축일과 풍습

프랑스는 전통적인 가톨릭 국가이기 때문에
종교와 관련된 축일이 많이 있고 민속 전통과 관련된 축일들도 있습니다.

Janvier

◆ 주현절 (l'Épiphanie, la fête des Rois)
1월 6일인 아몬드 반죽으로 만든 갈레트(galette 갈레뜨)를 먹는데, 그 안에 숨겨진 잠두콩(fève 페브) 모양의 작은 조각을 찾은 사람은 그날의 왕이나 여왕이 되어 금박 종이 왕관을 쓰게 됩니다.

Février

◆ 부활절 (Pâques)
매해 3월 말이나 4월의 어느 일요일로, 아이들은 부모가 숨겨 놓은 계란이나 초콜릿을 찾는 풍습이 있으며 식사로는 전통 요리인 양 넓적다리 고기를 먹습니다.

Mars

Avril

◆ 만우절 (le poisson d'avril)
4월 1일 만우절이 되면 라디오나 텔레비전에서도 황당한 거짓 소식을 전하기도 하며 아이들은 종이로 만든 물고기를 어른 등에 붙이는 장난을 하기도 합니다.

◆ 노동절 (la fête du Travail)
5월 1일 노동절이 되면 노조원들은 거리 행진을 하고 행운의 상징으로 서로 은방울꽃(muguet)을 선물하기도 합니다.

Mai

Juin

Juillet

◆ 혁명 기념일 (la fête nationale)
7월 14일은 대혁명의 시작을 알렸던 바스티유 점령을 기리는 국경일입니다. 파리 개선문에서는 군사 퍼레이드가 펼쳐지며, 그 전날에는 전국적으로 무도회와 불꽃놀이가 개최됩니다.

Août

Septembre

Octobre

Novembre

◆ 만성절 (la Toussaint 라 뚜쌩)
11월 1일인 만성절은 학생들이 개학 후 처음 맞는 방학으로 원래는 모든 성인(聖人)을 기리는 날이었지만 이제는 고인(故人)을 기리는 날이 되었습니다. 이날에는 국화꽃(chrysanthème)을 사들고 고인의 무덤을 찾아갑니다.

◆ 성탄절 (Noël 노엘)
성탄절 전날에는 늦은 저녁부터 새벽까지 '헤베이용(réveillon)'이라 불리는 만찬을 합니다. 해산물, 푸아그라, 칠면조, 장작 모양의 케이크(bûche 뷔슈) 등을 먹습니다.

Décembre

Papa, tu peux m'aider?

동영상 강의

- **combien de** : 얼마나 많은

- 직접 목적 보어

- 간접 목적 보어

- 목적 보어의 위치

Combion do fròroo avez-vous?
형제가 몇 명 있나요?

Deux frères.
Je les aime beaucoup.
두 명이요. 저는 그들을 아주 좋아해요.

● combien de (+ 무관사 명사) : 얼마나 많은

combien은 수량을 나타내는 의문사로, combien de 다음에는 보통 무관사 복수 명사가 나옵니다.

A   Combien de frères avez-vous? 형제가 몇 명 있나요?

B   J'ai deux frères. 두 명 있어요.

A   Combien d'amis a-t-il? 그는 친구가 몇 명 있나요?

B   Il a beaucoup d'amis. 그는 친구가 많아요.

> 참고
>
> **수량 표현 : 수량 부사 + de + 무관사 명사**
> un peu de 약간의   beaucoup de 많은
> assez de 충분한   trop de 너무 많은

● 직접 목적 보어 (les pronoms compléments d'objets directs)

1, 2인칭 직접 목적어는 사람에게만 사용하며, 3인칭 직접 목적 보어(le, la, les)의 경우에는 한정된 사물이나 사람을 대신합니다. 다시 말해 '정관사/소유 형용사/지시 형용사 + 명사'를 le, la, les로 받습니다. 직접 목적 보어는 **동사 앞에** 놓입니다. 명사 앞에 놓인 le, le, les는 정관사이고, 동사 앞에 놓이면 직접 목적 보어입니다. me, te, le, la 다음에 모음이나 무음 h로 시작하는 동사가 나오면 m', t', l', l'로 축약됩니다.

주어 대명사	직접 목적 보어		주어 대명사	직접 목적 보어	
je	me	나를	nous	nous	우리를
tu	te	너를	vous	vous	당신(들)을, 너희들을
il	le	그를, 그것을	ils	les	그들을, 그것들을
elle	la	그녀를, 그것을	elles	les	그녀들을, 그것들을

A   Tu m'écoutes? 너는 내 말을 듣고 있니?

B   Oui, je t'écoute. 응, 네 말을 듣고 있어.

Est-ce que tu regardes
- la television? → Je la regarde. 나는 그것(TV)을 본다.
- ce livre? → Je le regarde. 나는 그것(이 책)을 본다.
- ses enfants? → Je les regarde. 나는 그들(그의 아이들)을 본다.

**Tu me prêtes
ta voiture?**
제게 자동차를 빌려줄래요?

Oui, je te la prête.
그래, 네게 그것을 빌려줄게.

● 간접 목적 보어 (les pronoms compléments d'objets indirects)

간접 목적 보어는 전치사 'à (…에게) + 사람'을 대신하며, 항상 **동사 앞**에 위치합니다.

주어 대명사	간접 목적 보어		주어 대명사	간접 목적 보어	
je	**me**	나에게	nous	**nous**	우리에게
tu	**te**	너에게	vous	**vous**	당신(들)(너희들)에게
il / elle	**lui**	그(녀)에게	ils / elles	**leurs**	그(녀)들에게

Est-ce que Bruno parle — à un ami? → Oui, il **lui** parle. 네, 그는 그(남자 친구)에게 말합니다.

— à ses soeurs? → Non, il ne **leur** parle pas.
아니오, 그는 그녀들(그의 누이들)에게 말하지 않습니다.

● 목적 보어의 위치

직접 목적 보어와 간접 목적 보어가 한 문장에 같이 나올 경우, 다음과 같은 순서에 따라 위치시킵니다. 아래 표에서 (A)+(B), (B)+(C)의 조합은 가능하지만 (A)+(A), (A)+(C)의 조합은 불가능합니다.

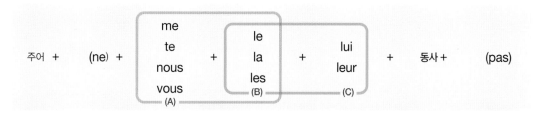

A Il prête **sa voiture à sa fille**?
그는 자동차를 딸에게 빌려줍니까?

B Oui, il la lui prête.
네, 그는 그것을 그녀에게 빌려줍니다.

A Elle **vous donne ces revues**?
그녀는 이 잡지들을 당신에게 줍니까?

B Oui, elle me les donne.
네, 그녀는 그것들을 나에게 줍니다.

참고

donner 주다
prêter 빌려주다

Combien de frères et sœurs as-tu?

J'ai deux frères et une sœur.

John	Combien de frères et soeurs as-tu?
Soumi	J'ai deux frères et une soeur.
John	Tu as tes grands-parents?
Soumi	Oui. Ils habitent avec nous. Je les aime beaucoup.
John	Vous êtes une famille nombreuse!
Soumi	Oui. Nous sommes huit en tout.

존	너는 형제와 자매가 몇 명이니?
수미	남자 형제 둘과 자매 한 명이 있어.
존	조부모님은 계시니?
수미	응. 우리와 함께 사셔. 나는 그분 들을 아주 좋아해.
존	너희는 대가족이로구나!
수미	맞아. 우리는 모두 합해서 8명 이야.

대화 TIP

aimer 동사와 함께 쓰인 직접 목적 보어 le, la, les는 사람을 대신합니다. aimer 다음에 나온
직접 목적 보어가 사물 명사인 경우에는 단수이건 복수이건 되도록이면 ça로 받습니다.

A   Tu aimes **tes grands-parents?**   너는 조부모님을 좋아하니?

B   Oui, je **les** aime. (사람) 응, 나는 그분들을 좋아해.

A   Tu aimes **le café?**
너는 커피를 좋아하니?

B   Oui, j'aime **ça.** (사물 단수)
응, 나는 그것을 좋아해.

A   Tu aimes **les fruits?**
너는 과일을 좋아하니?

B   Oui, j'aime **ça.** (사물 복수)
응, 나는 그것을 좋아해.

새 단어 및 표현

combien de 얼마나 많은
frère *m.* 오빠, 형, 남동생
soeur *f.* 언니, 누나, 여동생
grands-parents *m. pl.* 조부모
parents *m. pl.* 부모
famille *f.* 가족
nombreux(se) 수가 많은
en tout 모두 합해서

Les toilett sont bouchées

Je les débouche.

Emma	Papa, tu peux m'aider? Les toilettes sont bouchées.		엠마	아빠, 나 좀 도와줄 수 있어요? 변기가 막혔어요.
M. Durand	D'accord, je les débouche.		뒤랑 씨	알았어, 내가 뚫어 줄게.
Emma	Et l'ampoule est grillée.		엠마	그리고 전구도 나갔어요.
M. Durand	Bon bah, je la change.		뒤랑 씨	좋아, 전구를 바꿔 줄게.
Emma	Et puis, tu me prêtes ta voiture?		엠마	그리고 아빠 자동차 좀 빌려 줄래요?
M. Durand	Oui, si tu me la rends avant demain...		뒤랑 씨	그래, 내일 전에 돌려준다면…
Emma	Je te la rends après mes courses.		엠마	장을 본 다음에 돌려 드릴게요.

대화 TIP

• 목적 보어는 동사 앞에 위치하지만, 준조동사 (pouvoir, vouloir, devoir…처럼 뒤에 동사원형이 나올 수 있는 동사 지칭)가 나올 때는 준조동사와 본동사 사이에 목적 보어를 넣습니다. 그래서 Tu peux m'aider?에서 보듯이 me(m')는 peux와 aider 사이에 위치합니다.

• 간접 목적 보어를 이끄는 주요 동사들 : (à : ~에게)

téléphoner à 전화하다	donner à 주다
demander à 요구하다, 물어보다	emprunter à 빌리다
envoyer à 보내다	écrire à 편지하다
dire à 말하다	répondre à 대답하다
offrir à 주다, 선물하다	attribuer à 부여하다

새 단어 및 표현

aider 도와주다
bouché(e) 막힌
déboucher 뚫다
ampoule *f.* 전구
grillé(e) (가전제품이 과전류로) 탄
changer 바꾸다, 환전하다, 환승하다
si (조건) …한다면
rendre 돌려주다 p. 243 동사 변화 참조
avant (시간) 전에
après 후에, 나중에
courses *f. pl.* 장보기

–ill은 [일]로 발음하지 않고, [(i)j] (이으)로 발음됩니다.

famille [famijJ] 파미으   grillé [gʀijE] 그히예

추가 단어 Mots Supplémentaires

073

● 가족(la famille) 명칭

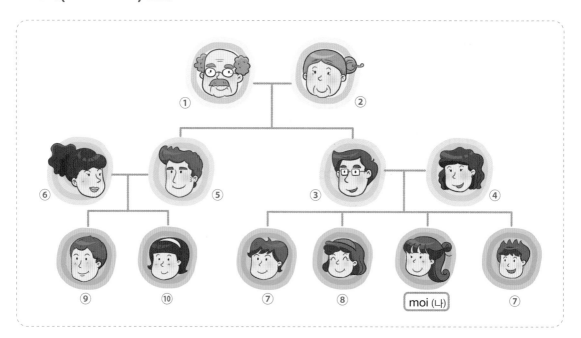

① **le grand-père** 할아버지

② **la grand-mère** 할머니

③ **le père** 아버지

④ **la mère** 어머니

⑤ **l'oncle** *m.* (외·친)삼촌

⑥ **la tante** 숙모, 이모, 고모

⑦ **le frère** 오빠, 형, 남동생

⑧ **la soeur** 언니, 누나, 여동생

⑨ **le cousin** 사촌

⑩ **la cousine** 여자 사촌

le neveu 조카

la nièce 여 조카

le mari 남편

la femme 부인

le fils 아들

la fille 딸

le petit-fils 손자

la petite-fille 손녀

les petits-enfants 손자(손녀)들

연락 가능 시간 묻기

Quand est-ce que je peux te téléphoner?

Tu peux me téléphoner n'importe quand.

A 언제 너한테 전화할 수 있을까?
B 언제든지 내게 전화해도 돼.

▸ n'importe quand 언제든

참고

n'importe + 의문사
n'importe où 어디든지
n'importe quoi 뭐든지
n'importe qui 누구든지
n'importe comment 어떤 방식으로나, 아무렇게나

정도의 표현

Vous parlez bien français.

Pas très bien.

A 프랑스어를 잘하네요.
B 그리 잘하지 않아요.

참고

정도의 표현
très bien 매우 잘, 매우 훌륭하게
bien 잘, 훌륭하게　assez bien 비교적 잘
un peu 약간　　　　mal 잘 못, 나쁘게

'알다'의 표현

Tu connais Bruno?

Oui, je le connais.

A 너 브뤼노 아니?
B 응, 그 사람 알아.

A 운전할 줄 아세요?
B 네, 운전할 줄 알아요.

▸ savoir 알다 | connaître 알다

p. 244 동사 변화 참조

Vous savez conduire?

Oui, je sais conduire.

주의

connaître 다음에는 사람이나 사물 명사만 올
수 있으며, savoir 다음에는 동사 원형이나 종
속절이 나옵니다. 하지만 savoir 뒤에는 외워서
기억으로 아는 사물 명사도 쓸 수 있습니다.

Je sais(connais) son numéro de
téléphone.
나는 그의 전화번호를 안다.

Je sais qu'il est gentil.
나는 그가 친절하다는 것을 안다.

문법 **1** 그림을 보고 질문에 답하세요.

(1) A Combien d'enfants a-t-elle?

B _____.

(2) A Combien de voitures y a-t-il sur le parking?

B _____.

(3) A Combien de frères avez-vous?

B _____.

2 밑줄 친 부분을 목적 보어로 바꾸어 대답하세요.

(1) A Le concierge t'apporte le courrier?

B Oui, il _____ _____ apporte.

(2) A M. Durand prête sa voiture à sa fille?

B Oui, il _____ _____ prête.

(3) A Vous laissez vos clés à vos enfants?

B Non, je ne _____ _____ laisse pas.

(4) A Vous m'envoyez le dossier par fax?

B Oui, je _____ _____ envoie par fax.

▸ apporter 가져오다 ｜ courrier *m.* 우편(물) ｜ laisser 남기다, 맡기다 ｜ dossier *m.* 서류

● 다음을 듣고 알맞은 목적 보어를 넣으세요.

075

(1) Soumi   J'aime bien ce disque.

Tu _____ _____ prêtes?

John   Oui, si tu _____ _____ rends vite.

Je _____ écoute souvent.

Soumi   Je fais une copies ce soir, et je _____ _____
rends demain.

(2) Soumi   Ce livre a l'air bien.

Lambert   Si vous voulez, je _____ _____ prête.

(3) Un étudiant français   Ton amie Soumi est très jolie.

Emma   Si tu veux, je _____ _____ présente.

● 빈칸에 알맞은 가족 명칭을 쓰세요.

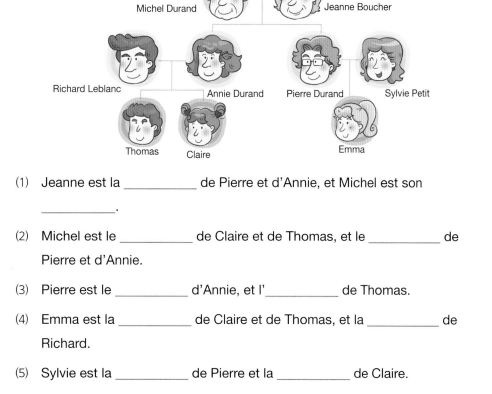

(1) Jeanne est la _____ de Pierre et d'Annie, et Michel est son
_____.

(2) Michel est le _____ de Claire et de Thomas, et le _____ de
Pierre et d'Annie.

(3) Pierre est le _____ d'Annie, et l'_____ de Thomas.

(4) Emma est la _____ de Claire et de Thomas, et la _____ de
Richard.

(5) Sylvie est la _____ de Pierre et la _____ de Claire.

프랑스의 결혼 풍습

법적인 결혼(le mariage civil)을 하기 위해서는 신부나 신랑이 거주하는 지역의 시청에 가야 합니다. 시청에서 결혼식을 한 후에 성당에서 혼배 미사(le mariage religieux)를 하는 경우도 많습니다. 약혼자들은 결혼을 알리기 위해 친지나 친구들에게 설탕을 입힌 아몬드를 선물하는 것이 풍습입니다. 우리나라처럼 결혼식 때 축의금을 주는 것이 아니라, 신랑과 신부가 결혼식 전에 몇몇 상점에 자신들이 필요한 혼수 목록(liste de mariage)을 적어 놓으면 친지들이 그중에서 골라 상점에 돈을 지불해 물건을 선물합니다. 대부분의 결혼식은 토요일에 진행되며, 결혼식이 끝나면 하객들은 신랑과 신부에게 행복을 축원하는 의미로 쌀을 던집니다. 결혼 피로연은 피라미드처럼 여러 층으로 이루어진 결혼 케이크(pièce montée 삐에쓰 몽떼)를 잘라 하객들에게 나누어 주는 것으로 끝이 납니다.

그런데 1970년대 이후로 법적인 결혼을 하지 않고 동거(union libre, cohabitation)를 하는 사실혼 관계도 많이 증가하였습니다. 그래서 5명 중 2명 이상의 아이가 혼외 관계에서 출생하고 있는 실정입니다. 국가도 이러한 추세를 받아들여 사실혼 관계의 부부나 혼외 자녀들에게도 동등한 법적인 지원과 가족 수당을 지급합니다. 1999년에는 '시민연대협약'(le Pacs 르 팍스)이 제정되어 재산권, 사회 보장, 조세 분야에 있어 결혼하지 않은 커플의 권리가 확대되었고, 동성애 가족들에게도 혈연 가족과 동일한 권리를 부여하고 있습니다. 올랑드 프랑스 대통령도 2007년 사회당 대선 후보였던 세골렌 루와얄과 동거 파트너였으며, 둘 사이에 네 자녀를 두고 있습니다. 퍼스트 레이디였던 트리르바일레와는 '팍스 법'에 의한 파트너 관계였습니다. 요즈음 프랑스에서는 법적 혼인보다 '팍스 법'을 선택하는 커플이 많은데, 결혼과 동일한 혜택을 받으면서도 당사자끼리 합의하면 신고만으로 손쉽게 헤어질 수 있기 때문입니다.

Prenez la deuxième rue à droite.

동영상 강의

- Prendre (la rue) : (길로) 접어들다 · 가다
- 시 · 공간적 거리의 전치사 à
- 교통수단
- 명령문
- 명령문에서의 목적 보어의 위치

Vous prenez la première rue à droite.
오른쪽 첫 번째 길로 가세요.

Où est la gare?
기차역이 어디예요?

● prendre (la rue) : (길로) 접어들다·가다

길을 알려 줄 때 prendre 동사를 자주 사용합니다. '(이 길로) 가세요'라고 할 때 '가다'의 aller를 사용하지 않고 '(길로) 접어들다'의 prendre 동사를 사용합니다. p. 243 동사 변화 참조

A　Où est la tour Eiffel? 에펠탑이 어디예요?

B　Vous prenez la première rue à droite. 오른쪽 첫 번째 길로 가세요.

● 시·공간적 거리의 전치사 à : être + à + 숫자 (시간 / 거리 단위)

C'est à deux minutes. 그것은 2분 거리에 있어요.

La gare est à 500 mètres d'ici. 기차역은 여기서 500미터 거리에 있습니다.

> **참고**
> minute *f.* 분
> gare *f.* 기차역

● 교통수단

교통수단을 나타낼 때 몸이 탈것 안에 들어가면 en을 쓰고, 몸이 드러나는 경우에는 à를 씁니다.

A　Comment allez-vous au bureau? 사무실에 어떻게 가세요?

B　Je vais en voiture. 저는 자동차를 타고 갑니다.

en métro 지하철로

en bus 버스로

en avion 비행기로

en train 기차로

en taxi 택시를 타고

en bateau 배로

en trottinette
전동 킥보드로

à pied 걸어서

à bicyclette 자전거로
(= à(en) vélo)

C'est direct?
직행인가요?

le plan de métro

Non, changez à Châtelet.
아니요, '샤뜰레' 역에서 갈아타세요.

● 명령문 (l'impératif)

tu, nous, vous 세 인칭에 대해 명령문을 만들 수 있습니다. 주어를 없애고 동사를 문두에 놓으면 명령문이
되며, 1군 동사의 경우 tu의 명령문은 동사의 어미 -es 중 s를 삭제합니다.

인칭	1군 동사	2군 동사	3군 동사
	changer 환승하다	finir 끝나다	attendre 기다리다
tu	Changes! 환승해!	Choisis! 선택해!	Attends! 기다려!
nous	Changeons! 환승합시다!	Choisissons! 선택합시다!	Attendons! 기다립시다!
vous	Changez! 환승하세요!	Choisissez! 선택하세요!	Attendez! 기다리세요!

Tu changes à Châtelet. → Change à Châtelet! '샤뜰레' 역에서 갈아 타!

Vous prenez cette rue. → Prenez cette rue! 이 길로 가세요!

주의

3군 동사 aller와 ouvrir(열다)의 명령
문은 1군 동사처럼 tu의 동사 어미 중
s를 생략합니다.

Tu vas au marché.
→ **Va** au marché! 시장에 가거라!
Tu ouvres la porte.
→ **Ouvre** la porte! 문을 열어라!

부정 명령문

동사 앞·뒤에 ne … pas를 붙여 만들며, 금지를 나타냅니다.

Ne jetez pas votre ticket! 당신 표를 버리지 마세요!

N'ouvre pas la porte! 문을 열지 마!

참고

jeter 던지다, 버리다

● 명령문에서의 목적 보어의 위치

긍정 명령문에서 목적 보어는 동사 뒤에 위치하며, 동사와 목적 보어 사이에 trait d'union (−)을 붙입니다.
그리고 me(나를, 나에게)는 moi로 바뀝니다. 두 개 이상의 목적 보어가 나올 경우, '동사 + 직접 목적 보어 +
간접 목적 보어' 순으로 쓰게 됩니다. 부정 명령문에서, 목적 보어는 원래대로 동사 앞에 위치합니다.

Tu **me** prêtes **ta voiture**. → Prête-**la-moi**. 내게 네 자동차를 빌려줘.

Tu **lui** téléphones. → Téléphone-**lui**. 그에게 전화해.
(부정 명령 : Ne **lui** téléphone pas! 그에게 전화하지 마!)

Jinsou	Pardon madame! Je suis perdu. Je cherche la station de métro Palais-Royal.
Une passante	Vous prenez la deuxième rue à gauche, vous traversez la rue et vous continuez tout droit jusqu'au carrefour. Au coin du carrefour il y a la station de métro.
Jinsou	C'est loin d'ici?
Une passante	Non, c'est à cinq minutes à pied.

진수 실례합니다, 부인! 길을 잃어서요. '팔레루와얄' 지하철역을 찾고 있어요.

행인 왼쪽 두 번째 길로 가다가, 길을 건너세요. 그리고 사거리까지 똑바로 계속 가세요. 사거리 모퉁이에 역이 있습니다.

진수 여기서 먼가요?

행인 아니요, 걸어서 5분 거리예요.

새 단어 및 표현

perdu(e) 길을 잃은
traverser 건너다, 가로지르다
continuer 계속하다, 계속 가다
tout droit *ad.* 똑바로, 곧장
carrefour *m.* 사거리
(= un croisement)
au coin de …의 모퉁이에
loin de …에서 먼

대화 TIP

프랑스 거리 명칭은 la rue, l'avenue, le boulevard입니다. 일반적인 거리는 la rue이고, l'avenue와 le boulevard는 '대로'입니다. 이 거리명 앞에 번호를 넣어 번지를 나타냅니다. 예를 들어 43, avenue Jean Jaurès (장 조레스가 43번지)로 주소를 표시합니다.

Dans une station de métro

지하철역에서

Soumi   Je peux acheter des tickets ici?

수미   여기서 표를 살 수 있나요?

l'employé   Bien sûr. Vous voulez un carnet?

직원   물론이죠. 승차권 쿠폰 하나 드 릴까요?

Soumi   Qu'est-ce que c'est, «un carnet»?

수미   '쿠폰'이 뭐예요?

l'employé   10 tickets de métro.

직원   승차권 10장이요.

Soumi   D'accord, un carnet, s'il vous plaît.
Comment fait-on pour aller à Bastille?

수미   좋아요, 쿠폰 하나 주세요. '바스 티유' 역에 가려면 어떻게 해야 하나요?

l'employé   Prenez la ligne 4, direction Porte d'Orléans.

직원   '뽀흐뜨 도흘레엉' 방향 4호선을 타세요.

Soumi   C'est direct?

수미   직행인가요?

l'employé   Non, changez à Châtelet.

직원   아니에요, '샤뜰레' 역에서 갈아 타세요.

참고

prendre: (교통수단을) 타다

prendre는 '(길로) 접어들다' 외에도 '타다'의 의미로도 사용됩니다.

prendre le bus(le métro / le taxi). 버스(지하철 / 택시)를 타다

파리 지하철은 모두 14개의 노선과 RER(수도권 광역 급행열차)로 이루어져 있습니다. 환승 없이 직통일 때는 C'est direct, '환승하다'는 changer라고 하며, '환승'이나 '환승역'은 une correspondance라고 합니다.

새 단어 및 표현

ticket *m.* 표, 승차권
bien sûr 물론
carnet (쿠폰식의) 승차권 10장 묶음
prendre (교통수단을) 타다
direction *f.* 방향
direct(e) (교통·통신이) 직행의, 직통의

078

- coin [kwɛ̃] : oi에 n이 붙으면 비모음이 되어 [wɛ̃] [웽]으로 발음되어 [꾸웽]이라고 합니다.
- ligne [liɛɲ] : gn은 [ɲ] [뉴]로 발음되어 [린뉴]라고 합니다.

★ 추가 **단어** Mots Supplémentaires

079

● 장소 명칭

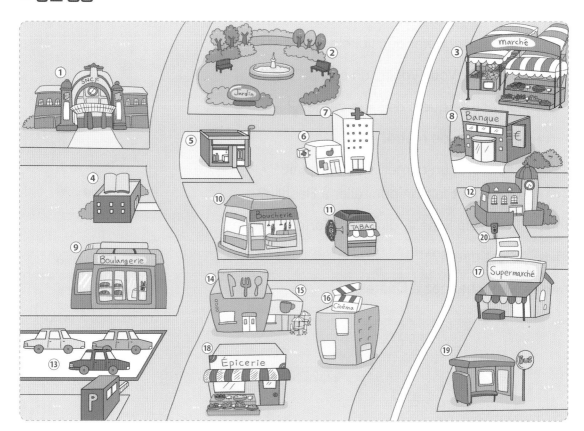

① **la gare** 기차역	⑧ **la banque** 은행	⑮ **le café** 커피숍, 커피 전문점
② **le jardin** 공원	⑨ **la boulangerie** 빵 가게	⑯ **le cinéma** 영화관
③ **le marché** 시장	⑩ **la boucherie** 정육점	⑰ **le supermarché** 슈퍼마켓
④ **la librairie** 서점	⑪ **le tabac** 담배 가게	⑱ **l'épicerie** *f.* 식료품점
⑤ **le magasin** 상점	⑫ **l'école** *f.* 학교	⑲ **l'arrêt de bus** *m.* 버스 정류장
⑥ **la pharmacie** 약국	⑬ **le parking** 주차장	⑳ **les feux (tricolores)** *m.pl.* 교통 신호등
⑦ **l'hôpital** *m.* 병원	⑭ **le restaurant** 식당	

소요 시간 말하기

Ça prend combien de temps pour aller en Corée?

Ça prend environ 11 heures en avion.

A 한국에 가는 데 시간이 얼마나 걸리나요?

B 비행기로 약 11시간 걸립니다.

▸ prendre (시간이) 걸리다, 소요되다 (주어 : 사물) | temps *m.* 시간, 날씨 | environ 약, 대략 | heure *f.* 시간

Tu mets combien de temps pour aller au bureau?

Je mets normalement 40 minutes. Mais ça dépend.

A 출근하는 데 시간이 얼마나 걸려?

B 보통 40분 걸려. 하지만 그때그때 달라.

▸ mettre (시간을) 소비하다. 요하다 (주어: 사람) / 놓다 / 입다 | normalement 보통, 정상적으로 | dépendre (de) …에 달려 있다. 종속되어 있다 (ça dépend. 그것은 형편 나름이다, 형편에 따라 다르다)

Je ne suis pas prêt. Attendez un moment!

Prenez votre temps.

A 저는 준비가 안 됐어요. 잠시 기다리세요!

B 천천히 하세요.

▸ prêt(e) 준비된, 채비된 | attendre 기다리다 p. 240 동사 변화 참조 | prendre son temps (서두르지 않고) 천천히 하다

문법

1 밑줄 친 부분을 목적 보어로 바꾸어 명령문으로 고치세요.

(1) Tu me pretes <u>ta bicyclette</u>. → _____ .

(2) Vous ne jetez pas <u>vos tickets</u>. → _____ .

(3) Tu ouvres <u>la fenêtre</u>. → _____ .

(4) Vous téléphonez <u>à vos parents</u>. → _____ .

2 교통수단의 전치사 en이나 à를 써서 문장을 완성하세요.

(1) Vous allez à Berlin _____ avion ou _____ train?

(2) Nous allons à la campagne _____ bicyclette.

(3) Tu vas au bureau _____ voiture ou _____ pied?

3 그림을 보고 빈칸에 알맞은 답을 넣으세요.

(1)

8:00 → 8:30

A Ça prend combien de temps pour aller au bureau?

B Ça prend _____ minutes _____ métro.

(2)

7:10 → 7:30

A Vous mettez combien de temps pour aller à l'école?

B Je mets _____ minutes _____ bus.

● 다음을 듣고 알맞은 약도를 고르세요.

(1) •

•①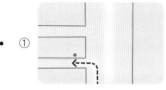

(2) •

•②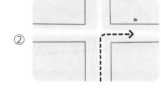

(3) •

•③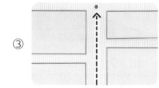

읽기 ● 다음 글을 읽고 기차역으로 가는 길을 지도에 표시하세요.

> Vous allez à la gare? Allez tout droit et prenez la deuxième rue à droite.
> Continuez jusqu'au deuxième croisement et tournez à gauche. Allez à
> droite. Après le cinéma, tournez à droite. La gare est là, en face du jardin.

파리의 지하철을 탈 때의 유의 사항

파리 지하철은 1900년 만국 박람회 때 첫 노선이 개통되어 100년이 훨씬 넘는 역사를 가지고 있습니다. 지금은 모두 14개 노선과 수도권을 잇는 광역 급행열차(RER) 두 개 노선을 포함하여 총 16개 노선이 파리의 구석까지 촘촘히 연결된 교통망을 구축하고 있습니다. 북쪽의 'Saint-Lazare 쌩 라자흐'에서 센 강을 따라 미테랑 국립도서관(Bibliothèque F. Mitterrand)을 잇는 마지막 지하철 노선인 14호선은 완전히 자동화되어 기관사 없이 운행됩니다. 하지만 파리의 지하철은 100년이 넘는 역사 때문에 우리나라의 지하철과 비교해 보면 낡고 우중충한 느낌이 듭니다. 어떤 환승역은 길이 미로처럼 연결되어 있고, 밤이 되면 인적도 드물어 위험합니다. 그리고 일부 노선은 역에 정차하면서 열차의 문이 자동으로 열리는 것이 아니라, 내리거나 타는 승객이 문의 손잡이를 직접 올려 열어야 하므로 유의해야 합니다. 지하철 승차권은 'tabac 따바'나 지하철 매표소 'guichet 기셰'에서 구입할 수 있습니다.

1회 사용 승차권도 있지만, 'carnet 꺄흐네'라 불리는 10장 묶음을 사는 것이 더 저렴합니다. 파리의 교통비는 우리나라에 비해 비싸므로 승차권을 한 장씩 구입하는 것보다 정기권을 이용하는 것이 훨씬 경제적입니다. 여러 종류의 정기권 Navigo (Passe Navigo) 구입도 가능합니다.

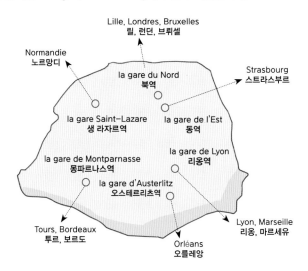

Lille, Londres, Bruxelles
릴, 런던, 브뤼셀

Normandie
노르망디

la gare du Nord
북역

Strasbourg
스트라스부르

la gare Saint-Lazare
쌩 라자르역

la gare de l'Est
동역

la gare de Lyon
리옹역

la gare de Montparnasse
몽파르나스역

la gare d'Austerlitz
오스테르리츠역

Tours, Bordeaux
투르, 보르도

Orléans
오를레앙

Lyon, Marseille
리옹, 마르세유

Ça coûte combien?

동영상 강의

● 비교급

● 특수 비교급 : meilleur, mieux

● il faut (+ 명사) : …이/가 필요하다

La robe verte est plue jolie.
초록색 원피스가 더 예뻐요.

Et, elle est moins chère.
그리고, 초록색 원피스가 가격이 더 저렴해요.

● 비교급 (le comparatif)

비교급에는 우등·동등·열등 비교급이 있으며, que(…보다) 다음에 비교의 대상이 나옵니다. 형용사는 한정해 주는 주어나 명사의 성·수에 일치시키지만, 부사는 불변 품사이므로 변화하지 않습니다.

우등 비교 (+)	plus + (형용사, 부사) + que (…보다 더 …하다)
동등 비교 (=)	aussi + (형용사, 부사) + que (…만큼 …하다)
열등 비교 (−)	moins + (형용사, 부사) + que (…보다 덜 …하다)

형용사의 비교급

A Voici deux robes, la verte et la noire. 여기 초록색 원피스와 검은색 원피스가 있어요.

B La robe verte est **plus** jolie, mais **moins chère que** la (robe) noire.
초록색 원피스가 검은색 원피스보다 더 예쁜데 가격이 더 저렴하네요.

A Votre fille est très grande. 당신 딸이 아주 키가 크네요.

B Oui, elle est **aussi** grande **que** moi. 네, 딸이 저만큼 키가 커요.

부사의 비교급

A Emma marche vraiment vite! 엠마가 정말 빨리 걷네요!

B Soumi marche **plus** vite qu'Emma. 수미는 엠마보다 더 빨리 걸어요.

A John parle bien français? 존이 프랑스어를 잘하나요?

B Oui, il parle français **aussi** bien **que** les Français. 네, 그는 프랑스 사람들만큼 프랑스어를 잘해요.

Le camembert est meilleur.
카망베르 치즈가 더 맛있어요.

L'emmental est bon.
에멘탈 치즈가 맛있어요.

● 특수 비교급 : meilleur, mieux

품사	원급	우등 비교급
형용사	bon(ne)(s) 좋은, 맛있는	meilleur(e)(s) 더 좋은, 더 맛있는 (plus bon (×))
부사	bien 잘, 훌륭하게	mieux 더 잘 (plus bien (×))

A   L'emmental est **bon**. 에멘탈 치즈가 맛있어요.

B   Oui, mais le camembert est **meilleur que** l'emmental.
네, 하지만 카망베르 치즈가 에멘탈 치즈보다 더 맛있어요.

A   Bruno chante **bien**. 브뤼노가 노래를 잘해요.

B   C'est vrai. Mais Jinsou chante **mieux que** Bruno.
맞아요. 하지만 진수가 브뤼노보다 노래를 더 잘해요.

● il faut (+ 명사) : …이/가 필요하다

falloir는 비인칭 동사로 3인칭 단수인 il faut 형태로만 사용됩니다. il faut 다음에 명사가 나오면 '필요성' (…이/가 필요하다)을 나타내며, 시간 명사가 나오면 소요 시간을 나타냅니다.

A   Vous désirez? 뭘 드릴까요?

B   Il <u>me</u> faut <u>une tranche de jambon</u>. 나는 햄 한 조각이 필요합니다.
   (간접 목적 보어)   (명사)

A   Ça prend combien de temps pour aller à Paris? 파리에 가는 데 시간이 얼마나 걸리나요?

B   Il faut(= Ça prend) <u>une heure</u> pour y aller. 거기에 가는 데 한 시간이 걸립니다.
                   (시간 명사)

Cette robe est aussi serrée que la noire.

Elle est plus jolie que la noire.

Dans un magasin de vêtements

Soumi Je peux essayer cette robe noire?

La vendeuse Oui, la cabine d'essayage est là-bas.

(...)

Soumi Elle est un peu courte et trop serrée.

La vendeuse Vous voulez essayer cette robe verte?

(...)

Soumi Mais elle est aussi serrée que la noire.

La vendeuse En tout cas, elle vous va très bien.
Elle est plus jolie et elle coûte moins cher que la noire.

옷 가게에서

수미　이 검은색 원피스를 입어 볼 수 있을까요?

여 판매원　네, 탈의실이 저기에 있어요.

(…)

수미　이 검은색 원피스는 약간 짧고 너무 끼는데요.

여 판매원　이 초록색 원피스를 입어 보실래요?

(…)

수미　하지만 이것도 검은 원피스만큼 꽉 끼어요.

여 판매원　어쨌든 초록색 원피스가 손님에게 아주 잘 어울려요. 초록색 원피스가 검은색 원피스보다 더 예쁘고 가격도 더 저렴해요.

주의

être cher : cher는 형용사로 주어의 성과 수에 일치

coûter cher : cher는 부사이기 때문에 불변

대화 TIP

aller bien à (+ 사람): (…에게) 잘 어울리다

주어가 사물명사일 때, aller는 '가다'의 뜻이 아니라 bien과 함께 쓰여 '잘 어울리다'의 뜻이 됩니다. 'à + 사람'은 간접 목적 보어로 대체됩니다.

　Cette robe va bien à Soumi. → Elle lui va bien.
　이 원피스가 수미에게 잘 어울린다.

새 단어 및 표현

essayer 입어 보다, 시도하다

robe *f.* 원피스, 드레스

noir(e) 검은색의

cabine d'essayage *f.* 탈의실

serré(e) 조이는, 꽉 끼는

vert(e) 초록색의

en tout cas 어쨌든, 하여튼

coûter (가격이) …이다

cher(ère) *a.* 비싼 / *ad.* (불변) 비싸게

Donnez-moi un kilo de tomates.

Voilà, et avec ceci?

À l'épicerie

L'épicier	Vous désirez?

Soumi   Donnez-moi un kilo de tomates et une livre de fraises.

L'épicier   Voilà, et avec ceci?

Soumi   Je voudrais un morceau de camembert.

L'épicier   Voilà. Aujourd'hui, le camembert est meilleur que le brie.

Soumi   Il me faut aussi une tranche de jambon. Ça fait combien?

식료품점에서

주인   뭘 드릴까요?

수미   토마토 1킬로와 딸기 500그램 주세요.

주인   여기 있어요. 또 뭐 드릴까요?

수미   카망베르 치즈 한 조각 주세요.

주인   여기 있어요. 오늘은 카망베르 치즈가 브리 치즈보다 더 맛있 습니다.

수미   또 햄 한 조각이 필요해요(주세 요). 얼마죠?

대화 TIP

· 양(量)의 단위

de 다음에는 항상 '무관사 명사'가 놓입니다.

une bouteille de 한 병의 / un litre de 1리터의 / un pot de 한 단지의 / un paquet de 한 갑의 / une boîte de 한 통의 / une part de 한 조각의 (피자·파이) / une tasse de 한 잔의 (커피·홍차) / un verre de 한 컵의 (물·주스)

· 가격을 물어보는 표현 : 그거 얼마예요?

C'est combien?

Ça(Il/Elle) coûte combien?

Ça fait combien?

새 단어 및 표현

épicerie *f.* 식료품점

épicier(ère) 식료품상

désirer 원하다, 바라다

kilo *m.* 킬로그램

tomate *f.* 토마토

livre *f.* 500그램 / *m.* 책

fraise *f.* 딸기

morceau *m.* 조각

camembert *m.* 카망베르 치즈

brie *m.* 브리 치즈

falloir 필요하다, …해야 한다

tranche *f.* (얇게 저민) 조각

jambon *m.* 햄

faire (가격·무게·면적 등이) …이다 / 하다

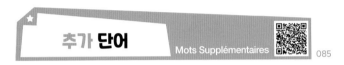

발음

Prononciation

084

- vendeuse [vãdøz] : 어미 -euse는 [øz] [외즈]로 발음됩니다.
- tranche [tʀɑ̃ːʃ] : ch는 [ʃ] [슈]로 발음됩니다.

추가 **단어**

Mots Supplémentaires

085

● 색깔

De quelle couleur est (la robe)? (원피스가) 무슨 색이에요?

① **rouge**
빨간색의

② **jaune**
노란색의

③ **bleu(e)**
파란색의

④ **orange**
주황색의 (불변)

⑤ **blanc(blanche)**
흰색의

⑥ **gris(e)**
회색의

⑦ **rose**
분홍색의

⑧ **marron**
밤색의 (불변)

⑨ **beige**
베이지색의

참고
머리 색깔
brun(e) 갈색 머리의
roux(rousse) 빨강 머리의
blond(e) 금발의
châtain(e) 연갈색 머리의

● 옷의 명칭

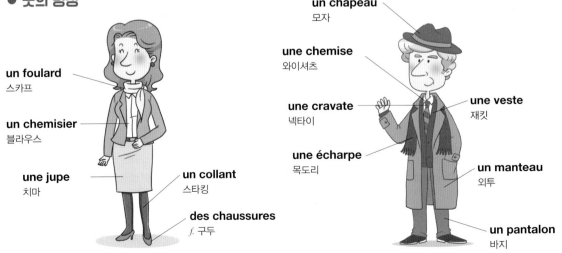

un chapeau
모자

une chemise
와이셔츠

un foulard
스카프

une cravate
넥타이

une veste
재킷

un chemisier
블라우스

une écharpe
목도리

une jupe
치마

un collant
스타킹

un manteau
외투

des chaussures
f. 구두

un pantalon
바지

상점에서

C'est pour offrir?

Oui, c'est pour ma mère.

A 선물하실 건가요?
  (= C'est pour faire un cadeau?)
B 네, 어머니 드릴 거예요.

▸ cadeau *m.* 선물

Vous payez comment?

Je paie par carte.

A 어떻게 지불하실 건가요?
B 카드로 지불할게요.

▸ payer 지불하다 (paiement *m.* 지불)

참고

payer par chèque 수표로 지불하다
payer en espèces 현금으로 지불하다

Quelle taille faites-vous?

Je fais du 36.

A 옷 사이즈가 몇인가요?
B 36입니다.

▸ taille *f.* (옷의) 사이즈

Quelle pointure faites-vous?

Je fais du 36.

A 구두 사이즈가 몇인가요?
B 36입니다.

▸ pointure *f.* (신발) 치수

문법 　**1**　보기 처럼 비교급 문장으로 만드세요.

exemple
La Seine est longue. (La Loire, +)
→ La Loire est <u>plus longue que la Seine</u>.

(1) Le métro est rapide. (le bus, −)

　　→ Le bus est _____.

(2) Le vin blanc est bon. (le champagne, +)

　　→ Le champagne est _____.

(3) Emma est belle. (Soumi, =)

　　→ Soumi est _____.

(4) J'aime bien la mer. (la montagne, +)

　　→ J'aime _____.

2　다음 그림을 보고 보기 처럼 말해 보세요.

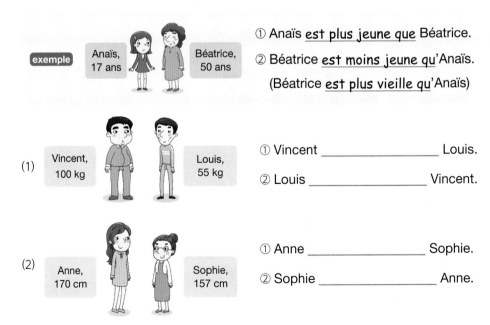

exemple
Anaïs, 17 ans　Béatrice, 50 ans

① Anaïs <u>est plus jeune que</u> Béatrice.

② Béatrice <u>est moins jeune qu'</u>Anaïs.

　(Béatrice <u>est plus vieille qu'</u>Anaïs)

(1) Vincent, 100 kg　Louis, 55 kg

① Vincent _____ Louis.

② Louis _____ Vincent.

(2) Anne, 170 cm　Sophie, 157 cm

① Anne _____ Sophie.

② Sophie _____ Anne.

듣기 1 다음을 듣고 알맞은 그림을 고르세요.

(1) ①　　　②　　　③

(2) ①　　　②　　　③

(3) ①　　　②　　　③

2 판매원의 대답을 듣고 다음 상품의 가격을 쓰세요.

	(1)	(2)	(3)	(4)
les prix (가격)	_____euros	_____centimes	_____euros	_____euros

읽기 ● 다음 글을 읽고 문맥에 맞게 비교급(plus, moins)을 넣으세요.

A　Les chaussures noires coûtent 180 euros et les blanches coûtent 120 euros, pourquoi?

B　Les blanches coûtent (1) _____ cher, parce qu'elles sont (2) _____ ancien modèle.

A　Je préfère les noires. Elles sont (3) _____ jolies.

B　Mademoiselle, les blanches sont aussi jolies.

프랑스의 정기 세일 기간은 언제인가요?

프랑스에는 1년에 두 번, 1월과 7월에 3주간의 공식적인 정기 세일 기간이 있습니다.
날짜는 지자체, 즉 도지사에 의해 결정되기 때문에 매해 약간의 차이가 있을 수 있습니다.

전통적으로 1월 세일 때는 집에서 쓰는 면 제품(linge de maison)을 세일합니다. 하지만 특히 인기 있는 품목은 옷, 구두, 가방 등으로, 약 30%에서 50%까지 싸게 구입할 수 있는 기회입니다. 이 기간에는 명품점이나 백화점 앞에 개장 전부터 길게 줄을 서는 진풍경이 벌어지기도 합니다. 그리고 세일 기간이 끝나는 마지막 며칠 동안에는 추가 할인을 해 주기 때문에 이 기간을 적극 활용해도 좋습니다. 프랑스에서는 세일용 특별 상품을 제작하는 것이 금지되어 있기 때문에 정품만을 세일합니다. 그래서 그동안 갖고 싶었지만 비싼 가격으로 구입을 망설였던 제품들을 구입할 수 있는 절호의 기회입니다. 옷의 사이즈는 보통 36, 38, 40, 42 등으로 나뉘어 있으며, 프랑스 여성의 평균 사이즈는 40입니다. 유럽연합과 세계화로 인해 사이즈가 XS, S, M, L, XL, XXL로 구분되기도 합니다.

돈에 관련된 프랑스어 표현에 대해 이야기해 보자면, 프랑스인들은 돈에 대해 직접적으로 표현하는 것을 피합니다. '비싸다(C'est cher)'는 말 대신 '거저는 아니군요(Ce n'est pas donné)'라고 말하거나 '지불하다(payer)' 대신 '결산하다(régler)'를 사용합니다. 판매원의 경우에도 물건 구입에 '얼마를 지출할 생각이세요? (Combien voulez-vous dépenser?)'라고 묻는 대신 '금액을 어느 정도 예상하세요? (Combien voulez-vous mettre?)'라고 질문합니다.

Je me lève à 8 heures.

- 대명 동사

- 부분 관사

- 부정의 **de** (2) : 부분 관사의 부정

동영상 강의

Vous vous levez à quelle heure?
몇 시에 일어나요?

Je me lève à huit heures.
8시에 일어나요.

● 대명 동사 (les verbes pronominaux)

대명 동사는 동사 앞에 재귀 대명사 se를 붙여 만든 동사를 가리킵니다. 대명 동사는 주어와 목적 보어가 동일할 때 사용되는 재귀적 용법으로 자주 쓰입니다. se는 직접 목적 보어나 간접 목적 보어로 나뉘며, '자기 자신을(에게)'의 의미를 가집니다. se는 인칭에 따라 me, te, se, nous, vous, se로 변화되며, 뒤에 모음이나 무음 h로 시작하는 동사가 나오면 me, te, se는 m', t', s'로 축약됩니다.

> 참고
> lever 일으키다
> se lever 자기 자신을 일으키다 (대명 동사)

se lever 일어나다

je	**me lève** 나는 일어난다	nous	**nous levons** 우리는 일어난다
tu	**te lèves** 너는 일어난다	vous	**vous levez** 당신(들)은 일어난다
il / elle	**se lève** 그(녀)는 일어난다	ils / elles	**se lèvent** 그(녀)들이 일어난다

se laver 씻다

> 참고
> laver 씻기다
> se laver 자신을 씻기다 (대명 동사)

Je **lave** mon fils.
나는 내 아들을 씻긴다.

Je **me lave**.
나는 씻는다.

> 주의
> me = 내 자신을 (직접 목적 보어)
> Je lave moi-même. (×)

se demander 자문하다, 의아하다

A Votre fils se couche tard tous les jours? 당신 아들이 매일 늦게 자나요?

B Oui, je **me demande** pourquoi il se couche tard. 네, 나는 그가 왜 늦게 자는지 의아해요.
(me = '내 자신에게' : 간접 목적 보어) (Je demande à moi… (×))

> 참고
> demander 묻다
> se demander 자신에게 묻다 (대명 동사)

대명 동사 부정 형태

Je <u>ne</u> m'habille <u>pas</u>. 나는 옷을 입지 않는다.

Tu manges de la viande?
너는 고기를 먹니?

Non, je ne mange pas de viande.
아니, 나는 고기를 안 먹어.

● 부분 관사 (l'article partitif)

부분 관사는 보통 셀 수 없는 명사(추상 명사 포함) 앞에 붙입니다. 특히 액체, 가루, 일부를 덜어 먹거나 잘라 먹는 음식 이름 앞에 붙입니다. 구체적인 수를 표현하는 것이 아니라, '약간의'라는 양적인 의미를 갖는 관사입니다. 정관사는 전체를 나타내는 반면, 부분 관사는 전체 중의 일부를 나타냅니다.

남성 단수	여성 단수	모음 · 무음 h 앞	남성 · 여성 복수
du	de la	de l'	des
du café 커피	de la viande 고기	de l'eau 물	des légumes 채소
du beurre 버터	de la salade 샐러드	de l'huile 기름	des fruits 과일
du fromage 치즈	de la bière 맥주	de l'argent 돈	des frites 감자튀김

A Aimez-vous le pain? 당신은 빵을 좋아하세요?

B J'aime le pain. Alors je mange du pain. 나는 빵을 좋아해요. 그래서 빵을 먹어요.
　　　　 (전체)　　　　　　　　　 (전체 중의 일부)

● 부정의 de (2) : 부분 관사의 부정

직접 목적 보어로 쓰인 명사 앞에 놓인 부분 관사는 부정문에서 부정의 de로 바뀝니다. p. 87 부정의 de (1) 참조

A Tu bois du café? 너는 커피를 마시니?

B Non, je ne bois pas de café. 아니, 나는 커피를 안 마셔.

A Tu manges de la viande? 너는 고기를 먹니?

B Non, je ne mange pas de viande. 아니, 나는 고기를 안 먹어.

A Tu veux de l'eau? 너는 물을 원하니?

B Non, je ne veux pas d'eau. 아니, 나는 물을 원하지 않아.

> **주의**
> de eau → d'eau
> (축약 주의)

Mme Durand	Vous vous levez normalement à quelle heure?
Jinsou	Je me lève à huit heures parce que je me couche tard.
Mme Durand	Alors, vous devez vous dépêcher le matin!
Jinsou	Oui, je me lave et je m'habille en 20 minutes.
Mme Durand	Qu'est-ce que vous faites quand vous n'avez pas de cours?
Jinsou	Je me connecte à Internet, je consulte ma messagerie et je chatte avec mes amis.

뒤랑 부인　보통 몇 시에 일어나요?

진수　늦게 자기 때문에 8시에 일어나요.

뒤랑 부인　그럼, 아침에 서둘러야겠군요!

진수　네, 20분 만에 씻고 옷을 입어요.

뒤랑 부인　수업이 없을 때는 무엇을 하나요?

진수　인터넷에 접속해서 메일함을 확인하고 친구들과 채팅을 합니다.

대화 TIP

일상생활 관련 대명 동사

se réveiller 잠을 깨다	se doucher 샤워하다
se brosser les dents 이를 닦다	se maquiller 화장하다
se préparer (외출) 채비하다	se reposer 쉬다
se présenter 자기소개를 하다	se déshabiller 옷을 벗다
se promener 산책하다	se raser 면도하다

새 단어 및 표현

normalement 보통
parce que …이기 때문에, 왜냐하면
se coucher (침대에) 눕다, 자다
devoir (의무) …해야 한다 / (추측·가능성) 아마 …일 것이다 p. 241 동사 변화 참조
se dépêcher 서두르다
s'habiller 옷을 입다
en (소요 기간) … 걸려서
cours *m.* 수업, 강의
se connecter à …에 접속하다
consulter 확인(참조, 열람)하다
messagerie *f.* 메일함
(= le courrier électronique)
chatter 채팅하다

Je vous sers
du café?

Non merci, je ne
bois pas de café.

M. Durand	Je vous sers du café?
Soumi	Non merci, je ne bois pas de café.

(…)

M. Durand	À propos, qu'est-ce que vous prenez au petit-déjeuner? Du riz?
Soumi	Non, je mange du pain et du beurre avec de la confiture.
M. Durand	Qu'est-ce que vous prenez au dîner?
Soumi	Je ne mange rien, parce que je suis au régime.

뒤랑 씨	커피 따라 줄까요?
수미	괜찮습니다, 저는 커피를 안 마셔요.
	(…)
뒤랑 씨	참 그런데, 아침에는 뭐 먹어요? 밥 먹어요?
수미	아니요, 버터와 잼을 바른 빵을 먹어요.
뒤랑 씨	저녁에는 뭐 먹어요?
수미	다이어트 중이라 아무것도 안 먹어요.

새 단어 및 표현

servir (음식·음료를) 담아 주다, 따라 주다
p. 244 동사 변화 참조
à propos (화제 전환) 그런데
non merci 아니, 괜찮아요. (제의를 정중히 거절하는 말)
boire 마시다 p. 240 동사 변화 참조
petit-déjeuner *m.* 아침 식사
riz *m.* 쌀, 밥
confiture *f.* 잼
dîner *m.* 저녁 식사 / *v.* 저녁 먹다
rien 아무것도
(ne + 동사 + rien 아무것도 …않다)
régime *m.* 다이어트, 식이요법

대화 **TIP**

manger(먹다), boire(마시다), prendre(먹다, 마시다), vouloir(원하다), mettre(넣다, 바르다) 다음에 음식 이름이 나올 때 보통 부분 관사를 사용합니다.

Je mange **du** poisson. 나는 생선을 먹는다.
Je bois **du** lait. 나는 우유를 마신다.
Je prends **des** pâtes. 나는 파스타를 먹는다.

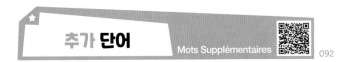
- lève [lɛv] : 동사 원형인 lever[ləve]의 첫 e는 발음이 되지 않습니다. 그러나 lève처럼 e위에 accent grave(è)가 붙으면 [ɛ]로 발음이 됩니다.
- bois [bwa] : oi는 [wa][와]로 발음되고, 끝 자음 s는 발음되지 않기 때문에 [브와]라고 읽습니다.

★
추가 단어
Mots Supplémentaires

092

● 컴퓨터 (l'ordinateur de bureau)

● 노트북 컴퓨터 (l'ordinateur portable)

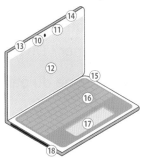

①	**l'unité centrale** *f.* 중앙처리장치, 본체	⑩	**la caméra (le webcam)** 웹캠 (카메라)
②	**le DVD** DVD	⑪	**le voyant de webcam** 웹캠 동작 상태 표시등
③	**la clé USB** USB	⑫	**l'écran** *m.* 모니터
④	**la touche** (키보드의) 키	⑬	**le microphone** 마이크
⑤	**le clavier** 키보드	⑭	**le voyant d'état du clavier** 조도 센서
⑥	**la souris** 마우스	⑮	**le bouton d'alimentation** 전원 버튼
⑦	**le tapis de souris** 마우스 패드	⑯	**le clavier** 키보드
⑧	**l'écran** 모니터	⑰	**le pavé tactile** 터치패드
⑨	**l'imprimante** *f.* 프린터	⑱	**le port USB** USB 포트

* le disque dur externe(portable) 외장 하드 디스크

cliquer 클릭하다	**ouvrir la messagerie** 메일함을 열다
écrire un message 메시지를 작성하다	**surfer sur le web** 웹사이트를 서핑하다
effacer (자료) 삭제하다	**télécharger** (자료를) 내려받다
envoyer un courriel 메일을 보내다	**valider** (인터넷에서) 확인 버튼을 누르다
imprimer 인쇄하다	**visiter un site** (인터넷) 사이트를 방문하다

유용한 표현

Expressions Utiles 093

물건 구매 시 필요한 표현

Ça vous plaît?

J'hésite un peu.
Je vais réfléchir.

A   마음에 드세요?

B   좀 망설여지네요. 생각을 해 봐야겠어요. (지금 사지 않겠다는 의미)

▸ plaire à (+사람) …의 마음에 들다 | hésiter 망설이다, 주저하다 | réfléchir 심사숙고하다

Je souhaite faire un échange ou être remboursé.

Vous avez votre ticket de caisse?

A   교환을 하거나 환불받고 싶습니다.

B   영수증 갖고 계세요?

▸ souhaiter 희망하다, 바라다 | échange m. 교환, 교류 | remboursé(e) 환불받는 | caisse f. 계산대

Voulez-vous un paquet-cadeau?

Oui, je veux bien.

A   선물 박스 포장해 드려요?

B   네, 그렇게 해 주세요.

▸ paquet-cadeau m. 선물 박스 | vouloir bien 동의(승낙)하다(= accepter)

Il n'y a pas de réduction?

A   할인이 없나요?

▸ réduction f. 할인, 감소

문법　1　그림을 보고 질문에 답하세요.

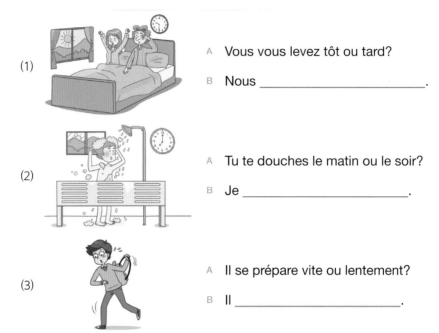

(1)　A　Vous vous levez tôt ou tard?

　　　B　Nous _____.

(2)　A　Tu te douches le matin ou le soir?

　　　B　Je _____.

(3)　A　Il se prépare vite ou lentement?

　　　B　Il _____.

2　빈칸에 알맞은 관사를 보기 에서 골라 넣으세요.

> exemple　　du　　　de la　　　de l'　　　des　　　de　　　le

(1)　A　Tu aimes _____ fromage?

　　　B　Oui. Alors je mange souvent _____ fromage.

(2)　A　Veux-tu _____ pain, _____ beurre et _____ eau?

　　　B　Oui, je veux bien. J'ai très faim.

(3)　A　Tu prends _____ légumes?

　　　B　Non, je ne prends pas _____ légumes.

(4)　A　Le panaché, qu'est-ce que c'est?

　　　B　C'est _____ bière avec un peu _____ limonade.

● 다음을 듣고 일치하는 내용을 고르세요.

094

① Emma ne mange rien à midi.

② Emma ne prend plus de pain.

③ Emma est au régime depuis une semaine.

④ Emma boit seulement un verre d'eau le soir.

▸ ne + **동사** + plus 더 이상 …않다

● 다음 그림 밑에 해당하는 단어를 쓰고, 아래 문장의 빈칸을 채우세요.

ⓐ le ＿＿＿＿＿＿＿＿＿   ⓑ l'＿＿＿＿＿＿＿＿＿   ⓒ la ＿＿＿＿＿＿＿＿＿

ⓓ l'＿＿＿＿＿＿＿＿＿   ⓔ le ＿＿＿＿＿＿＿＿＿

(1) On lit le texte sur l'＿＿＿＿＿＿＿＿＿.

(2) On tape les documents avec les touches du ＿＿＿＿＿＿＿＿＿.

(3) L'＿＿＿＿＿＿＿＿＿ peut imprimer en couleurs.

(4) La ＿＿＿＿＿＿＿＿＿ permet de se déplacer sur l'écran.

(5) On glisse le ＿＿＿＿＿＿＿＿＿ dans le lecteur.

▸ lire 읽다 p. 242 **동사 변화 참조** | texte *m.* 본문, 원고 | document *m.* 문서, 서류 | touche *f.* (키보드의) 키, 버튼 |
en couleurs 칼라로, 천연색의 | permettre de (+ 동사 원형) …하도록 해 주다 | se déplacer 이동하다 |
lecteur *m.* (CD·DVD) 플레이어, 재생 장치 | allumer l'ordinateur 컴퓨터 전원을 켜다 |
écrire un message 메시지를 작성하다 | éjecter (CD를) 꺼내다 | glisse un DVD DVD를 넣다 |
saisir (자료를) 입력하다 | stocker (자료를) 저장하다 | taper (자판을) 치다 |
mettre un texte (une photo) sur les réseaux sociaux 소셜네트워크에(SNS)에 텍스트를(사진을) 올리다

파리 사람들의 일상, «métro-boulot-dodo»

07:00

일반적으로 프랑스인들은 7시에 일어납니다. 아침 식사로는 바게트에 버터와 잼을 바른 'tartine 따흐띤'이나 크루아상을 먹습니다. 음료로는 커피나 진한 커피에 우유를 넣은 café au lait 꺄페올레를 마시며, 아이들은 코코아를 마십니다. 서둘러 아침 식사를 한 후에는 북적대는 전철이나 버스에 몸을 싣고 일터로 갑니다.

09:00

사무실 근처의 카페에 들러 진한 에스프레소를 한 잔 마신 후 출근하는 사람들도 있습니다. 근무 시간은 보통 9시에서 18시까지이며, 중간에 1시간 정도의 점심시간이 있습니다. 대도시에서는 구내식당이나 사무실 근처의 작은 레스토랑에서 점심 식사를 하며, 소도시에서는 점심을 먹으러 집에 가는 사람도 있습니다.

13:00

18:00

퇴근 후에는 북적이는 전철이나 버스를 타고 집으로 돌아갑니다.

20:00

보통 저녁 8시에는 가족들이 둘러 앉아 저녁 식사를 하며 하루 동안 있었던 이야기를 나누거나 텔레비전을 시청하며, 밤 11시쯤에 잠자리에 듭니다.

23:00

이렇듯 파리 사람들의 쳇바퀴 같은 일상을 표현하기 위해 끝 운을 '오'자로 통일하여 métro-boulot-dodo라고 부릅니다. 요즈음에는 resto를 더 넣어 métro-boulot-resto-dodo라고도 합니다. métro 메트호는 '전철'을 뜻하며, boulot 불로는 '일'(le travail)의 구어적 표현입니다. resto 헤스또는 restaurant(식당)의 줄임말이며, dodo 도도는 '자다'(dormir)의 뜻으로 어린아이들이 쓰는 말입니다. 이처럼 북적이는 전철을 타고 출근하고, 늦게까지 일을 하고, 일이 끝나면 집에 돌아와서 잠이나 잔다는 '그날이 그날'이라는 의미로, 처음에는 파리 사람들의 권태로운 일상을 나타내는 신조어였으나 지금은 모든 도시민들의 삶을 대변하는 표현입니다.

Il fait beau, en été!

동영상 강의

- Quel temps fait-il?

- 계절

- Quelle heure est-il? : 몇 시입니까?

- à + 시간 : (몇 시)에

Quel temps fait-il en Corée?
한국 날씨가 어때?

Il fait très chaud en été.
여름에는 아주 더워.

● Quel temps fait-il? : 날씨가 어때요?

il은 날씨를 나타내는 비인칭 주어이며, fait(원형은 faire)는 '하다'의 뜻이 아니라, 날씨를 나타내는 비인칭 동사입니다. 날씨의 비인칭 동사로는 faire 외에 pleuvoir(비가 오다), neiger(눈이 오다)가 있습니다.

Il fait + 형용사 (날씨를 나타내는 남성 단수 형용사)

Il fait beau.	Il fait mauvais.	Il fait chaud.	Il fait froid.
날씨가 좋아요.	날씨가 나빠요.	날씨가 더워요.	날씨가 추워요.

Il y a + 부분 관사 + (날씨 표현) 명사

Il y a **du** soleil.	Il y a **du** vent.	Il y a **du** brouillard.
햇빛이 비춰요.	바람이 불어요.	안개가 꼈어요.

Il + 비인칭 동사

Il pleut.	Il neige.	Il gèle.
비가 와요.	눈이 와요.	얼음이 얼어요. (기온이 영하로 내려가요.)

● 계절 (les saisons)

계절명은 모두 남성형이며, 정관사 le(l')를 붙입니다.

le printemps 봄	l'été 여름	l'automne 가을	l'hiver 겨울

Quelle heure est-il?
몇 시야?

Il est neuf heures et demie.
9시 반이야.

● Quelle heure est-il? : 몇 시입니까? (= Vous avez l'heure?)

시간은 'il est (+ 시간)'으로 표현합니다. 분(minutes)을 나타낼 때는 시간 다음에 숫자를 쓰고 '(몇 분) 전'은 분 앞에 moins을 붙입니다.

A Quelle heure est-il? 몇 시입니까?

B Il est une heure vingt. 1시 20분입니다.

**Il est deux heures
et quart.**
2시 15분이에요.

**Il est trois heures
et demie.**
3시 반이에요.

**Il est cinq heures
quarante-cinq.
(= trois quarts)**
5시 45분이에요.

**Il est six heures
moins le quart.**
6시 15분 전이에요.

Il est midi.
낮 12시예요.

Il est minuit.
밤 12시예요.

● à + 시간 : (몇 시)에

A À quelle heure part le train? 몇 시에 기차가 떠납니까?

B Il part à treize heures. 기차는 13시에 떠납니다.

참고
partir 떠나다

J'aime bien faire du camping, surtout en été.

En été, il fait beau.

Bruno	Où vas-tu en août?
Soumi	Je reste à Paris. Et toi?
Bruno	Je vais à la campagne. J'aime bien faire du camping, surtout en été.
Soumi	En été, il fait beau et il ne pleut pas beaucoup.
Emma	En effet, c'est la saison idéale pour le camping.
Soumi	En plus, il ne fait pas très chaud en forêt.

브뤼노	너는 8월에 어디 가니?
수미	파리에 있어. 그런데 너는?
브뤼노	나는 시골에 가. 나는 캠핑을 아주 좋아하거든, 특히 여름에.
수미	여름에는 날씨가 좋고 비가 많이 안 오니까.
엠마	사실이야, 캠핑하기에 이상적인 계절이지.
수미	게다가 숲에서는 그리 덥지 않잖아.

대화 TIP

- 자음으로 시작하는 계절 앞에는 au, 모음이나 무음 h로 시작하는 계절 앞에는 en을 붙이며, 월 앞에는 en을 붙입니다.

  au printemps 봄에   en été 여름에   en automne 가을에
  en hiver 겨울에   en janvier 1월에   en août 8월에

- très는 형용사나 부사를, beaucoup는 동사를 한정하는 부사입니다.

  Il parle beaucoup. 그는 말을 많이 한다.
  　(동사)
  Il est très gentil. 그는 매우 친절하다.
  　　　(형용사)
  Il parle très vite. 그는 아주 빨리 말한다.
  　　　　(부사)

새 단어 및 표현

campagne *f.* 시골, 전원
camping *m.* 캠핑
surtout 특히
idéal(e) 이상적인
forêt *f.* 숲

À quelle heure commence ton cours?

Il commence à dix heures, et finit à midi moins dix.

John	Quelle heure est-il?
Soumi	Il est neuf heures et demie.
John	À quelle heure commence ton cours?
Soumi	Il commence à dix heures, et finit à midi moins dix.
John	Moi, j'ai des cours de dix heures à trois heures de l'après-midi.
Soumi	Oh là là! Tu as beaucoup de cours!

존	몇 시야?
수미	아홉 시 반이야.
존	네 수업은 몇 시에 시작해?
수미	수업은 열 시에 시작해서, 낮 열두 시 십 분 전에 끝나.
존	나는 열 시부터 오후 세 시까지 수업이 있어.
수미	어머니! 너는 수업이 많구나!

대화 TIP

- **공식적 시간과 일상적 시간**

  공항이나 기차역 등에서는 공식적 시간을 사용합니다. 예를 들어 공식적 시간은 '오후 두 시 반'이라고 하지 않고, '14시 30분'처럼 씁니다.

  Il est deux heures et demie. (2시 반 : 일상적 시간)

  Il est 14 heures trente. (14시 30분 : 공식적 시간)

- **de … à … : …에서 …까지**

  Il travaille **de** deux heures **à** cinq heures. 그는 2시에서 5시까지 일한다.

새 단어 및 표현

demi(e) 2분의 1
finir 끝나다 p. 239 2군 규칙 동사 변화 참조
Oh là là! 저런, 아이구! (놀람 · 감탄을 나타냄)
midi *m.* 정오, 낮 12시, 점심 때
après-midi *m.* 오후

- aoùt [u(t)] : 첫 a는 발음되지 않으며, 끝 자음 t는 발음해도 되고, 안 해도 됩니다.
- 연쇄(l'enchaînement): heures의 h는 무음 h로써, 앞 단어의 끝 자음과 연음하여 읽습니다.

  neuf heures [noevoe:R] 뇌베흐 : neuf가 heures 앞에 놓일 때, f는 [f]가 아니라 [v]로 발음됩니다.

  quatre heures [katRoe:R] 꺄트헤흐, onze heures [zoe:R] 옹죄흐

● 대륙명과 국가 명칭

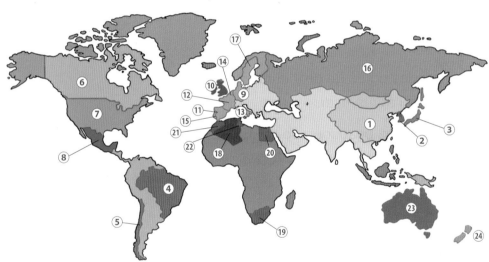

l'Asie *f.* 아시아

① **la Chine** 중국
② **la Corée du Sud** 한국 (남한)
③ **le Japon** 일본

l'Amérique *f.* 아메리카

④ **le Brésil** 브라질
⑤ **le Chili** 칠레
⑥ **le Canada** 캐나다
⑦ **les États-Unis** *m. pl.* 미국
⑧ **le Mexique** 멕시코

l'Europe *f.* 유럽

⑨ **l'Allemagne** *f.* 독일
⑩ **l'Angleterre** *f.* 영국
⑪ **l'Espagne** *f.* 스페인
⑫ **la France** 프랑스
⑬ **l'Italie** *f.* 이탈리아
⑭ **les Pays-Bas** *m. pl.* 네덜란드
⑮ **le Portugal** 포르투갈
⑯ **la Russie** 러시아
⑰ **la Suède** 스웨덴

l'Afrique *f.* 아프리카

⑱ **l'Algérie** *f.* 알제리
⑲ **l'Afrique du Sud** *f.* 남아프리카 공화국
⑳ **l'Égypte** *f.* 이집트
㉑ **le Maroc** 모로코
㉒ **la Tunisie** 튀니지

l'Océanie *f.* 오세아니아

㉓ **l'Australie** *f.* 호주
㉔ **la Nouvelle-Zélande** 뉴질랜드

거주지와 행선지

Où habitez-vous?

J'habite en France.

A 어디에 사세요?
B 프랑스에 살아요.

참고

habiter en Corée 한국에 살다
aller en Australie 호주에 가다

Où allez-vous?

Je vais au Japon.

A 어디에 가세요?
B 저는 일본에 갑니다.

참고

habiter au Canada 캐나다에 살다
aller au Brésil 브라질에 가다

Où voyagez-vous cet été?

Je voyage aux États-Unis.

A 이번 여름에 어디를 여행하세요?
B 미국 여행을 합니다.

참고

abiter aux Pays-Bas 네덜란드에 살다
aller aux Antilles 서인도제도에 가다

Où allez-vous pendant les vacances?

Je vais à la mer.

A 바캉스 동안에 어디 가세요?
B 바다에 갑니다.

▸ pendant … 동안 | mer f. 바다

참고

aller à la montagne 산에 가다
aller à la plage 해변에 가다

문법

1 시계를 보고 시간을 써 보세요.

Quelle heure est-il?

(1) ➡ _____ (2) ➡ _____

2 시계를 보고 물음에 답하세요.

(1)

A À quelle heure part ton bus?

B Il part _____

(2)

A À quelle heure déjeunez-vous?

B Nous déjeunons _____

3 그림을 보고 해당하는 날씨를 보기 에서 찾아 넣으세요.

exemple
Il fait beau. Il fait chaud. Il fait froid. Il neige.
Il pleut. Il y a du brouillard. Il y a du vent.

Quel temps fait-il?

(1) _____ (2) _____

(3) _____ (4) _____

3 빈칸에 알맞은 단어를 넣으세요.

(1) Je veux aller _____ France et _____ Italie.

(2) Elle travaille _____ États-Unis ou _____ Canada?

(3) Vous allez _____ montagne ou _____ mer?

1 다음을 듣고 알맞은 시간과 날씨를 고르세요.

100

(1) ① ② ③   (2) ① ② ③

(2) ① ② ③   (4) ① ② ③

101

2 다음을 듣고 진수의 일과표를 작성하세요.

시간	(1)	10:30~11:50	(3)	(4)	16:00
할 일	cours	(2)	déjeuner	Internet	(5)

읽기 ● 다음 글을 읽고 빈칸에 들어갈 알맞은 답을 고르세요.

François Legrand

J'ai 23 ans. Je suis étudiant, et je n'ai pas beaucoup d'argent. C'est pourquoi je pars en vacances avec des amis. Nous prenons le train et nous faisons du camping. Nous allons souvent à la montagne en été. Et puis, je passe aussi tous les ans quelques jours de vacances chez mes parents au bord de la mer. Comme ça, je vais aussi à la mer.

(1) François part _____ avec ses amis.

    ① en voiture   ② en train   ③ en avion

(2) Il va _____ avec ses amis.

    ① à la campagne   ② à la mer   ③ à la montagne

(3) Il dort _____ avec ses amis.

    ① au camping   ② dans un hôtel   ③ chez ses parents

▶ c'est pourquoi (결과) 그래서, 따라서 | quelques 몇몇의 | passer (시간을) 보내다, (시험을) 치르다 | comme ça 이처럼 | dormir 자다 p. 241 동사 변화 참조

온화한 프랑스의 기후

프랑스의 기후는 여름에는 그리 덥지 않고, 겨울에는 그리 춥지 않은 온대 기후입니다.
기후에 따라 프랑스인들의 기질도 다릅니다.
사계절의 구분이 뚜렷하지만 우리나라와는 다릅니다.

동부 내륙
동부 내륙 지방은 겨울에는 아주 춥고 여름에는 아주 더운 날씨로 전형적인 대륙성 기후입니다.

대서양 부근
파리를 비롯한 북쪽 지방 사람들은 차분하고 폐쇄적인 성격이라 관광객의 입장에서 보면 차가운 느낌이 듭니다. 또한 북부 사람들은 무채색의 옷을 즐겨 입습니다. 대서양 부근 지역은 해양성 기후로 겨울에도 날씨가 온화한 편이지만 비가 많이 내립니다. 특히 파리를 비롯하여 대서양 부근 지방에는 한국과 달리 봄·가을에 바람이 많이 불고 비가 자주 내립니다. 많은 양의 비가 내리는 것이 아니라 스산하게 부슬비가 자주 내리기 때문에, 파리의 '잿빛 하늘'이라는 말이 왜 나왔는지 이해할 수 있습니다.

• 해양성 기후
파리를 비롯하여 대서양 부근 지방에는 한국과 달리 봄·가을에 바람이 많이 불고 비가 자주 내립니다. 많은 양의 비가 내리는 것이 아니라 스산하게 부슬비가 자주 내립니다. 파리의 '잿빛 하늘'이라는 말이 왜 나왔는지 이해할 수 있습니다. 변덕스러운 날씨 때문에 6월에도 외투를 입는 등 계절과 상관없는 옷차림을 만나는 경우가 있습니다. 비가 내리다가 금방 그치기 때문에 우산을 쓰지 않고 다니는 사람들이 많은데, 심지어는 바게트 빵을 들고서 비를 맞고 걸어가는 사람들을 보면 위생적이지 못하다는 생각이 들기도 합니다.

남부
• 지중해성 기후
남부 지방은 지중해성 기후로 여름에 매우 덥고 건조하며, 비가 많이 내리지 않습니다. 남부 지방 사람들은 원색의 옷을 많이 입습니다. 남부 지방 사람들은 밝고 낙천적이고 외국인에게도 스스럼없이 친절하게 다가옵니다.

Je fais du sport tous les jours.

동영상 강의

- faire + 부분 관사 + (스포츠 · 취미 · 직업 · 학문) 활동

- 반복의 단위 par : … 마다

- 중성 대명사 en

- 중성 대명서 y : 거기에

Vous faites souvent du sport?
운동을 자주 해요?

Oui, je fais du jogging trois fois par semaine.
네 주길을 일주일에 세 번 깨요.

● faire + 부분 관사 + (스포츠 · 취미 · 직업 · 학문) 활동

A Vous faites **du** sport? 당신은 운동을 하세요?

B Je fais **du** tennis.
나는 테니스를 해요.

C Je fais **de la** natation.
나는 수영을 해요.

A Qu'est-ce qu'il fait ? 그가 무슨 일을 해요?

B Il fait **du** cinéma.
그는 영화를 만듭니다.

C Il fait **de la** photo.
그는 사진을 찍어요.

● 반복의 단위 par : …마다

par jour	하루에	une fois par jour	하루에 한 번
par semaine	일주일에	trois fois par semaine	일주일에 세 번
par mois	한 달에	dix fois par mois	한 달에 열 번
par an	일 년에	plusieurs fois par an	일 년에 여러 번

Tu bois du vin?
포도주 마실래?

**Non,
je n'en bois pas.**
아니, 안 마실래.

● 중성 대명사 en

중성 대명사 en은 'de + 명사'를 대신합니다. 특히 '부분 관사 + 명사', 부정의 'de + 명사'를 대신하며 **동사 앞**에 놓입니다. 대신하는 명사의 성·수에 상관없이 en으로 받기 때문에 중성 대명사라 불립니다.

A Vous faites <u>de la natation</u>? 당신은 수영을 하십니까?

B Oui, j'**en** fais. 네, 저는 그것(수영)을 합니다.

A Tu bois <u>du vin</u>? 포도주 마실래?

B Non, je n'**en** bois pas. 아니, 나 그거(포도주) 안 마셔. (← je ne bois pas de vin.) (부정의 de + 명사)

A Il mange <u>des frites</u>? 그는 감자튀김을 먹습니까?

B Oui, il **en** mange. 네, 그는 그것(감자튀김)을 먹어요.

● 중성 대명사 y : 거기에

중성 대명사 y는 'à + 장소'를 대신합니다. à 이외의 '장소의 전치사(sur, sous, dans, chez, en …) + 장소'도 y로 받을 수 있습니다. 이처럼 y는 장소 명사의 반복을 피하기 위해 사용되며, 항상 **동사 앞**에 놓입니다.

A Il va <u>à la gare</u>? 그가 기차역에 갑니까?

B Oui, il **y** va à pied. 네, 그는 걸어서 거기에 갑니다.

A Elle est <u>chez elle</u>? 그녀가 집에 있습니까?

B Oui, elle **y** est jusqu'à une heure. 네, 그녀는 1시까지 거기에 있습니다.

A Vous allez <u>en Suisse</u>? 당신들은 스위스에 갑니까?

B Oui, nous **y** allons en train. 네, 우리는 기차로 거기에 갑니다.

Quel sport
pratiquez-vous?

Je fais du jogging et
de la nataion.

M. Lambert	Vous faites souvent du sport?
Soumi	Oui, je fais du sport trois fois par semaine.
M. Lambert	Quel sport pratiquez-vous?
Soumi	Je fais du jogging et de la nataion. Et vous?
M. Lambert	Moi, je ne fais pas souvent de sport. Je ne joue au tennis qu'une fois par mois.

랑베르 운동을 자주 하나요?

수미 네, 저는 일주일에 세 번 운동을 해요.

랑베르 어떤 운동을 하나요?

수미 조깅과 수영을 해요. 선생님은요?

랑베르 나는 운동을 자주 안 해요. 한 달에 한 번만 테니스를 쳐요.

참고

빈도 부사

jamais 결코, 한 번도 …않다
de temps en temps 때때로
quelquefois 이따금
souvent 자주
toujours 항상

대화

• jouer는 두 명 이상이 하는 팀 스포츠에만 사용하고, faire는 혼자서 하는 스포츠나 팀 스포츠 모두에 사용할 수 있습니다.

Je fais de la natation. (O) 나는 수영을 한다.
Je joue à la natation. (X)
Je fais du football. (O) 나는 축구를 한다.
Je joue au football. (O)

• faire (+ 정관사) + 가사 노동

faire le ménage 집안을 청소하다   faire la cuisine 요리하다
faire le lit 침대를 정리하다   faire la vaisselle 설거지하다
faire les courses 장을 보다

새 단어 및 표현

sport *m.* 운동
fois *f.* 번, 회(回) / 배, 곱
pratiquer 실천하다, 수행하다
jogging *m.* 조깅
natation *f.* 수영
ne … que 단지 …이다
(= seulement 단지, 오로지)

Tu veux du fromage?

Oui, j'en veux.

Bruno	Tu bois du vin?
Soumi	Non, je n'en bois pas. Je n'aime pas le vin.
Emma	Tu veux du fromage?
Soumi	Oui, j'en veux. J'adore le fromage.
Emma	Les étrangers ont pourtant du mal à s'habituer au fromage.
Soumi	Oui, c'est vrai à cause de l'odeur.
Bruno	Tu habites à Paris depuis quand?
Soumi	Ça fait 6 mois que j'y habite.

브뤼노 포도주 마실래?

수미 아니, 안 마실래. 나는 포도주를 좋아하지 않아.

엠마 치즈 줄까?

수미 그래, 줘. 나는 치즈를 아주 좋아해.

엠마 하지만 외국인들이 치즈에 익숙해지기는 어려운데.

수미 그래, 냄새 때문에 사실이야.

브뤼노 너는 언제부터 파리에 살고 있니?

수미 여기 산 지 6개월 됐어.

대화 TIP

- à cause de는 보통 부정적인 이유를, grâce à (… 덕분에)는 긍정적인 이유를 나타냅니다.

  La promenade est annulée à cause du vent.
  바람 때문에 산책이 취소되었다.

  La vie a complètement changé grâce à Internet.
  인터넷 덕분에 삶이 완전히 바뀌었다.

- 기호 동사 (aimer, adorer, préférer…) (+ 동사 원형 / 명사)

  J'aime voyager. 나는 여행하는 것을 좋아한다.
  J'aime le voyage. 나는 여행을 좋아한다.

새 단어 및 표현

adorer 아주 좋아하다

avoir du mal à (+ 동사 원형)
…하기 어렵다

pourtant 그렇긴 해도

s'habituer à …에 익숙해지다

étranger(ère)
n. 외국인 / *a.* 외국(인)의

à cause de (+ 명사) … 때문에

odeur *f.* 냄새, 향기

depuis 이래로, 이후로

ça fait (+ 기간·횟수) **+ que**
(기간·횟수) …가 되다

-tion의 t는 [s]로 발음됩니다.

natation [natasjɔ̃] 나따씨옹

qu (+ 모음)의 경우 u는 [y](위)로 발음되지 않는 묵음으로, qu는 [k]로 발음됩니다.

quel [kɛl] 껠　　　　**quand** [kɑ̃] 껑　　　　**pratiquer** [pʀatike] 프하띠께

● 스포츠 · 취미 · 직업 · 학문 활동 (activités)

faire du ski
스키를 타다

faire du patin
스케이트를 타다

faire du piano
피아노를 치다

faire du violoncelle
첼로를 켜다

faire du théâtre
연극을 하다, 배우가 되다

faire de la peinture
그림을 그리다

faire du jardinage
정원을 가꾸다

faire du bricolage
취미로 목공 일을 하다

faire du français
프랑스어를 공부하다

faire de l'anglais
영어를 공부하다

손님맞이 · 접대

Je peux entrer?

Entrez! Asseyez-vous!

A 들어가도 되나요?

B 들어오세요! 앉아요!

▸ entrer 들어가다 | s'asseoir 앉다
 p. 240 동사 변화 참조

참고
habiter à + 도시명
habiter à Séoul 서울에 살다
habiter à Londres 런던에 살다
habiter à Rome 로마에 살다

Une tasse de thé, s'il vous plaît!

Qu'est-ce que vous voulez boire?

A 뭐 마실래요?

B 차 한 잔 주세요!

참고
다른 음료
une tasse de café 커피 한 잔
un verre d'eau 물 한 잔(컵)
un verre de jus d'orange 오렌지 주스 한 잔

Voulez-vous de la tarte?

Oui, volontiers.

A 파이 좀 드시겠어요?

B 기꺼이 먹죠.

▸ tarte f. 과일 파이

참고
제의를 받아들이는 표현
volontiers 기꺼이, 흔쾌히
avec plaisir 기꺼이, 즐겁게
Je veux bien. (수락) 주세요.
(= J'accepte.)

문법

1 보기 처럼 밑줄 친 부분을 중성 대명사로 바꾸어 질문에 답하세요.

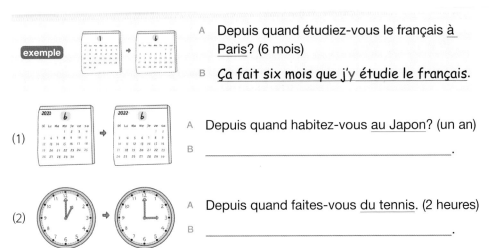

exemple

A Depuis quand étudiez-vous le français <u>à Paris</u>? (6 mois)

B <u>Ça fait six mois que j'y étudie le français.</u>

(1)

A Depuis quand habitez-vous <u>au Japon</u>? (un an)

B _____.

(2)

A Depuis quand faites-vous <u>du tennis</u>. (2 heures)

B _____.

2 보기 처럼 밑줄 친 부분을 중성 대명사로 바꿔서 질문에 답하세요.

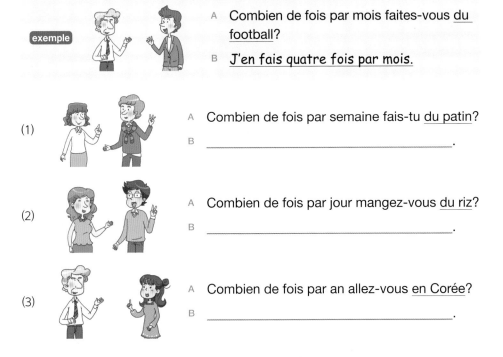

exemple

A Combien de fois par mois faites-vous <u>du football</u>?

B <u>J'en fais quatre fois par mois.</u>

(1)

A Combien de fois par semaine fais-tu <u>du patin</u>?

B _____.

(2)

A Combien de fois par jour mangez-vous <u>du riz</u>?

B _____.

(3)

A Combien de fois par an allez-vous <u>en Corée</u>?

B _____.

● 다음을 듣고 내용에 따라 그림을 순서대로 나열하세요.

107

(   ) – (   ) – (   ) – (   ) – (   ) – (   )

읽기 ● 다음 메일을 읽고 질문에 답하세요.

📧 expéditeur	Emma
📧 destinataire	Bruno
date	le 22 juillet
objet	Bonjour, c'est Emma!

Cher Bruno

Je suis en vacances avec Soumi. Nous avons pris une chambre d'hôtel près de la montagne, et nous sommes allées nous promener tous les jours. Quelquefois, nous avons joué au tennis et nous avons fait du ping-pong. Nous avons visité également un château. À l'hôtel, nous avons rencontré des gens sympathiques et nous avons joué aux cartes avec eux. Je suis très contente. Et toi? Tu passes de bonnes vacances? À bientôt!

Ton amie Emma

(1) 위의 내용과 일치하는 것은 무엇인가요?

① 엠마와 수미는 가끔 산에 갔다.

② 엠마와 수미는 둘이서 카드놀이를 하였다.

③ 엠마는 수미와 함께 바다로 휴가를 떠났다.

④ 이 메일은 엠마가 브뤼노에게 보낸 것이다.

(2) 엠마가 휴가 동안 하지 않은 것은 무엇인가요?

① 테니스   ② 탁구   ③ 수영   ④ 성 구경

초대받았을 때 지켜야 할 예절

저녁 초대를 받았을 때는 가까운 친구 사이라 할지라도 무언가를 선물로 가져가야 합니다. 예를 들어 꽃이나 샴페인 한 병, 또는 좋은 포도주 한 병을 가지고 갑니다. 선물을 받으면서 주인은 종종 "이러실 필요 없는데요! (Il ne fallait pas!)"라고 말을 하지만, 그건 인사치레일 뿐 당연히 선물을 준비해야 합니다. 그리고 초대 시간이 저녁 7시라면 15분쯤 늦게 도착하는 것이 좋습니다. 일찍 도착하면 아직 준비가 안 된 상태에서 주인이 당황할 수 있으니 조금 늦게 가는 것이 예의입니다. 식사 후에는 담소를 나누다가 11시경에 일어서는 것이 적당합니다.

집으로 저녁 초대를 할 때, 큰 접시에 음식을 담은 채로 식탁으로 가져와 여주인이 손님 한 명 한 명에게 접시에 음식을 덜어 줍니다. 하지만 친한 사이에서는 "드세요 (Servez-vous!)"라고 말하면서 각자 알아서 접시에 덜어 가게 할 수 있습니다. 이처럼 음식은 여주인이 결정하는데 그녀가 메뉴를 정하면 남편이 음식에 맞는 포도주를 준비합니다. 식사 중에 손님에게 포도주를 따라 주는 것도 남편의 일입니다. 주인은 손님의 컵이 비지 않도록 계속 권하는 것이 예의이며, 손님이 포도주병

을 가져다가 직접 따라 마시면 결례입니다. 당연히 음식은 남기지 말고 다 먹어야 합니다. 그리고 식사가 끝나면 여주인에게 음식에 대해 칭찬을 하는 것도 잊지 마세요. "음식 솜씨가 뛰어 나시네요! (Vous êtes cordon-bleu)"라고 말하면 아주 기뻐할 겁니다. cordon-bleu 꼬흐동 블르는 숙련된 주방장이 허리에 두르는 파란색 줄을 말하는데, 여기서 유래되어 '솜씨 좋은 주방장'을 가리키지만, 비유적으로 '음식 솜씨가 뛰어난 사람'을 지칭하는 데 사용됩니다.

Hier, j'ai eu mal à la tête.

동영상 강의

- avoir mal à (+ 신체 부위) : …이/가 아프다

- 근접 미래 : aller + 동사 원형

- 과거 분사

- 복합 과거 (1) : avoir + 과거 분사

As-tu mal au ventre?
배가 아프니?

Oui, je vais aller chez le médecin.
응, 곧 병원에 갈 거야.

● avoir mal à (+ 신체 부위) : ···이/가 아프다

le mal은 '고통, 아픔'이라는 뜻의 명사로 관사 없이 avoir 동사 다음에 놓이며, 신체 부위 앞에 전치사 à와 정관사가 놓이기 때문에 축약에 주의해야 합니다.

A Qu'est-ce que tu as? Où as-tu mal? 너 무슨 일이야? 어디가 아프니?

B J'ai mal à la tête et à la gorge. 머리와 목이 아파.

● 근접 미래 : aller + 동사 원형

근접 미래는 '곧 ···할 것이다'라는 뜻으로 곧 일어날 미래의 사실을 나타냅니다. 하지만 회화체에서는 미래를 나타내는 시간의 보어와 함께 쓰일 경우 먼 미래를 나타낼 수도 있습니다

A Qu'est-ce que tu vas faire? 너는 곧 무엇을 할 거니?

B Je vais aller chez le médecin. 곧 병원에 갈 거야.

L'année prochaine, nous allons partir pour Paris. 내년에 우리는 파리로 떠날 겁니다. **먼 미래**

● 과거 분사 (le participe passé)

1군 동사는 어미 -er를 뺀 어간에 é를, 2군 동사는 어미 -ir를 뺀 어간에 i를 붙여 과거 분사를 만듭니다.
3군 동사의 과거 분사는 불규칙하게 변화합니다.

1군 동사	2군 동사	être	avoir
어간 + é	어간 + i		
parler: parlé habiter: habité	finir: fini choisir: choisi	été	eu

3군 동사				
-u	-i	-t	-s	-ert
vouloir: voulu	servir: servi	faire: fait	prendre: pris	ouvrir: ouvert
attendre: attendu	dormir: dormi	dire: dit	mettre: mis	offrir: offert

Qu'est-ce que tu as fait hier?
너는 어제 뭐 했니?

J'ai visité le Louvre.
루브르 박물관을 관람했어.

● 복합 과거 (le passé composé) (1) : avoir + 과거 분사 (p.p.)

복합 과거는 조동사 avoir 다음에 과거 분사를 넣어 만듭니다. 모든 타동사와 대부분의 자동사는 avoir를 조동사로 취하며 과거 분사는 주어에 일치시키지 않습니다.

parler (말하다)의 복합 과거		
긍정형	부정형	의문형
j'ai parlé	je n'ai pas parlé	Ai-je parlé?
tu as parlé	tu n'ai pas parlé	As-tu parlé?
il(elle) a parlé	il(elle) n'a pas parlé	A-t-il(elle) parlé? (허사의 t 주의)
nous avons Parlé	nous n'avons pas parlé	Avons-nous parlé?
vous avez parlé	vous n'avez pas parlé	Avez-vous parlé?
ils(elles) ont parlé	ils(elles) n'ont pas parlé	Ont-ils(elles) parlé?

복합 과거의 용법

과거의 완료된 행위, 과거의 연속적 행위, 한정된 기간의 과거 행위를 나타냅니다.

A Qu'est-ce que tu as fait hier? 어제 뭐 했어? **과거 완료**

B J'ai visité le Louvre. 루브르 박물관을 관람했어. **과거 완료**

Elle a essayé une robe, elle a demandé le prix et elle a payé.
그녀는 원피스를 입어 보고, 가격을 묻고, 돈을 지불했다. **과거의 연속적 행위**

A Avez-vous longtemps habité en France? 당신은 프랑스에서 오래 살았습니까?

B J'y ai habité (pendant) deux ans. 거기서 2년(간) 살았습니다. **한정된 기간**

Vous avez mal
à la tête?

J'ai eu très mal à
la tete, surtout
hier soir.

Au cabinet médical

Soumi	Docteur, je crois que je suis enrhumée.
Le médecin	Vous avez mal à la tête?
Soumi	J'ai eu très mal à la tête, surtout hier soir. Et j'ai eu de la fièvre.
Le médecin	Vous avez toussé?
Soumi	Oui, beaucoup. C'est pourquoi je n'ai pas bien dormi.
Le médecin	Bon, je vais vous examiner.

진료실에서

수미 의사 선생님, 제가 감기에 걸린
것 같아요.

의사 머리가 아프세요?

수미 특히 어제 저녁에 머리가 아주
아팠어요. 열도 났고요.

의사 기침을 하셨나요?

수미 네, 많이요. 그래서 잠을 잘 자지
못했어요.

의사 자, 곧 진찰을 해 봅시다.

대화 TIP

아프다고 할 때, être malade(아픈)나 avoir mal à로 표현합니다. 그런데 être malade
다음에는 신체 부위를 쓸 수 없고, avoir mal à 다음에만 신체 부위를 쓸 수 있습니다.

J'ai mal <u>aux pieds</u> (aux yeux / aux dents / à l'oreille).
발(눈/이/귀)이 아파요.

Je suis malade <u>aux pieds</u>. (×)

새 단어 및 표현

cabinet *m.* 진찰실, 집무실
médical(e) 의학의, 의료의
docteur (호칭) 의사
croire 믿다, 확신하다 p. 241 동사 변화 참조
que 종속절을 이끄는 접속사
enrhumé(e) 감기에 걸린
tête *f.* 머리
fièvre *f.* 열
tousser 기침하다
dormir 자다 p. 241 동사 변화 참조
examiner 진찰하다, 살펴보다

Vous voulez annuler le rendez-vous?

Mais non! Je voudrais le repousser.

Chez le dentiste

Jinsou	Je voudrais changer la date de mon rendez-vous, s'il vous plaît.
La secrétaire	Vous avez déjà pris un rendez-vous?
Jinsou	Oui, j'ai rendez-vous cet après-midi, mais j'ai un empêchement.
La secrétaire	Vous voulez annuler le rendez-vous?
Jinsou	Mais non! Je voudrais le repousser.
La secrétaire	Pour quand?
Jinsou	Pour demain à 14 heures, si c'est possible.

치과에서

진수	제 예약 날짜를 변경하고 싶습니다.
직원	이미 예약이 되어 있나요?
진수	네, 오늘 오후에 약속이 되어 있는데, 제가 피치 못할 사정이 있어서요.
직원	약속을 취소하시겠어요?
진수	아니요! 약속을 미루고 싶어요.
직원	언제로요?
진수	가능하다면, 내일 14시로요.

대화 TIP

pour는 보통 목적(…을/를 위하여)의 전치사로 많이 사용되지만, pour quand의 pour는 예정 · 시기를 나타내는 전치사입니다.

   A   C'est pour quand, ton rapport? 네 리포트가 언제로 예정되어 있니?
   B   Pour le 13 juin. 6월 13일이야.

새 단어 및 표현

rendez-vous *m.* (만날) 약속, (병원) 예약

secrétaire *n.* 비서, 조수

empêchement *m.* 방해

annuler 취소하다

repousser 미루다, 연기하다

possible 가능한

h는 발음되지 않습니다.

enrhumé [ɑ̃Ryme] 엉휘메   **hier** [jɛ:R] 이예흐

ex는 [gz]나 [ks]로 발음되는데, **ex**aminer의 ex는 [gz]로 발음됩니다.

examiner [ɛgzamine] 에그자미네

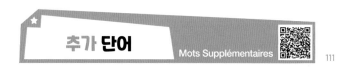

● 신체 명칭

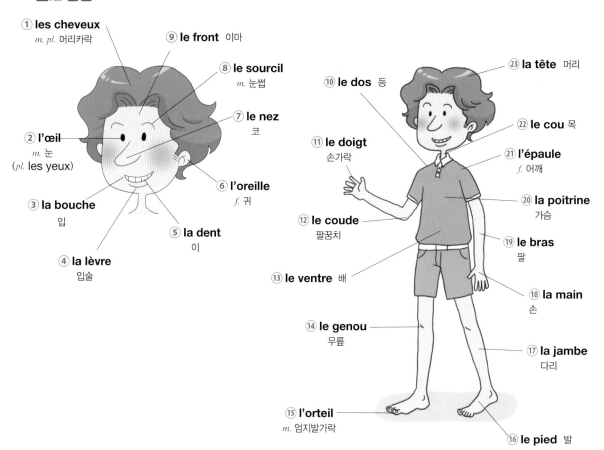

① **les cheveux** *m. pl.* 머리카락

② **l'œil** *m.* 눈 (*pl.* les yeux)

③ **la bouche** 입

④ **la lèvre** 입술

⑤ **la dent** 이

⑥ **l'oreille** *f.* 귀

⑦ **le nez** 코

⑧ **le sourcil** *m.* 눈썹

⑨ **le front** 이마

⑩ **le dos** 등

⑪ **le doigt** 손가락

⑫ **le coude** 팔꿈치

⑬ **le ventre** 배

⑭ **le genou** 무릎

⑮ **l'orteil** *m.* 엄지발가락

⑯ **le pied** 발

⑰ **la jambe** 다리

⑱ **la main** 손

⑲ **le bras** 팔

⑳ **la poitrine** 가슴

㉑ **l'épaule** *f.* 어깨

㉒ **le cou** 목

㉓ **la tête** 머리

건강 관련 표현

Tu es en forme?

Oui, je suis en forme.

A   컨디션이 어때?

B   응, 컨디션이 좋아.

▸ forme *f.* 심신의 (좋은) 상태 / 형태
(être en forme 컨디션(건강)이 좋다)

참고

Je me sens mal. 몸이 안 좋아요.
Je me sens stressé(fatigué).
스트레스를 받은(피곤한) 것 같아요.

Comment tu te sens?

Je me sens bien.

A   건강이 어때?

B   좋아.

▸ se sentir (+ 속사) 자신이 …라 느끼다

Votre grand-père est en bonne santé?

Non, malheureusement il est malade.

A   할아버님이 건강하세요?

B   아니요, 안타깝게도 아프세요.

▸ santé *f.* 건강 (être en bonne
(mauvaise) santé 건강이 좋다(나쁘다))
| malheureusement 불행히도

Je voudrais quelque chose contre la toux.

Voulez-vous des pastilles ou du sirop?

A   기침약 좀 주세요.

B   알약을 드릴까요, 시럽을 드릴까요?

▸ toux *f.* 기침 | contre (방지・예방) …에 대
비하여 / …에 반대(대항)하여 | pastille *f.*
(빨거나 녹여먹는) 알약 | sirop *m.* 시럽

참고

une ordonnance 처방전
un antibiotique 항생제
un médicament 약
un comprimé d'aspirine 아스피린 알약

문법 **1** 다음 문장을 복합 과거로 고치세요.

(1) J'ai mal à la gorge. → _____.

(2) Il annule son rendez-vous. → _____.

(3) Vous finissez le cours. → _____.

(4) Ils prennent de la salade. → _____.

2 다음 문장을 근접 미래로 바꾸세요.

(1) A Regarde! Le ciel est gris.

B En effet, il _____. (pleuvoir)

(2) A Papa, ouvre la porte. Vite!

B Attends! Je _____ (ouvrir) tout de suite.

▸ gris 회색의, 날씨가 흐린

3 다음 질문에 그림을 보고 답하세요.

(1) A Où as-tu mal?

B J'ai mal _____.

(2) A Où avez-vous mal ?

B J'ai mal _____.

(3) A Où a-t-il mal?

B Il a mal _____.

● 다음을 듣고 질문에 대한 대답으로 알맞은 것을 고르세요.

113

(1) Avez-vous habité longtemps au Canada?

　　① 　　　　 ② 　　　　 ③ 　　　　 ④

(2) A-t-il bien dormi?

　　① 　　　　 ② 　　　　 ③ 　　　　 ④

(3) 그림 중에서 엠마가 어제 한 일을 고르세요. (복수 답 가능)

①  　　　②

③  　　　④

 읽기 ● 다음 글을 읽고 해당하는 그림과 연결하세요.

(1)

　　Je suis enrhumé. J'ai mal à la tête, j'ai de la
　　fièvre, et je tousse. Je suis vraiment malade. 　●

● ①

(2)

　　J'ai beaucoup marché. Je suis fatigué, et j'ai
　　mal aux pieds, donc je vais me reposer. 　●

● ②

(3)

　　J'ai beaucoup mangé et bu. Je me sens mal,
　　et j'ai mal au ventre. 　●

● ③

포도주 등급은 어떻게 분류되나요?

프랑스 포도는 큰 강을 중심으로 보르도, 부르고뉴, 론, 알자스, 프로방스, 랑그독-루시용, 샹파뉴 등의 지역으로 분류됩니다. 포도주는 포도 재배 지역으로 분류되는 한편, 등급에 따라서도 분류됩니다. 프랑스는 고급 와인의 명성을 지키고 품질을 유지하기 위해 1935년에 A.O.C법을 제정하였습니다. A.O.C.(Appellation d'Origine Contrôlée)는 '양조지 명칭 등록 포도주'라는 의미로, 엄격한 관리 기준을 통과한 포도주에만 그 지역 명칭을 붙일 수 있도록 규정한 제도이며, 프랑스 포도주 등급 중 최상급에 해당합니다. 포도주 라벨에 A.O.C.가 표시될 경우 가운데 'Origine'의 자리에 원산지 명칭이 삽입됩니다. 예를 들어 보르도 지역이라면, 'Appellation Bordeaux Contrôlée' 라고 표기됩니다. 그 다음이 V.D.Q.S(Vins Délimités de Qualité Supérieure) 등급으로, '생산지 한정 고급 포도주'라는 뜻입니다. 그 다음이 Vins de Pays 뱅 드 뻬이로, '지역 와인'이라는 뜻입니다. 엄격한 제도적 규제 없이 포도 생산 지역과 포도 품종 정도만 제한을 받는 등급으로 프랑스 각 지역에서 생산되는 포도주입니다. 마지막 등급이 Vins de Table 뱅 드 따블르인데, 프랑스 와인의 40% 이상이 해당되는 이 등급의 와인은 프랑스라는 이름 말고는 아무런 지역 표시가 없는 일반적인 '테이블 와인'입니다. 맛을 향상시키기 위해 여러 종류의 포도주를 혼합하기도 합니다.

〈포도주 라벨 읽기〉

● 의무 기재 사항
  1. 원산지 명칭
  2. A.O.C.급 와인 표기
  3. 병입 장소
  4. 용기 내의 와인 순 용량
  5. 알코올 도수

● 선택 사항
  6. 경작자의 상표명 혹은 이름
  7. 원료 포도의 수확 연도
  8. 생산 국가

Nous sommes allés à Avignon.

- 복합 과거 (2) : être + 과거 분사

- 대명 동사의 복합 과거

- 주요 3군 동사의 과거 분사

동영상 강의

Quand est-elle arrivée?
그녀가 언제 도착했어요?

Elle est arrivée à huit heures.
8시에 도착했어요.

● 복합 과거 (le passé composé) (2) : être + 과거 분사

'이동 동사' 또는 '왕래 발착 동사'라 불리는 일부 자동사는 복합 과거를 만들 때, avoir 대신 être를 조동사로 취합니다. 이 경우, 과거 분사는 주어의 성·수에 일치시킵니다.

이동 동사	과거 분사
① **arriver** 도착하다	arrivé
② **partir** 떠나다	parti
③ **aller** 가다	allé
④ **venir** 오다	venu
⑤ **passer** 지나가다	passé
⑥ **rentrer** 돌아오다(가다)	rentré
⑦ **entrer** 들어가다	entré
⑧ **rester** 머물다	resté
⑨ **sortir** 나가다	sorti
⑩ **monter** 올라가다	monté
⑪ **descendre** 내려가다	descendu
⑫ **naître** 태어나다	né
⑬ **mourir** 죽다	mort
tomber 넘어지다, 떨어지다	tombé
devenir 되다	devenu

A Quand est-<u>elle</u> arrivé<u>e</u>? 그녀가 언제 도착했어요?

B <u>Elle</u> est arrivé<u>e</u> à 8 heures. 8시에 도착했어요.

A Où êtes-<u>vous</u> allé<u>s</u> pendant les vacances? 당신들은 바캉스 동안 어디에 갔나요?

B <u>Nous</u> sommes allé<u>s</u> à Avignon. 우리는 아비뇽에 갔었어요.

**À quelle heure
s'est-elle levée?**
그녀가 몇 시에 일어났어요?

**Elle s'est levée à
7 heures.**
7시에 일어났어요.

● 대명 동사의 복합 과거

대명 동사의 복합 과거도 이동 동사와 마찬가지로 être를 조동사로 취하며, 과거 분사를 주어의 성·수에 일치시킵니다.

se promener (산책하다)의 복합 과거	
je me suis promené(e)	nous nous sommes promené(e)s
tu t'es promené(e)	vous vous êtes promené(e)(s)
il s'est promené	ils se sont promenés
elle s'est promenée	elles se sont promenées

A À quelle heure s'est-<u>elle</u> lev<u>ée</u>? 그녀가 몇 시에 일어났어요?

B <u>Elle</u> s'est lev<u>ée</u> à 7 heures. 7시에 일어났어요.

A Est-ce qu'<u>elles</u> se sont déjà couch<u>ées</u>? 그녀들이 벌써 잠자리에 들었나요?

B Oui, <u>elles</u> se sont déjà couch<u>ées</u>. 네, 벌써 잠자리에 들었어요.

● 주요 3군 동사의 과거 분사

동사	과거 분사	동사	과거 분사
pouvoir 할 수 있다	pu	rendre 돌려주다	rendu
boire 마시다	bu	pleuvoir 비가 오다	plu
voir 보다	vu	connaître 알다	connu
devoir …해야 한다	dû	recevoir 받다	reçu
savoir 알다	su	comprendre 이해하다	compris
lire 읽다	lu	sentir 느끼다, 냄새 맡다	senti
entendre 듣다	etendu	écrire 쓰다	écrit
croire 믿다	cu	craindre 겁내다, 염려하다	craint
répondre 대답하다	répondu	découvrir 발견하다	découvert

Tu as voyagé avec tes parents?

Oui, nous sommes allés à Avignon.

Soumi	Tu as voyagé avec tes parents?
Emma	Oui, nous sommes allés à Avignon pendant les vacances.
Soumi	As-tu assisté au festival d'Avignon?
Emma	Oui, bien sûr. Il y a beaucoup de choses à voir à Avignon.
Soumi	Quand êtes-vous partis?
Emma	Nous sommes partis le 13 juillet.
Soumi	Vous êtes restés à Avignon combien de jours?
Emma	Nous y sommes restés quinze jours.

수미	부모님과 함께 여행 다녀왔니?
엠마	응, 우리는 바캉스 동안 아비뇽에 갔었어.
수미	아비뇽 연극제를 봤어?
엠마	응, 물론이지. 아비뇽에는 볼 것이 많아.
수미	언제 출발했었는데?
엠마	7월 13일에 출발했어.
수미	며칠 동안 아비뇽에 있었니?
엠마	거기에 보름간 있었어.

대화 TIP

bien sûr는 '물론', '당연히'라는 뜻으로, bien entendu, certainement, évidemment 과 같은 뜻으로 쓰입니다.

A Tu es d'accord? 너 찬성하니?
B Bien sûr. 물론이지!

새 단어 및 표현

pendant … 동안
assister à …에 참석(참관)하다
festival *m.* 페스티벌, 축제
chose *f.* 물건, 것
voir 보다 p. 244 동사 변화 참조

Qu'est-ce que tu
as fait le week-end
dernier?

Je me suis
promenée sur les
quais de la Seine.

John	Qu'est-ce que tu as fait le week-end dernier?
Soumi	Samedi dernier, je me suis promenée sur les quais de la Seine.
John	Et dimanche?
Soumi	Je me suis levée tard et je me suis reposée chez moi.
John	Tu es restée chez toi toute la journée?
Soumi	Non, je suis sortie le soir. Je me suis bien amusée avec mes amis et je suis rentrée vers minuit.

존	지난 주말에 뭐 했니?
수미	지난 토요일에 센 강변을 산책했어.
존	그럼 일요일에는?
수미	늦잠을 자고 집에서 쉬었어.
존	하루 종일 집에 있었어?
수미	아니, 저녁에 외출했어. 친구들과 재미있게 놀다가 자정 무렵에 돌아왔어.

대화 TIP

시간 명사 뒤에 놓인 dernier(ère)(지난)는 과거를 가리키는 형용사로, 복합 과거를 이끄는 표현입니다. 그 외에도 il y a(… 전에)를 포함하여 복합 과거를 이끄는 표현들은 다음과 같습니다.

la semaine dernière 지난주에
il y a huit jours 일주일 전에
cette année-là 그 해에

l'hiver dernier 지난겨울에
il y a 3 ans 3년 전에
à ce moment-là 그때에

새 단어 및 표현

dernier(ère) (시간 명사 뒤) 지난 / (명사 앞) 마지막의, 최근의

quai m. 강변, 플랫폼, 승강장

s'amuser 즐기다, 놀다

vers (시간) 무렵, …경 / (방향) …을 향하여

- voyager [vwajaʒe] : oy는 oi처럼 [wa]로 발음되며, 모음 e앞에 놓인 g는 [ʒ]로 발음됩니다
- quinze [kɛ̃:z] : in은 [ɛ̃]으로 발음됩니다.

추가 단어 Mots Supplémentaires
117

● 여행 · 관광

l'agence de voyages
f. 여행사

l'auberge de jeunesse
f. 유스호스텔

la croisière
크루즈

l'excursion
f. 소풍, (가벼운) 여행

le pique-nique
피크닉

l'office du tourisme
m. (대도시의) 관광 안내소

le guichet de la gare
기차역 창구

les horaires des trains *m.* 기차 운행 시간표
les jours fériés *m. pl.* 공휴일
le congé 휴가
le syndicat d'initiative (소도시) 관광 안내소
le voyage en groupe 그룹 여행
le(la) voyageur(euse) 여행자, 승객
la pension 민박, 하숙
la demi-pension 아침만 먹는 민박(하숙)
la pension complète 세끼 다 먹는 민박(하숙)

le prix forfaitaire 패키지 요금
la réduction pour les étudiants 학생 할인
la haute saison 성수기
l'assurance voyage *f.* 여행자 보험
le tourisme vert 녹색 관광
le tourime à thèmes 테마 관광

여행 관련 표현

Bon voyage!

Merci, bonnes vacances!

A 즐거운 여행이 되길!
B 고마워, 방학 잘 보내!

▸ voyage *m.* 여행

참고

Bon week-end! 즐거운 주말 보내(요)!
Vive les vacances! 방학(바캉스) 만세!

Je voudrais un aller simple pour Madrid.

En première classe ou en deuxième classe?

A 마드리드행 편도 표 한 장 주세요.
B 1등석이요, 2등석이요?

▸ aller (simple) *m.* 편도 (표) | pour
(방향) …을/를 향하여 | classe *f.* 등급
(voyager en première classe 일등칸
으로 여행하다)

참고

un train en provenance de Berlin
베를린발 기차

un vol à destination de Madrid
마드리드행 비행 편

Est-ce que je peux vous aider?

Donnez-moi un plan de Paris, s'il vous plaît.

A 무엇을 도와 드릴까요?
B 파리 지도 한 장 주세요.

▸ plan *m.* 지도, 계획

Je voudrais réserver un billet d'avion pour New York.

Un aller-retour ou un aller simple?

A 뉴욕행 항공권 예약하려고요.
B 왕복권이요, 편도권이요?

▸ réserver 예약하다 | billet *m.* 표, 티켓
| aller-retour *m.* 왕복(권)

참고

la classe affaires (여객기의) 비즈니스 클래스
la classe économique
이코노미 클래스, 일반석 (= la classe touriste)

문법   ● 아래 그림에 해당하는 동사를 골라 복합 과거로 쓰세요.

monter	mettre	descendre	mourir	sortir	tomber
entrer	naître	rester	se lever	se coucher	

(1) Zut! Mes clés, elles
_____.

(2) Elle_____ ses clés sur la
table.

(3) Elle_____
très longtemps à la
fenêtre.

(4) Elle _____
dans la maison.

(5) Il _____ dans
le jardin.

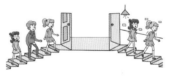

(6) Ils _____ dans la chambre.

(7) Elles _____ à la cave.

(8) Le bébé_____
le premier avril.

(9) Elle _____ le 2 mai.

(10) Elle_____ à six heures du
matin.

(11) Ils_____ à minuit.

듣기 ● 녹음의 안내 방송을 듣고 빈칸에 알맞은 답을 고르세요.

(1) Le train 564 _____.

   ① arrive   ② part   ③ attend

(2) Le train 564 _____.

   ① va à Nice   ② vient de Nice   ③ passe par Nice

(3) Le train est au quai n° _____.

   ① 6   ② 7   ③ 17

(4) Le train s'arrête _____.

   ① sept minutes   ② cinq minutes   ③ deux minutes

▶ quai *m.* 플랫폼, 승강장 ｜ s'arrêter 정차하다, 멈추다 ｜ passer par …을 통해 지나가다

읽기 ● 지금은 9월 17일, 18시입니다. 수미의 일정을 보고 빈칸에 알맞은 동사를 넣으세요.

🖊 vendredi sep. **13**	🖊 lundi sep. **16**	🖊 mardi sep. **17**
12h déjeuner avec John	10h promenade, la Seine	11h téléphone à Maman
14h-15h examen	14h courses au supermarché	13h-15h cours de français
16h voyage avec Emma	19h dîner chez les Durand	18h jogging

(1) Ce matin, Soumi _____ à sa mère.

(2) Cet après-midi, elle _____ un cours de français.

(3) Hier matin, elle _____ sur les quais de la Seine.

(4) Hier après-midi, elle _____ ses courses au supermarché.

(5) Hier soir, elle _____ chez M. et Mme Durand.

(6) La semaine dernière, elle _____ en voyage avec Emma après l'examen.

▶ promenade *f.* 산책 ｜ partir en voyage 여행을 떠나다

Fête de la musique와 아비뇽 축제

미테랑 사회당 정부의 문화부 장관이었던 자크 랑그(Jacques Lang)는 1982년에 프랑스의 젊은이들 중 절반이 악기를 다룰 줄 안다는 보고서를 접하게 되었습니다. 자크 랑그는 젊은이들이 진정으로 음악을 즐기고 재능도 뽐낼 수 있는 기회를 마련하고자, 1982년에 Fête de la Musique 페뜨 드 라 뮈지끄 (음악 축제)를 개최하였습니다.

음악 축제

자유로운 분위기의 공연

일 년 중 낮이 가장 긴 하지(6월 21일)에 하루 종일 전국적으로 개최되는 이 축제는 날씨와 상관 없이 실내 공연장에서 벗어나 거리에서 자유로이 음악을 연주하거나 무료로 음악을 감상할 수 있습니다. 국가에서 주최하는 전문가들의 공연도 있고, 원하는 누구나 길거리 공연을 할 수 있으며, 클래식, 록, 재즈, 민속 음악 등 다양한 공연이 펼쳐집니다.

전 세계가 함께 하는 음악 축제

해를 거듭하며 대성공을 거두었고, 지금은 유럽을 비롯하여 전 세계 여러 나라에서 6월 21일에 동시다발적으로 음악 축제가 벌어지고 있습니다. 우리나라의 경우에는 프랑스 문화원과 '알리앙스 프랑세즈 (Alliance française)'가 후원하고 서울 서초구에 위치한 프랑스 마을인 서래마을에 거주하는 프랑스인들이 참여해서 소규모로 진행되고 있습니다.

아비뇽 축제

유래

프랑스를 대표하는 또 다른 예술제로 '아비뇽 연극제'가 있습니다. 1947년 교황청 안마당에서 세 편의 작품을 무대에 올린 소규모 지역 축제의 성격으로 시작되었으나 지금은 세계적 규모로 발전했으며, 매년 7월 중 3주간 개최되고 있습니다.

소개

아비뇽 축제에는 공식 선정 부문인 'festival in'과 자유 참가 부문인 'festival off'가 있습니다. festival in 공연은 공식적인 엘리트 공연으로 언론의 집중적인 보도와 재정적 지원을 받는 반면, festival off 공연은 주최 측의 지원을 받지는 못하지만 연극제에 활력과 자유를 제공하는 역할을 담당하고 있습니다.

Je visiterai les châteaux de la Loire.

Chambord

Chenonceau

Blois

동영상 강의

- 단순 미래
- 미래 가정 : si + 현재 (종속절), 미래 (주절)
- 형용사 남성 제2형

Qu'est-ce que tu feras demain?
너는 내일 뭐 할 거니?

J'irai au jardin Luxembourg
나는 뤽상부르 공원에 갈 거야.

● 단순 미래 (le futur simple)

단순 미래는 미래에 일어날 사실·계획·예상을 나타냅니다. 기본적으로 동사 원형(부정법)이 미래의 어간이 되며, 거기에 미래의 어미를 붙입니다. −re로 끝나는 3군 동사는 끝의 e를 뺀 형태가 미래의 어간이 됩니다. 미래의 어간은 항상 r로 끝나기 때문입니다.

부정법 (infinitif) + 미래 어미 (-ai, -as, -a, -ons, -ez, -ont)

인칭	1군 동사	2군 동사	3군 동사		
	parler 말하다	finir 끝나다	prendre 잡다	boire 마시다	sortir 나가다
je	parlerai	finirai	prendrai	boirai	sortirai
tu	parleras	finiras	prendras	boiras	sortiras
il	parlera	finira	prendra	boira	sortira
nous	parlerons	finirons	prendrons	boirons	sortirons
vous	parlerez	finirez	prendrez	boirez	sortirez
ils	parleront	finiront	prendront	boiront	sortiront

미래의 어간이 바뀌는 동사

동사 원형	미래 어간	미래형	동사 원형	미래 어간	미래형
acheter 사다	achèter	j'achèterai	vouloir 원하다	voudr	je voudrai
appeler 부르다	appeller	j'appellerai	pouvoir 할 수 있다	pourr	je pourrai
être …이다	ser	je serai	venir 오다	viendr	je viendrai
avoir 가지다	aur	j'aurai	devoir 해야 한다	devr	je devrai
aller 가다	ir	j'irai	savoir 알다	saur	je saurai
faire 하다	fer	je ferai	voir 보다	verr	je verrai
pleuvoir 비오다	pleuvr	il pleuvra	falloir 해야 한다	faudr	il faudra

A Quel temps fera-t-il demain? 내일 날씨가 어떨까요?

B Il pleuvra et il y aura du vent. 비가 오고, 바람이 불 거예요.

**Si je vais à Bordeaux,
je dégusterai de bons vins.**
보르도에 가면
나는 맛있는 포도주들을 맛볼 거야.

● 미래 가정 : si + 현재 (종속절), 미래 (주절)

확실성은 없지만 실현 가능한 미래에 대한 가정을 나타냅니다. 이때 si절에서는 미래의 사실이라도 현재 시제를 사용해야 합니다.

A Qu'est-ce que vous ferez demain? 내일 뭐 할 거예요?

B S'il fait beau demain, je partirai en voyage. 내일 날씨가 좋으면 여행을 떠날 거예요.
    (현재)　　　　(미래의 부사)　　(미래)

● 형용사 남성 제2형

형용사 beau, nouveau, vieux는 모음이나 무음 h로 시작하는 남성 단수 명사 앞에서 남성 제2형으로 변합니다.

남성 제1형	여성형	남성 제2형
beau 아름다운	belle	bel
nouveau 새로운	nouvelle	nouvel
vieux 늙은, 낡은	vieille	vieil

le nouveau an (×)　　　　　→ le **nouvel** an 새해, 신년

un vieux ordinateur (×)　　→ un **vieil** ordinateur 구형 컴퓨터

un **bel** homme 멋진 남자　　un **nouvel** appareil photo numérique 신형 디지털 카메라

un **bel** arbre 아름다운 나무　un **vieil** hôtel 오래된 호텔

A Elle habite dans un appartement? 그녀는 아파트에 삽니까?

B Oui, elle habite dans un **bel** appartement. 네, 그녀는 멋진 아파트에서 삽니다.

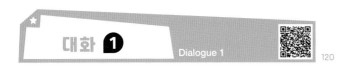

Qu'est-ce que tu
fais demain?

Demain, je visiterai
le musée d'Orsay.

Emma	Qu'est-ce que tu fais demain?
Soumi	Demain, je visiterai le musée d'Orsay.
Emma	S'il fait beau, va aussi au jardin du Luxembourg.
Soumi	C'est une bonne idée.
Emma	S'il pleut demain, qu'est-ce que tu feras?
Soumi	Je ne sortirai pas. Je regarderai la télévision à la maison.

엠마	너는 내일 뭐 할 거니?
수미	내일 오르세 미술관을 관람할 거야.
엠마	날씨가 좋으면 뤽상부르 공원에도 가 봐.
수미	좋은 생각이야.
엠마	내일 비가 오면 뭐 할 건데?
수미	외출하지 않고 집에서 텔레비전을 볼 거야.

대화 TIP

'보다'의 의미를 가진 동사에는 regarder와 voir가 있습니다. 그런데 텔레비전을 시청한다고 할 때는 regarder 동사를 사용하고, 영화를 본다고 할 때는 voir 동사를 사용합니다.
　voir un film 영화를 보다

새 단어 및 표현

musée *m.* 박물관, 미술관
jardin *m.* 정원, 공원
idée *f.* 생각, 아이디어, 사상
maison *f.* 집

Qu'est-ce que tu feras
la semaine prochaine?

Je visiterai les
célèbres châteaux
de la Loire.

Bruno	Qu'est-ce que tu feras la semaine prochaine?
Jinsou	Je visiterai les célèbres châteaux de la Loire.
Bruno	Si tu as le temps, tu assisteras au concert de Blois. C'est super!
Jinsou	Entendu! Ensuite je partirai pour Bordeaux. Je visiterai des caves.
Bruno	Tu dégusteras de bons vins, alors!
Jinsou	Oui, et je passerai Noël et le nouvel an à Bordeaux.

브뤼노 다음 주에 무엇을 할 거니?

진수 나는 루아르 강변의 유명한 성(城)들을 구경할 거야.

브뤼노 시간이 되면 블루와 성의 음악회에 참석해 봐. 정말 대단해!

진수 알았어! 그 다음에 보르도로 떠날 거야. 포도주 양조장들을 방문해야지.

브뤼노 그럼 맛있는 포도주들을 맛보겠구나!

진수 그래, 그리고 보르도에서 크리스마스와 새해를 보내려고 해.

대화 TIP

단순 미래의 '완곡 명령' 용법

2인칭(tu, vous)을 주어로 하는 단순 미래는 완곡 명령이나 충고를 나타낼 수 있습니다.

Vous prendrez ce médicament pendant une semaine.
일주일 간 이 약을 복용하세요.

Tu feras ton lit! 네 침대 정리를 하렴!

새 단어 및 표현

célèbre 유명한
château *m.* 성
concert *m.* 음악회
super *a.* 멋진, 대단한
entendu 좋습니다, 알겠습니다
ensuite 그 다음에
déguster 맛을 보다, 시음하다
cave *f.* 포도주 양조장, 지하 저장고, 지하 창고
de bons vins 상등품 포도주

- Orsay [ɔRSɛ] : ay는 ai처럼 [ɛ]로 발음됩니다.
- Noël [nɔɛl] : e 위의 tréma(¨)는 연속된 두 모음 o와 e를 각각 별개로 발음이 나게 하기 때문에 [노엘]로 발음 됩니다.
- 1군 동사의 어미 er의 e는 [e]로 발음되지만, 단순 미래에서는 er의 e가 발음되지 않습니다.
  déguster [degyste] 데귀스떼 / dégusterai [degystəRɛ] 데귀스뜨헤

● 시간 표현

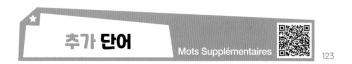

과거			현재			미래
il y a		tout à l'heure	maintenant	tout à l'heure		dans
전에		조금 전에	지금	조금 후에		후에

이후로 **depuis**　　예정으로 **pour**

dans huit jours 일주일 후에 (= dans une semaine)
dans quinze jours 보름 후에 (= dans deux semaines)

● 기간 (la durée)

un quart d'heure = 15 minutes 15분(간)
une demi-heure = 30 minutes 30분(간)
trois quarts d'heure = 45 minutes 45분(간)

Soumi, je t'ai attendue trois quarts d'heure.
수미야, 나는 너를 45분 기다렸어.
('45 minutes'보다 더 일반적으로 사용되는 표현)

소식에 대한 반응과 감정 표현의 감탄사

Ne vous inquiétez pas!
Tout va s'arranger.

Merci.

A 걱정하지 말아요! 모든 게 잘될 거예요.

B 감사합니다.

▸ s'inquiéter (de) 걱정하다 |
s'arranger 호전(개선)되다

Zut! J'ai raté
mon examen.

Tant pis! Ce
n'est pas grave.
Courage!

A 휴! 시험을 망쳤어.

B 할 수 없지! 별일 아니야. 기운 내!

▸ zut! (실망·불만·분노를 나타내는 감탄사)
이런! 제길! 빌어먹을! | rater 실패하다,
망치다, 놓치다 | tant pis! 할 수 없지,
낭패로군! | courage *m.* 용기

참고

Bon courage! 기운 내서 열심히 해(요)!
Tant mieux! 참 잘 됐다, 다행이다!
Hélas (슬픔·후회·고뇌를 나타내는 감탄사)
아아! 슬프다!

J'ai une bonne nouvelle.
J'ai réussi mon examen.

Bravo! Génial!
Je suis contente
pour toi!

A 좋은 소식이 있어. 나 시험에 합격했어.

B 잘됐어! 대단해! 네가 잘돼서 기뻐!

▸ nouvelle *f.* 소식 | réussir 성공하다 |
Bravo! (감탄사) 잘한다! 좋다! | génial
멋진, 대단한 (= super) / 천재적인

Lionel a gagné
au loto!

Bof! Ça ne
m'intéresse pas.

A 리오넬이 로또에 당첨되었어!

B 흥! 관심 없어.

▸ gagner 당첨되다, 이기다, 벌다 | loto *m.*
로또 | bof! (무관심·냉소·지겨움을 나타내는
감탄사) 어휴! 제길! 쳇! | intéresser (+ 사
람) …의 흥미를 끌다

문법　1　우편엽서 내용 중 밑줄 친 동사의 시제를 알맞게 고치세요.

> Chère Emma
>
> (1) J'<u>arriverai</u> hier à Madrid. Demain, (2) <u>j'ai visité</u> la ville et les musées. Après-demain, je (3) <u>suis partie</u> au Portugal. Et dans huit jours, je (4) <u>retourner</u> en France.
>
> 　　　　　　Bises,
>
> 　　　　　　　　　　Soumi

> Emma Durand
>
> 12, rue de Savoie
>
> 75020 PARIS

(1) _____　　　(2) _____

(3) _____　　　(4) _____

▸ après-demain 모레

2　주어진 동사를 적절한 형태로 바꾸어 쓰세요.

(1) Si tu viens chez moi, je _____ (être) heureux.

(2) Si nous n'avons pas de visa, nous ne _____ (pouvoir) pas partir.

(3) S'il _____ (neiger) demain, on fera du ski.

3　보기 처럼 명사의 앞이나 뒤에 형용사를 넣고 명사에 일치시키세요.

exemple　Mon <u>nouvel</u> ordinateur ___x___ me plaît beaucoup. (nouveau)

(1) Le _____ oncle _____ de Bruno est encore un _____ homme _____. (vieux, beau)

(2) Ce _____ appareil photo _____ est très _____ appareil _____ . (nouveau, bon)

(3) Ils passeront le _____ an _____ avec leurs amis. (nouveau)

▸ appareil photo *m.* 사진기

듣기 1 엠마의 말을 듣고 어떤 반응에 해당하는지 고르세요.

125

	(1)	(2)	(3)	(4)	(5)
① contente					
② pas contente					

2 다음을 듣고 **보기** 에서 알맞은 날씨를 골라 지도에 번호를 쓰세요.

126

읽기 ● 다음 글을 읽고 질문에 답하세요.

Rennes est la ville principale de la Bretagne. C'est une ville très agréable, avec _____ vieilles rues, _____ belles places et _____ très jolies maisons. On doit se promener dans les quartiers célèbres, et déguster _____ bonnes crêpes de la région. On peut également voir la cathédrale Saint-Pierre et visiter les musées de Bretagne.

(1) 위 글에서 렌느(Rennes)의 구경거리로 언급되지 않은 것은?

① 아름다운 광장들　　② 고풍스런 거리들　　③ 대성당　　④ 멋진 성들

(2) 밑줄 친 곳에 공통으로 들어갈 표현은 무엇인가요?

① à　　　　　　② aux　　　　　　③ de　　　　　　④ des

▶ principal(e) 주된, 중요한 | crêpe *f.* 크레이프 빵 | région *f.* 지방, 지역

루아르 강변의 고성들 (Les châteaux de la Loire)

루아르 강변을 따라 늘어서 있는 성들을 총칭하여 '루아르 강변의 고성들'이라 부릅니다. 이 성들은 왕이나 귀족들이 지은 성들로 땅이 비옥하고, 기후도 좋고, 풍광이 뛰어난 지역에 위치하고 있습니다. 대표적인 성으로는 Amboise 엉브와즈, Azay-le-Rideau 아제르 히도, Blois 블루와, Chambord 셩보흐, Chenonceau 슈농쏘 등이 있는데, 그중에서도 샹보르와 슈농쏘가 가장 유명합니다.

Amboise 엉브와즈

Azay-le-Rideau 아제르 히도

Blois 블루와

Chambord 셩보흐

Chenonceau 슈농쏘

샹보르 성은 끝없이 펼쳐진 들판에 세워져 있으며, 우리가 보통 상상하는 유럽의 거대한 성의 모습을 띠고 있습니다. 1519년 프랑수아 1세에 의해 개조되었으며, 루이 14세가 어린 시절을 보낸 곳이기도 합니다. 이 성에서 가장 유명한 것은 1층에서 테라스를 향해 뻗어 있는 나선형 계단으로, 내려가는 사람과 올라가는 사람이 서로 만나지 않는 독특한 형태로 이루어져 있으며 레오나르도 다빈치가 고안한 것으로 알려져 있습니다. 성에는 방 440개, 굴뚝 365개, 계단 65개가 있어 그 웅장한 규모로 베르사유 궁과 비교되곤 합니다. 현재 프랑스 정부의 귀빈용 숙박 시설인 영빈관으로 사용되고 있으며, 1981년에 유네스코 세계 문화유산으로 지정되었습니다.

샹보르가 남성적인 느낌의 웅장한 성이라면, 루아르 강의 지류인 셰르(le Cher) 강 위에 지어진 슈농쏘는 여성적인 아름다움을 지니고 있습니다. 직사각형 형태를 띠고 있는 이 성은 대대로 여성들이 성주였습니다. 앙리 2세의 애첩이던 디안 드 쁘와띠에(Diane de Poitier)의 소유였다가, 앙리 2세의 왕비인 카트린 드 메디치(Catherine de Médicis)가 몰수해서 그녀의 소유로 만들었으며, 이후에도 대대로 귀부인들이 성의 영주가 되어 '6명의 귀부인의 성'이라고도 불립니다.

Le voleur portait des lunettes.

동영상 강의

- 반과거

- devoir / falloir (+ 동사 원형)

- 관계 대명사 que

Il était comment?
그 남자가 어땠습니까?

Il portait des lunettes.
그 남자는 안경을 끼고 있었어요.

● 반과거 (l'imparfait)

반과거는 1인칭 복수 nous의 동사에서 ons를 뺀 형태를 어간(語幹)으로 하여, 반과거의 어미를 붙여 만듭니다. 반과거는 être 동사를 제외하고는 모두 이 규칙을 따릅니다. être의 반과거 어간은 ét-입니다.

1인칭 복수 어간 + (-ais, ais, ait, ions, iez, aient)

	1군 동사	2군 동사	3군 동사			
동사 원형	parler	finir	partir	boire	avoir	être
어간 (nous)	**parl-ons**	**finiss-ons**	**part-ons**	**buv-ons**	**av-ons**	**ét-** (예외)
je (j')	parlais	finissais	partais	buvais	avais	étais
tu	parlais	finissais	partais	buvais	avais	étais
il / elle	parlait	finissait	partait	buvait	avait	était
nous	parlions	finissions	partions	buvions	avions	étions
vous	parliez	finissiez	partiez	buviez	aviez	étiez
ils / elles	parlaient	finissaient	partaient	buvaient	avaient	étaient

용법

(1) 완료되지 않고 지속되는 과거의 상황이나 묘사를 나타냅니다.

 A Il était comment? 그 남자가 어땠나요?

 B Il était grand, et il portait des lunettes. 키가 크고 안경을 쓰고 있었어요. **과거의 묘사**

  Elle était aux États-Unis l'année dernière. 그녀는 작년에 미국에 있었다. **과거의 지속적 상황**

(2) 과거의 반복된 행위나 습관을 나타냅니다. (빈도 부사나 반복 표현 동반)

 A Qu'est-ce que vous faisiez le dimanche? 당신은 일요일마다 무엇을 했었나요?

 B J'allais à la montagne le dimanche. 일요일마다 산에 가곤 했어요.

> **주의**
> · manger: nous mange-ons
> → je mangeais, nous mangions
> · commencer: nous commenç-ons
> → je commençais, nous commencions

C'est l'étudiant que j'ai rencontré à New York.
내가 뉴욕에서 만났던 학생이야.

Qui est-ce?
저 사람 누구야?

● devoir / falloir (+ 동사 원형)

devoir는 준조동사로 뒤에 동사 원형이 나오며 사람이 주어일 때 사용합니다. devoir는 '의무'(…해야 한다)와 '추측·가능성'(아마 …일 것이다)을 나타냅니다. 반면 falloir는 비인칭 동사로, il faut 다음에 동사 원형이 놓이면 '일반적인 필요성'(해야 한다)을 표현하여 on doit의 의미로 사용됩니다.

A Où est-ce que je dois aller pour demander une carte de séjour?
체류증을 신청하려면 제가 어디로 가야 하나요?

B Vous devez aller à la préfecture. 당신은 경찰청에 가야 합니다. **의무**

A Il n'est pas encore là. 그가 아직 오지 않았어요.

B Il doit avoir un problème. 그가 아마 무슨 문제가 있는 것 같네요. **추측**

A Où faut-il aller pour déclarer un vol? 도난 신고를 하려면 어디로 가야 하나요? **필요**

B Il faut aller au commissariat. 경찰서에 가야 합니다. (= On doit aller au commissariat.)

> **참고**
> vol *m.* 도둑질, 절도

● 관계 대명사 que

관계 대명사는 동일한 명사를 갖는 두 문장을 한 문장으로 연결시킵니다. que는 직접 목적 보어를 대신하는 관계 대명사로써, que 다음에는 주어 + 동사를 씁니다.

Je n'ai pas <u>tous les papiers</u>. Il fallait apporter <u>tous les papiers</u>.
(직접 목적 보어 : 사물)

→ Je n'ai pas tous les papiers **qu**'il fallait apporter. 나는 가져와야 하는 모든 서류들을 가지고 있지 않다.

C'est <u>un étudiant</u>. Je l'ai rencontré à New York.
(직접 목적 보어 : 사람)

→ C'est l'étudiant **que** j'ai rencontré à New York. 그는 내가 뉴욕에서 만났던 학생이다.

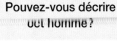

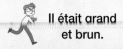

Pouvez-vous décrire cet homme?

Il était grand et brun.

Au commissariat de police

Soumi	On m'a volé mon sac!
Un policier	Racontez-moi ce qui s'est passé.
Soumi	J'étais sur les Champs-Elysées, il y avait beaucoup de monde. Soudain, un homme a arraché mon sac, et il s'est enfui.
Un policier	Pouvez-vous décrire cet homme?
Soumi	Il portait des lunettes, il était grand et brun.
Un policier	Qu'est-ce que vous aviez dans votre sac?
Soumi	Tous mes papiers et un peu d'argent liquide.

경찰서에서

수미 누가 제 가방을 훔쳐갔어요!

경찰 무슨 일이 있었는지 말해 보세요.

수미 제가 샹젤리제 거리에 있었는데, 사람들이 많았어요. 갑자기, 한 남자가 제 가방을 잡아채고는 도망쳤어요.

경찰 그 남자의 모습을 묘사할 수 있나요?

수미 안경을 끼고 있었고, 키가 크고 갈색 머리였어요.

경찰 가방 안에 무엇이 있었나요?

수미 제 모든 신분증들과 약간의 현금이요.

새 단어 및 표현

commissariat *m.* 경찰서

on 누군가 (= quelqu'un) / 사람들

voler 훔치다, 날다

raconter 이야기하다

se passer (일이) 일어나다

monde *m.* (집합적 : 단수) 사람들 / 세계

soudain 갑자기

arracher 빼앗다, 뿌리째 뽑다

s'enfuir 도망치다

décrire 묘사하다, 서술하다

porter 착용하다, 휴대하다

papier *m.* 종이 / *pl.* 신분증명서, 서류

argent liquide *m.* 현금

대화 TIP

긍정 명령문에서 (직접·간접) 목적 보어 me는 moi로 바뀝니다. 또한 직접 화법의 qu'est-ce qui(무엇이)는 간접 화법에서 ce qui로 바뀝니다.

Vous **me** racontez : "**Qu'est-ce qui** s'est passé?"

→ Racontez-**moi ce qui** s'est passé.

Alors, revenez demain avec tout ce qu'il vous faut.

Je n'ai pas tous les papiers qu'il fallait apporter.

la Préfecture

Carte de séjour

À la préfecture

Jinsou — Je voudrais un renseignement.

l'employée — Il faut prendre un ticket avec un numéro et il faut faire la queue.

Jinsou — Qu'est-ce que je dois faire pour demander une carte de séjour?

l'employée — Vous avez besoin de votre passeport, d'un justificatif de domicile et d'un RIB.

Jinsou — Oh là là, je n'ai pas tous les papiers qu'il fallait apporter.

l'employée — Alors, revenez demain avec tout ce qu'il vous faut.

경찰청에서

진수   문의를 드리고 싶습니다.

직원   번호표를 뽑고, 줄을 서야 합니다.

진수   체류증을 신청하려면 무엇을 해야 하나요?

직원   여권과 주거 증명서와 은행 계좌 명세서가 필요합니다.

진수   어쩌죠, 제가 가져와야 할 모든 서류들을 구비하지 못했네요.

직원   그러면 필요한 것들을 모두 가지고 내일 다시 오세요.

새 단어 및 표현

préfecture *f.* 도청 / 경찰청 (~ de police)
renseignement *m.* 정보, 문의
Il faut (+ **동사원형**) 해야 한다 /
 (+ **명사**) ⋯이/가 필요하다
queue *f.* 줄, 꼬리
séjour *m.* 체류
avoir besoin de ⋯이/가 필요하다
justificatif *m.* 증거 서류
domicile *m.* (법적) 주소(지) / 주거, 거처
RIB (relevé d'identité bancaire)
 m. 은행 계좌 명세서
apporter 가져오다, 지참하다

대화 TIP

ce que (주어+동사)

ce는 사물을 지칭하는 지시 대명사로서, être 동사의 주어 뿐 아니라 관계 대명사의 선행사로 쓰입니다.

Je fais **ce que** tu m'as dit. 나는 네가 내게 말했던 것을 한다.
 (주어)   (동사)

- brun [bʀœ̃] 브헹 : un은 [œ̃]으로 발음됩니다. 그런데 e를 넣어 만든 여성형 brune [hɳyn] 브휜느는 끝이 e로 인해 n이 [ɳ]로 발음됩니다.
- parlaient [paʀlɛ] 빠흘레 : 반과거 어미 aient 중 마지막 ent는 발음되지 않습니다.

추가 단어 Mots Supplémentaires

130

● 기관·기업 명칭

la mairie
시청

la caserne de pompiers
소방서

le commissariat de police
경찰서

la poste
우체국

la SNCF
(Société nationale de chemin de fer)
국립 철도청

le SAMU
(service d'aide médicale d'urgence)
의료 구급대

l'ambassade
f. 대사관

l'aéroport
m. 공항

la bibliothèque
도서관

la Sécurité sociale	사회보장 공단	**l'Elysée**	엘리제 대통령 관저
la compagnie aérienne	항공사	**le Trésor public (le fisc)**	세무소
la RATP (Régie autonome des transports parisiens)	파리 교통 공사	**l'Office du tourisme**	관광안내소
le fournisseur d'accès Internet	인터넷 접속 제공 업체	**le CHU** (centre hospitalier universitaire)	대학 부속병원
l'Assemblée nationale	하원	**le Palais de justice**	법원
le Sénat	상원		

은행·세관·우체국에서 사용하는 표현

Je voudrais ouvrir un compte, s'il vous plaît.

Remplissez ce formulaire.

A 계좌를 개설하고 싶습니다.

B 이 서식을 작성하세요.

▸ compte *m.* 계좌, 계산 | remplir 작성하다, 채우다 | formulaire *m.* 서식

Je voudrais changer cent dollars en euros.

Vous avez des chèques de voyage ou de l'argent liquide?

A 100달러를 유로로 환전하고 싶습니다.

B 여행자 수표예요, 아니면 현금이에요?

▸ change *m.* 환전(소) | changer … en (…을/를 …(으)로) 바꾸다, 환전하다

Votre visa n'est plus valable. Il est périmé.

Mais non, il a été prolongé. Regardez sur l'autre page!

A 당신 비자가 더 이상 유효하지 않군요. 기한이 만료되었습니다.

B 그렇지 않아요. 비자가 연장되었는데요. 다른 쪽을 보세요.

▸ visa *m.* 비자 | valable 유효한 | périmé(e) 기한이 지난 | prolongé(e) 연장된 | autre 다른

Je voudrais envoyer ce paquet en Corée du Sud.

En tarif normal ou en prioritaire?

A 이 소포를 한국에 보내고 싶습니다.

B 일반 가격으로요, 아니면 특송 우편으로요?

▸ paquet *m.* 소포, 상자 | normal(e) 보통의, 정상의 | prioritaire 우선적인

문법   **1**   보기와 같이 빈칸에 해당 동사를 반과거 형태로 쓰세요.

Maintenant (지금)	Avant (예전에)
exemple Il <u>est</u> mince.	Il <u>était</u> gros.
(1) Il <u>mange</u> des légumes.	Il _____ des gâteaux.
(2) Il <u>boit</u> de l'eau.	Il _____ du coca.
(3) Il <u>fait</u> du sport.	Il ne _____ pas de sport.
(4) Il <u>joue</u> au football.	Il _____ aux cartes.
(5) Il <u>va</u> au bureau à pied.	Il _____ au bureau en voiture.

2   주어진 동사를 문맥에 맞게 복합 과거나 반과거로 쓰세요.

(1)   Je _____ (dormir) quand il a téléphoné.

(2)   Il _____ (arriver) quand nous regardions la télévision.

(3)   Quand ils _____ (être) petits, ils habitaient en Chine.

(4)   Nous _____ (prendre) nos parapluies, parce qu'il pleuvait depuis le matin.

3   주어진 il faut 문장을 보기처럼 devoir 동사를 사용하여 다시 쓰세요.

exemple
    Il faut aller à la bibliothèque.
    → <u>Je dois aller à la bibliothèque.</u>

(1)   Il faut se lever tôt.

    → Vous _____.

(2)   Il faut se dépêcher.

    → Tu _____.

경찰의 심문에 대해 용의자 4명(A~D)이 밝힌 알리바이가 무엇인지 고르세요.

commissaire   Que faisiez-vous hier à 22 heures?

(1) _____ (2) _____ (3) _____ (4) _____

읽기

다음 글을 읽고 질문에 답하세요.

À vendre

Renault, modèle 2020
20.000 km.
moteur neuf,
couleur bleue
prix intéressant

Tél. **04 95 33 65 25**

(1) 이 글은 어떤 종류의 글인가요?

① une lettre

② une petite annonce

③ un article

④ un courriel

(2) 도표 안의 내용이 위의 글과 같으면 vrai, 다르면 faux에 표시하세요.

		vrai	faux
①	Il s'agit d'une voiture Renault.		
②	C'est un modèle de 2020.		
③	C'est une voiture rouge.		
④	La voiture coûte cher.		
⑤	La voiture a un vieux moteur.		

▶ neuf(neuve) 새것의 | intéressant(e) (가격이) 저렴한 / 흥미로운 | Il s'agit de (+ 명사) ⋯에 관한 것이다, 관계되다

프랑스 숙박 시설에는 무엇이 있나요?

프랑스 호텔

프랑스의 대표 숙박 시설은 호텔입니다. 호텔 체인도 있고, 가족들을 위한 작은 호텔, 때로는 성을 개조한 최고급 호텔 등 다양한 형태의 호텔들이 있습니다. 호텔 등급은 별 하나부터 5성급까지 있습니다. 호텔(hôtel 오뗄)의 어원인 hôte 오뜨는 '접대받는 손님', '숙박객'을 의미하며, 그래서 호텔은 숙박객을 맞이하는 건물을 가리킵니다. 하지만 hôtel은 '관저', '대저택', '공공건물'이라는 뜻도 가지고 있습니다. 그래서 hôtel de ville 오뗄 드 빌은 시청, Hôtel de Matignon 오뗄 드 마띠뇽은 총리 관저, hôtel des Invalides 오뗄 데 쟁발리드는 나폴레옹 묘가 있는 앵발리드 기념관을 뜻합니다. 그래서 프랑스어를 잘 모르는 관광객의 경우, 시청(hôtel de ville)을 그 도시의 대표적인 호텔로 혼동하는 경우도 있을 수 있습니다. 비행기나 기차에서 내려 예약 없이 현지에서 호텔방을 구한다면, 공항이나 기차역 근처에 위치한 관광 안내소(office du tourisme)에 문의하면 됩니다. 이곳에서는 관광객이 원하는 위치나 가격대에 맞추어 호텔을 소개해 주며, 다양한 여행 안내 책자들도 구비되어 있어 많은 정보를 얻을 수 있습니다. 비교적 저렴한 돈으로 지내는 데 불편함이 없는 호텔을 찾는다면 2성급 호텔을 구하면 됩니다. 지역과 호텔에 따라 시설의 차이는 있지만, 2성급이면 큰 무리 없이 지낼 수 있습니다. 1~2성급의 저렴한 호텔에서는 욕조가 있는 욕실이 있는가, 욕조 없이 샤워 시설(douche 두슈)만 있는가에 따라 가격이 달라집니다. 욕실이 있는 방의 가격이 조금 더 비쌉니다. 그리고 아침 식사가 호텔 가격에 포함되어 있는지 꼭 확인해야 합니다. 아침 식사가 포함될 때는 "Le petit-déjeuner est compris 르 쁘띠 데쥬네 에 꽁프히"라고 합니다.

요즈음에는 전통적인 호텔 외에 다양한 숙박 시설들이 있습니다. 예를 들어 시골이나 작은 마을에서 집을 임대해 주거나, 농가에서 방을 빌려주는 등 다양한 형태의 숙소들이 생겨났습니다. 이러한 전원 숙소들은 자연 친화적 삶이 유행하면서 인기를 끌고 있으며, 프랑스 사람들의 삶을 체험할 기회를 제공합니다.

Je voudrais une chambre qui donne sur la mer.

- 관계 대명사 qui

- 조건법

- 공손한 말씨(la politesse)의 조건법

● 관계 대명사 qui

qui는 주어를 대신하는 주어 관계 대명사로서, 주어로 쓰인 사람과 사물 명사를 대신합니다.

Je voudrais une <u>chambre</u>.   <u>La chambre</u> donne sur la mer.
(주어: 사물)

Je voudrais une chambre **qui** donne sur la mer. 바다 쪽 방을 원합니다.

> **참고**
>
> donner sur …로 향하다

A   Qui est-ce? 저 사람 누구니?

B   C'est <u>un employé</u> **qui** travaille à l'hôtel. 호텔에서 일하는 직원이야.
        (사람)

A   <u>La jupe</u> **qui** est là-bas est jolie. 저기 있는 치마가 예쁘네요.

B   Oui, c'est <u>la jupe</u> **qui** me plaît aussi. 네, 제 마음에도 드는 치마예요.
        (사물)

● 조건법 (le conditionnel)

조건법은 단순 미래의 어간에 반과거의 어미 (ais, ais, ait, ions, iez, aient)를 붙여 만듭니다.

인칭	1군 동사 parler 말하다	2군 동사 finir 끝나다	3군 동사 prendre 잡다	boire 마시다	sortir 나가다
je	parlerais	finirais	prendrais	boirais	sortirais
tu	parlerais	finirait	prendrait	boirais	sortirais
il	parlerait	finirait	prendrait	boirait	sortirait
nous	parlerions	finirions	prendrions	boirions	sortirions
vous	parleriez	finiriez	prendriez	boiriez	sortiriez
ils	parleraient	finiraient	prendraient	boiraient	sortiraient

Je prendrais un steak-frites.
저는 감자튀김을 곁들인
스테이크를 먹겠습니다.

하지만 3군 동사 중에는 조건법의 어간이 완전히 다른 형태로 바뀌는 것이 있습니다. 이 경우에도 어간은 단순 미래의 불규칙 어간과 동일합니다.

vouloir 원하다		pouvoir 할 수 있다		devoir 해야 한다		être … 이다		avoir 가지다	
je	**voud**rais	je	**pourr**ais	je	**devr**ais	je	**ser**ais	je	**aur**ais
tu	voudrais	tu	pourrais	tu	devrais	tu	serais	tu	aurais
il	voudrait	il	pourrait	il	devrait	il	serait	il	aurait
nous	voudrions	nous	pourrions	nous	devrions	nous	serions	nous	aurions
vous	voudriez	vous	pourriez	vous	devriez	vous	seriez	vous	auriez
ils	voudraient	ils	pourraient	ils	devraient	ils	seraient	ils	auraient

● 공손한 말씨 (la politesse)의 조건법

프랑스어에도 vous(당신)라는 존칭이 있습니다. 하지만 상대방에게 더욱더 격식을 갖추어 예의 바르게 말하고 싶을 때 조건법을 사용합니다. 보통 '원하다' 유형의 동사(vouloir, aimer, désirer…)나 pouvoir, devoir, savoir, avoir가 공손한 말씨에 자주 쓰이는 동사들입니다.

Vous **devriez** faire la queue, madame! 줄을 서야 해요, 부인!
Pardon? **Pourriez**-vous répéter? 뭐라고요? 다시 한번 말씀해 주시겠어요?

A Qu'est-ce que vous prenez comme dessert? 후식으로 무엇을 드시겠습니까?
B Je **prendrais** une tarte. 저는 과일 파이를 먹겠습니다.

참고

현재 가정 : Si + 반과거 (종속절), 조건법 현재 (주절)
조건법 용법에는 현실적으로 '실현 불가능'한 것, 즉 '현재 사실의 반대'를 나타내는 용법도 있습니다. 현재 사실의 반대이지만 si절에는 반과거를 사용합니다.
Si vous <u>partiez</u> plus tôt, vous ne <u>seriez</u> pas en retard.
     (반과거)   (조건법 현재)
당신이 더 일찍 출발한다면, 지각하지 않을 텐데요.

Je voudrais une chambre qui donne sur la mer.

une chambre avec un lit double

Hôtel des 3 collèges

À l'hôtel

Soumi	Bonjour, je voudrais réserver une chambre qui donne sur la mer. Une chambre pour deux personnes, s'il vous plaît.
Le réceptionniste	Vous voulez une chambre avec un lit double ou deux lits simples?
Soumi	Une avec un lit double, s'il vous plaît.
Le réceptionniste	Nous avons une chambre avec salle de bains et toilettes. Elle est à 90 euros.
Soumi	Très bien, je la prends.

호텔에서

수미	안녕하세요, 바다 쪽 방을 예약하고 싶습니다. 2인실이요.
직원	2인용 침대가 있는 방과 1인용 침대 두 개가 있는 방 중 어느 것을 원하세요?
수미	큰 침대가 있는 방이요.
직원	욕실과 화장실이 딸린 방이 하나 있습니다. 방 가격은 90유로입니다.
수미	알겠어요, 그 방으로 하지요.

대화 TIP

donner sur는 '…(으)로 향하다'라는 뜻으로, 방향을 나타내는 표현입니다.

Ma chambre donne sur la rue.
내 방은 거리로 향해 있다.

새 단어 및 표현

réceptionniste *n.* (호텔) 프런트 직원
chambre *f.* 방, 객실
personne *f.* 사람
double 2인용의 / 두배의
salle de bain(s) *f.* 욕실
prendre (방·집을) 빌리다

Vous avez choisi?

Moi, je prendrais un
menu à 18 euros.

Moi, je prendrais un
steak-frites.

Dans un restaurant

Le serveur	Vous avez choisi?
Soumi	Moi, je prendrais un menu à 18 euros avec du poulet.
John	Moi, un steak-frites.
Le serveur	Comment voulez-vous votre steak?
John	Saignant, s'il vous plaît.
Le serveur	Et comme boisson?
Soumi	Je voudrais juste une carafe d'eau.
Le serveur	Très bien, vous prendrez un dessert?
John	Non, deux cafés et l'addition, s'il vous plaît.

식당에서

웨이터	고르셨습니까?
수미	저는 닭고기가 나오는 18 유로짜리 메뉴를 먹겠습니다.
존	저는 감자튀김을 곁들인 스테이크로 하겠어요.
웨이터	스테이크는 어떻게 해 드릴까요?
존	살짝 익혀 주세요.
웨이터	음료는요?
수미	그냥 물 한 병 주세요.
웨이터	잘 알겠습니다. 후식 드시겠습니까?
존	아니요, 커피 두 잔하고 계산서 주세요.

새 단어 및 표현

menu *m.* 메뉴
poulet *m.* 닭고기
saignant(e) 살짝 익힌
steak-frites *m.* 감자튀김을 곁들인 스테이크
comme …로서, …처럼
boisson *f.* 음료
addition *f.* 계산서, 합산

대화 TIP

스테이크의 익힘 정도(la cuisson: La cuisson, s'il vous plaît?)를 물어볼 때
Comment voulez-vous votre steak?라고 물어봅니다. 기호에 따라 saignant(살짝 익힌), à point(중간 정도 익힌), bien cuit(잘 익힌)로 답하면 됩니다.

프랑스어에서는 am, an, em, en이 [ã] [엉]으로 발음됩니다. 목구멍을 동그랗게 확장시킨 상태에서 코를 울려 발음합니다.

chambre [ʃã:bʀ] 방, 객실		**grand** [gʀã] 큰	
prends [pʀã] 먹다, 마시다, 잡다		**comment** [kɔmã] 어떻게	

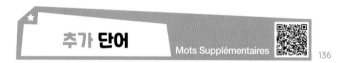

추가 **단어** Mots Supplémentaires 136

● **과일(les fruits)**

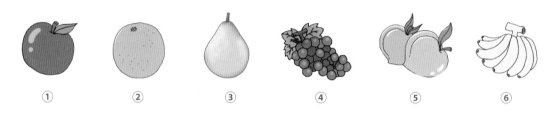

① ② ③ ④ ⑤ ⑥

● **채소(les légumes)**

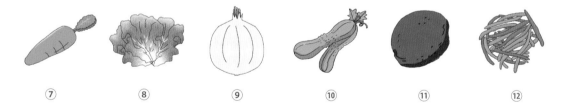

⑦ ⑧ ⑨ ⑩ ⑪ ⑫

①	**une pomme**	사과	⑦	**une carotte**	당근
②	**une orange**	오렌지	⑧	**une laitue**	양상추
③	**une poire**	배	⑨	**un oignone**	양파
④	**du raisin**	*m.* 포도	⑩	**un concombre**	오이
⑤	**une pêche**	복숭아	⑪	**une pomme de terre**	감자
⑥	**des bananes**	*f.* 바나나	⑫	**des haricots verts**	*m. pl.* 그린 빈

예약과 주문

Vous avez une
chambre libre?

Je suis désolé,
l'hôtel est
complet.

A 빈방 있습니까?

B 죄송하지만, 호텔이 만원입니다.

▸ libre (방·좌석이) 비어 있는 |
complet(ète) 만원인, 완전한

Je voudrais réserver
un taxi pour demain
matin.

Oui, c'est à quelle
adresse et à quel
nom?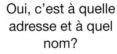

A 내일 아침 택시를
예약하고 싶습니다.

B 어느 주소와 이름으로
예약하겠습니까?

Je voudrais
réserver une table
pour ce soir.

Pour combien de
personnes?

Pour quatre
personnes.

A 오늘 저녁에 테이블 하나
예약하고 싶습니다.

B 몇 분이세요?

A 4명입니다.

▸ pour ce soir 오늘 저녁에
(pour : '예정'의 전치사)

À emporter ou
sur place?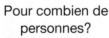

À emporter, s'il
vous plaît.

A 가져가시나요, 여기서 드시나요?

B 가져갈 거예요.

▸ emporter 가져가다 |
sur place 현지(현장)에서

문법

1 밑줄 친 동사를 조건법으로 고치세요.

(1) Il doit partir demain. _____

(2) Vous pouvez m'aider? _____

(3) Je veux une baguette. _____

(4) Tu as l'heure? _____

2 보기 처럼 관계 대명사 qui를 가지고 문장을 만드세요.

exemple

un boulanger / faire le pai

→ Un boulanger est une personne qui fait le pain.

(1) un journaliste / travailler pour un journal

→ _____.

(2) un médecin / soigner les malades

→ _____.

(3) un cuisinier / préparer des plats

→ _____.

▸ journal *m.* 신문(사) ┃ soigner 치료(진료)하다 ┃ malade *n.* 환자 ┃ plat *m.* 요리, 접시

3 빈칸에 관계 대명사 qui나 que를 넣으세요.

(1) C'est le professeur _____ je préfère.

(2) J'ai un frère _____ habite en Allemagne.

(3) Il a une amie _____ tu connais.

(4) Il a une amie _____ te connaît.

4 식당에서 주문에서 계산까지의 순서를 적으세요.

(1) payer _____

(2) commander _____

(3) demander l'addition _____

(4) manger _____

(5) prendre un café _____

(6) regarder le menu _____

1 다음을 듣고 알맞은 답을 고르세요.

(1) Le menu est à _____.

① 9 euros   ② 13,50 euros   ③ 15,80 euros

(2) Elle veut son steak _____.

① saignant   ② à point   ③ bien cuit

(3) Le petit-déjeuner _____.

① est compris dans le prix de la chambre.

② n'est pas compris dans le prix de la chambre.

▸ compris(e) 포함된

2 다음을 듣고 대화의 빈칸을 채우세요.

A   Ça (1) _____ combien, la chambre?

B   Ça coûte (2) _____ euros.

A   Vous restez pour combien de (3) _____?

B   (4) _____ deux nuits.

읽기   ●   텔레비전 프로그램을 읽고 도표의 빈칸을 채우세요.

T F 1 programmes		
Lundi soir	Mercredi après-midi	Vendredi soir
de 22h à 23h 40, le film de la semaine, *Amélie*,	de 15h à 16h, portraits, *la vie de Victor Hugo*.	de 20h à 21h, les informations, *journal de 20h*.
Mardi soir	Jeudi matin	Samedi après-midi
de 21h à 22h 15, débat, *Le nucléaire*.	de 11h à 12h, une recette de cuisine, *À table!*	de 13h à 14h, culture, *le courant coréen en Asie*.

요일	시간	방송 제목	방송 주제
월	22:00 ~ 23:40	Amélie	(1)
수	(2)	(3)	portraits
토	(4)	(5)	(6)

브라스리와 레스토랑은 어떻게 다른가요?

프랑스에서 외식을 할 때 선택할 수 있는 장소로 Brasserie 브하쓰히와 레스토랑이 있습니다.

브라스리는 간단히 식사를 할 수 있는 술집 겸용 레스토랑이라 할 수 있지요. 브라스리에서는 프랑스에서 가장 대중적 메뉴인 감자튀김을 곁들인 스테이크, 일명 'steak-frites 스떽-프히뜨'나 양배추와 돼지고기, 소시지를 넣어 만든 'choucroute 슈크후뜨' 등을 먹을 수 있습니다.

Brasserie 브라스리

레스토랑에서는 메뉴판을 보고 코스별로 주문하는 일명 'à la carte 알라까흐뜨'의 주문 방식이 있습니다. 이 경우 2010년 유네스코 무형 유산에 등재된 프랑스식 정통 식사를 차례대로 맛볼 수 있지요. 우선 식전주(食前酒)인 아페리티프, 전채 요리, 익힌 야채가 곁들여진 고기, 치즈와 샐러드, 후식 등의 순서로 진행됩니다.

Restaurant 레스토랑

레스토랑이라고 모두 풀코스로 주문하는 것은 아닙니다. 간단히 먹을 수 있는 곳도 많이 있습니다. 가격별로 구분된 세트 메뉴나 주방장의 '오늘의 요리(le plat du jour 르 쁠라 뒤 쥬흐)'가 제공되어, 저렴한 가격으로 전채 요리 – 주 요리 – 후식의 세 코스로 구성된 세트 메뉴를 먹을 수 있습니다. 세트 메뉴는 레스토랑 앞의 입간판에 가격과 요리 종류를 적어 놓기 때문에 메뉴를 미리 살펴보고 들어갈 수 있지요. 세트 메뉴는 요리의 선택이 다양하지 않은 것이 흠이지만 비교적 저렴하게 식사할 수 있다는 장점이 있습니다. 식사가 끝나면 웨이터에게 계산서를 요청한 후 식탁에서 계산하는 것이 일반적이며, 식탁 위에 보통 음식값의 10퍼센트 정도의 웨이터 팁을 남겨 놓는 관습이 있는데 의무적으로 할 필요는 없습니다.

steak-frites

Je veux qu'on aille au concert.

동영상 강의

- 접속법

- 접속법을 이끄는 표현

- 수동태

Je veux que **nous** fassions du tennis.
나는 우리가 테니스를 치면 좋겠어.

Il faut que **je** finisse mes devoirs.
나는 숙제를 끝내야 해.

● 접속법 (le subjonctif)

접속법은 직설법(현재·복합 과거·반과거·미래 등)과 대비되는 동사의 법(mode)입니다. 접속법은 기원·희망·의지·의무를 나타내는 동사 다음의 que 종속절에서 사용됩니다.

직설법 현재 3인칭 복수(ils)의 어간 + 접속법 어미 + (*e, es, e, ions, iez, ent*)

	1군 동사	2군 동사	3군 동사		
	parler 말하다	finir 끝나다	comprendre 이해하다	être …이다	avoir 가지다
어간 →	ils **parl**-ent	ils **finiss**-ent	ils **comprenn**-ent	불규칙 변화	
je (j')	parle	finisse	comprenne	sois	aie
tu	parles	finisses	comprennes	sois	aies
il / elle	parle	finisse	comprenne	soit	ait
nous	parliones	finissions	comprenions	soyons	ayons
vous	parliez	finissiez	compreniez	soyez	ayez
ils / elles	parlent	finissent	comprennent	soient	aient

주의
nous와 vous는 반과거 형태와 동일 (faire, pouvoir, savoir 제외)

불규칙 변화를 하는 동사

	vouloir 원하다	aller 가다	faire 하다	pouvoir 할 수 있다	savoir 알다
어간 →	**veuill**-	**aill**-	**fass**-	**puiss**-	**sach**-
je (j')	veuile	aille	fasse	puisse	sache
tu	veuilles	ailles	fasses	puisses	saches
il / elle	veuille	aille	fasse	puisse	sache
nous	voulions	allions	fassions	puissions	sachions
vous	vouliez	alliez	fassiez	puissiez	sachiez
ils / elles	veuillent	aillent	fassent	puissent	sachent

Cet orchestre est excellent.
이 오케스트라는 훌륭해.

Il est dirigé par un célèbre chef d'orchestre.
이 오케스트라는 유명한 지휘자에 의해 지휘되고 있어.

● **접속법을 이끄는 표현**

> vouloir (aimer, préférer, souhaiter) que (+ 접속법) : …하기를 원하다 (희망하다)
> Il faut que (+ 접속법) : …해야 한다

A Je veux qu'on aille au concert. 나는 우리가 음악회에 가면 좋겠어.

B Moi, je préfère qu'on fasse du sport. 나는 우리가 운동을 했으면 좋겠는데.

C Il faut que je finisse mes devoirs. 나는 숙제를 끝마쳐야만 해.

● **수동태 (le passif)**

수동태는 능동태의 직접 목적 보어를 강조할 때 쓰이며, 능동태의 직접 목적 보어만이 수동태의 주어가 될 수 있습니다. 수동태의 시제는 조동사 être를 변화시켜 나타내며, 과거 분사는 주어의 성·수에 일치시킵니다.

être + 과거분사(p.p.) + par + (동작주 보어)

Un célèbre chef d'orchestre dirige l'orchestre. 유명 지휘자가 오케스트라를 지휘한다.
　　(주어)　　　　　　　　　　(직접 목적 보어)

L'orchestre est dirigé par un célèbre chef d'orchestre.
　(주어)　(être + p.p. : 현재)　　　　(동작주 보어)
오케스트라는 유명 지휘자에 의해 지휘된다.

A Cette comédie musicale est excellente. 이 뮤지컬이 훌륭하네요.

B Parce qu'elle a été réalisée par des professionnels. (수동태 복합 과거)
이 뮤지컬이 전문가들에 의해 제작되었기 때문이에요.

Il ne faut pas manquer ce concert.

Je veux qu'on aille au concert ce soir.

Il faut que je fasse mes devoirs.

Antonio	Je veux qu'on aille au concert ce soir.
Soumi	Je suis désolée, je ne peux pas y aller.
Emma	Il ne faut pas manquer ce concert qui est excellent.
Soumi	C'est dommage, mais je ne peux pas. Il faut que je fasse mes devoirs.
Antonio	Tu pourras les faire demain!
Soumi	Non, ce n'est vraiment pas possible aujourd'hui. J'espère que vous me comprenez.

안토니오 우리가 오늘 저녁 음악회에 가면 좋겠어.
수미 미안하지만, 거기 갈 수가 없어.
엠마 훌륭한 이 음악회를 놓치면 안 돼.
수미 아쉽기는 하지만 난 안 돼. 나는 숙제를 해야 해.
안토니오 내일 숙제를 할 수도 있잖아!
수미 아니, 정말로 오늘은 불가능해. 너희들이 나를 이해해 주기 바라.

대화 TIP

penser, trouver, croire와 같은 이성 동사인 '생각하다' 유형의 동사는 que 종속절에서 직설법을 사용합니다.

- Je pense qu'il **viendra**. (직설법) 나는 그가 올 거라 생각해요.
- J'aimerais qu'il **vienne**. (접속법) 나는 그가 오면 좋겠어요.
  J'espère qu'il **viendra**. (직설법) 나는 그가 오기를 바랍니다.
  (espérer que + 직설법)

새 단어 및 표현

chef d'orchestre *m.* 지휘자
manquer (기차·버스·기회를) 놓치다
dommage *m.* 유감, 애석한 일
devoir *m.* 의무 / *pl.* 숙제
vraiment 정말로, 진정으로
espérer 바라다, 희망하다

228

Qu'est-ce que vous pensez de ce projet de fête?

Moi, je trouve que c'est intéressant.

Je ne pense pas que ce soit un bon project.

Soumi	Qu'est-ce que vous pensez de ce projet de fête?
Emma	Moi, je trouve que c'est intéressant.
Bruno	À mon avis, la fête va coûter trop cher, parce qu'elle estorganisée par des professionnels.
Jinsou	Pour que ça coûte autant, elle doit être vraiment importante.
John	Je ne pense pas que ce soit un bon projet.
Antonio	Moi, je suis d'accord avec John.

수미	이 축제 계획에 대해 어떻게 들 생각해?
엠마	나는 흥미롭다고 생각해.
브뤼노	내 생각으로는, 이 축제가 전 문가들에 의해 개최되기 때문에, 돈이 너무 많이 들 거야.
진수	그만큼의 돈이 들어가려면, 축제가 정말로 규모가 클거야.
존	나는 그것이 좋은 계획이라고 생각하지 않아.
안토니오	나는 존의 말에 찬성이야.

대화 TIP

ne pas penser(trouver, croire) que + (접속법)

의견을 제시할 때는 penser, trouver, croire 동사들이 자주 사용되며, 종속절에서는 직설법을 사용합니다. 그런데 이 동사들이 부정 형태가 되면 que 종속절에서는 접속법을 사용합니다.

Je **ne** pense **pas** que ce **soit** une bonne idée.
나는 그것이 좋은 아이디어라고 생각하지 않아.

새 단어 및 표현

projet *m.* 계획
fête *f.* 축제
trouver 발견하다, 찾아내다 / (+ que) …(이)라 생각하다
avis *m.* 견해, 의견
organiser 주최(조직, 개최)하다
croire 믿다
autant 그만큼, 그 정도로
pour que (+ 접속법) …하기 위하여
vraiment 정말로, 대단히

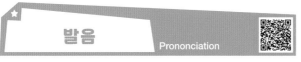
aille, ailles, aillent [aj] : -ill은 [j]로 발음되어 세 단어 모두 [아이의] 라고 발음됩니다. 그러나 aller의 접속법 1·2인칭 복수인 allions[aljɔ̃]피 allez[alje]의 징우, -ill-의 i은 [i]로 발음되이 [ㄹ리옹]과 [ㄹ리에]로 발음됩니다.

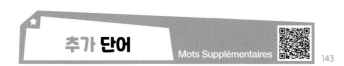
● 예술·공연

l'exposition
f. 전시회

le film
영화

le spectacle
공연

le théâtre
연극

l'opéra
m. 오페라

la lecture
독서

le roman
소설

la bande dessinée
만화책

la peinture
회화

le cinéma 영화, 영화관	**la statue** 동상	**le patrimoine** 문화재
la comédie musicale 뮤지컬	**la galerie d'art** 미술 화랑	**l'architecture** *f.* 건축
le concert de rock 록 콘서트	**la cathédrale** 대성당	**la littérature** 문학
la sculpture 조각	**le monument** 유적	

평가·제안·거절하기

Qu'est-ce que tu penses du spectacle?

C'était intéressant.

참고

그 외의 공연 평
amusant(e) 재미있는
magnifique 멋진
moyen(ne) 보통의, 평범한
extraordinaire 대단한
splendide 훌륭한, 굉장한
ennuyeux(se) 지루한

Si on allait au théâtre?

Je suis désolé, je ne peux pas y aller.

A 우리 연극 보러 갈까?
B 미안해, 거기 갈 수가 없어.

▸ si (+ 반과거)? (제안) …하면 어떨까(요)?

(1)
Je n'ai pas le temps (d'y aller).

(2)
J'ai beaucoup à faire.

(1) (거기 갈) 시간이 없어.

(2) 할 일이 많아.

(3) 이미 다른 약속이 있어.

(4) 오늘 몸이 안 좋아.

▸ avoir le temps de (+ 동사 원형) …할 시간이 있다 | beaucoup à (+ 동사 원형) (…해야 할) 많은 것 (beaucoup 는 대명사) | un(e) autre 다른

(3)
J'ai déjà un autre rendez-vous.

(4)
Je me sens mal aujourd'hui.

문법

1　다음 동사를 접속법으로 쓰세요.

(1) pouvoir → nous _____　　(2) choisir → je _____

(3) partir → il _____　　(4) écrire → tu _____

2　주어진 동사를 문맥에 맞게 접속법이나 직설법으로 쓰세요.

(1) Je souhaite qu'il _____. (venir)

(2) Il pense que sa chambre _____ trop petite. (être)

(3) Il faut qu'elle _____ plus. (dormir)

(4) Je voudrais que vous _____ attention. (faire)

3　다음 질문에 보기 처럼 수동태 복합 과거로 답하세요.

exemple
A　Qui a construit la tour Eiffel?
B　La tour Eiffel a été construite par Gustave Eiffel.

(1) A　Qui a inventé la télévision?

　　B　La télévision _____ par Baird.

(2) A　Qui a découvert l'Amérique?

　　B　L'Amérique _____ par Christophe Colomb.

(3) A　Qui a écrit l'Étranger?

　　B　L'Étranger _____ par Albert Camus.

▶ construire 건축하다 ｜ tour f. 탑 ｜ inventer 발명하다 ｜ découvrir 발견하다

듣기 1 다음을 듣고 관련된 영화평에 표시하세요.

Qu'est-ce qu'il(elle) pense du film?

	(1)	(2)	(3)	(4)	(5)	(6)
① Il(Elle) a aimé.						
② Il(Elle) n'a pas aimé.						
③ Il(Elle) a moyennement aimé.						

2 다음을 듣고 질문에 답하세요.

(1) Où peut-on entendre ce genre de message?

　　① à la gare　　　　　　② dans un magasin

　　③ à bord d'un avion　　④ dans une salle de concert

(2) 메시지의 금지 내용이 무엇인지 고르세요. (여러 개의 답 가능)

　①　　　②　　　③　　　④　

읽기 ● 한 학생 (21살)이 어머니와 여동생(11살)과 함께 공연을 관람하려 합니다. 총 입장료가 얼마 인지 아래 가격표를 보고 답하세요.

> Tarif de base : adulte plein tarif : 18 euros
> Tarif réduit　　: 15,50 euros (étudiants)
> Tarif groupe　: 12,50 euros (adultes : 1 entrée offerte à partir de 20
> 　　　　　　　　personnes)
> Tarif enfant (moins de 12 ans) : 9 euros

A　Combien ont-ils payé?

B　_____ euros.

▸ tarif *m.* 가격, 요금 ｜ de base 기준(기본)이 되는 ｜ réduit(e) 할인된 ｜ entrée *f.* 관람, 좌석 / 입구, 현관

프랑스 뮤지컬

뮤지컬은 60년대까지 유럽에서 생소한 장르였으며, 오페라의 미국적 변형으로 여겨져 프랑스 상류층은 뮤지컬을 양키의 놀음으로 치부하였습니다. 그러다가 1998년 '프랑스 국민 뮤지컬'이라는 수식어가 붙은 ≪노트르담 드 파리≫가 초연된 이후로 많은 대작들이 등장하면서 뮤지컬 시장이 급성장하였습니다. ≪노트르담 드 파리≫는 프랑스 역사상 흥행과 작품성에 있어 가장 성공한 뮤지컬이고, 프랑스 뮤지컬의 특징을 결정짓는 기준이 되었습니다.

프랑스 뮤지컬의 첫 번째 특징은 원작의 내용을 최대한 살리려 노력한다는 점입니다. 프랑스인들은 버라이어티쇼에 더 가까운 영미식 뮤지컬을 좋아하지 않았으며, 연극적 전통을 잇는 예술적 깊이를 요구하고 있습니다.

둘째, 대사 없이 노래로만 극이 전개됩니다. 대사의 부재는 프랑스 뮤지컬의 가장 큰 특징이라 할 수 있습니다. 일상의 대화로는 소설의 방대한 내용을 전달하기 힘들어 대화를 없애고 시적 언어로 노래하는 콘서트 형식을 채택하고 있습니다. 셋째, 예술적인 무대 장치와 조명을 들 수 있습니다. 영미권 뮤지컬의 무대가 사실적이고 과시적(화려한 무대 장치, 특수 효과)인 반면, 프랑스 뮤지컬은 상징적이고 단순하고 절제되어 있습니다. 단순하면서도 웅장하고 상징적인 무대 세트는 관객의 상상력을 자극하며, 프랑스 특유의 조명 기술은 다양한 분위기를 자아내면서 극에 예술적 색을 입히는 역할을 담당합니다. 넷째, 춤은 단순한 무대 장식이 아니라, 주요 인물들의 노래와 함께 무대에 배치되면서 인물의 심리를 표현하는 비언어적 전달 요소의 기능을 가집니다. 마지막으로 가수와 무용수의 역할이 철저히 분화되어 있습니다. 춤도 발레, 현대 무용, 아크로바트, 브레이크 댄스 등의 다양한 장르가 혼합되어 있고, 브로드웨이식 군무(群舞)가 아닌 자유롭고 형식에 구애 받지 않는 춤으로 역동성을 살리고 있습니다.

부록

- 프랑스어권 국가들의 기본 정보

- 동사 변화표

- 추가 문법

- 정답

- 듣기 대본 · 읽기 지문 번역

- 색인 ① 프랑스어 + 한국어

- 색인 ② 한국어 + 프랑스어

République démocratique du Congo

인구 : 95,240,782 (2022)
수도 : 킨샤샤
화폐 : 콩고 프랑
언어 : 프랑스어, 링갈라어, 스와힐리어,
　　　 키콩고어, 치루바어
주요 수출품 : 광산물

Canada

인구 : 38,388,416 (2022)
수도 : 오타와
화폐 : 캐나다 달러
언어 : 영어, 프랑스어
주요 수출품 : 컴퓨터, 자동차

Madagascar

인구 : 29,178,075(2022)
수도 : 안타나나리보
화폐 : 말라가시 프랑
언어 : 프랑스어, 마다가스카르어
주요 수출품 : 커피

Cameroun

인구 : 27,911,544 (2022)
수도 : 야운데
화폐 : 세파 프랑
언어 : 영어, 프랑스어
주요 수출품 : 원유, 석유 제품

Côte d'Ivoire

인구 : 27,742,301 (2022)
수도 : 아무수크로
화폐 : 세파 프랑
언어 : 프랑스어
주요 수출품 : 코코아, 커피

Burkina-Faso

인구 : 22,102,838 (2022)
수도 : 와가두구
화폐 : 세파 프랑
언어 : 프랑스어, 모시어
주요 수출품 : 목화, 동물

Nigeria

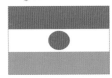

인구 :216,746,933 (2022)
수도 : 니아메
화폐 : 달라시
언어 : 프랑스어
주요 수출품 : 땅콩, 어류

Sénégal

인구 : 17,653,669 (2022)
수도 : 다카르
화폐 : 세파 프랑
언어 : 프랑스어
주요 수출품 : 수산물, 땅콩

Mali

인구 : 21,473,776 (2022)
수도 : 바마코
화폐 : 세파 프랑
언어 : 프랑스어
주요 수출품 : 면화, 금

Rwanda

인구 : 13,600,466 (2022)
수도 : 키갈리
화폐 : 르완다 프랑
언어 : 킨야르완다어, 프랑스어, 영어
주요 수출품 : 커피, 텅스텐

Belgique

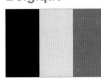

인구 : 11,668,276 (2022)
수도 : 브뤼셀
화폐 : 유로
언어 : 네덜란드어, 프랑스어,
　　　 독일어
주요 수출품 : 다이아몬드, 자동차

Guinée

인구 : 13,865,692 (2022)
수도 : 코나크리
화폐 : 기니 프랑
언어 : 프랑스어
주요 수출품 : 알루미늄, 금

Tchad

인구 : 17,413,574 (2022)
수도 : 은자메나
화폐 : 세파 프랑
언어 : 아랍어, 프랑스어
주요 수출품 : 석유, 면화

République d'Afrique centrale

인구 : 5,016,678 (2022)
수도 : 방기
화폐 : 세파 프랑
언어 : 프랑스어
주요 수출품 : 석유, 목재

Haïti

인구 : 11,680,288 (2022)
수도 : 프로토 프랭스
화폐 : 구르드
언어 : 프랑스어, 크레올어
주요 수출품 : 커피, 오일

République du Congo

인구 : 5,797,801 (2022)
수도 : 브라자빌
화폐 : 세파 프랑
언어 : 프랑스어
주요 수출품 : 다이아몬드, 목재

Burundi

인구 : 12,624,845 (2022)
수도 : 부줌부라
화폐 : 부룬디 프랑
언어 : 키룬디어, 프랑스어
주요 수출품 : 커피, 차

Comores

인구 : 907,411 (2022)
수도 : 모로니
화폐 : 코모로 프랑
언어 : 프랑스어, 아랍어,
　　　스와힐리어
주요 수출품 : 바닐라, 향수 원료

Bénin

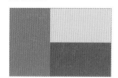

인구 : 12,784,728 (2022)
수도 : 아운데
화폐 : 세파 프랑
언어 : 영어, 프랑스어
주요 수출품 : 원유, 석유 제품

Guinée équatoriale

인구 : 1,496,673 (2022)
수도 : 말라보
화폐 : 세파 프랑
언어 : 에스파냐어, 프랑스어
주요 수출품 : 원유, 코코아

Suisse

인구 : 8,773,640 (2022)
수도 : 베른
화폐 : 스위스 프랑
언어 : 독일어, 프랑스어, 이탈리아어, 로망
　　　슈어
주요 수출품 : 화학 제품, 시계 제품

Luxembourg

인구 : 642,367 (2022)
수도 : 룩셈부르크
화폐 : 유로
언어 : 룩셈부르크어, 프랑스어,
　　　독일어
주요 수출품 : 금속, 고무

Togo

인구 : 8,680,832 (2022)
수도 : 로메
화폐 : 세파 프랑
언어 : 프랑스어
주요 수출품 : 면화, 커피

Monaco

인구 : 38,300 (2018)
수도 : 모나코
화폐 : 유로
언어 : 프랑스어
주요 수출품 : 효소제

동사 변화

1군 규칙 동사

동사 원형 과거 분사		현재	복합 과거	반과거	단순 미래	조건법	접속법
appeler appelé 부르다, 전화하다	j' tu il nous vous ils	appelle appelles appelle appelons appelez appellent	ai appelé as appelé a appelé avons appelé avez appelé ont appelé	appelais appelais appelait appelions appeliez appelaient	appellerai appelleras appellera appellerons appellerez appelleront	appellerais appellerais appellerait appellerions appelleriez appelleraient	appelle appelles appelle appelions appeliez appellent
arriver arrivé 도착하다	je (j') tu il nous vous ils	arrive arrives arrive arrivons arrivez arrivent	suis arrivé es arrivé est arrivé sommes arrivés êtes arrivé(s) sont arrivés	arrivais arrivais arrivait arrivions arriviez arrivaient	arriverai arriveras arrivera arriverons arriverez arriveront	arriverais arriverais arriverait arriverions arriveriez arriveraient	arrive arrives arrive arrivions arriviez arrivent
commencer commencé 시작하다	je (j') tu il nous vous ils	commence commences commence commençons commencez commencent	ai commencé as commencé a commencé avons commencé avez commencé ont commencé	commençais commençais commençait commencions commenciez commençaient	commencerai commenceras commencera commencerons commencerez commenceront	commencerais commencerais commencerait commencerions commenceriez commenceraient	commence commences commence commencions commenciez commencent
envoyer envoyé 보내다	j' tu il nous vous ils	envoie envoies envoie envoyons envoyez envoient	ai envoyé as envoyé a envoyé avons envoyé avez envoyé ont envoyé	envoyais envoyais envoyait envoyions envoyiez envoyaient	enverrai enverras enverra enverrons enverrez enverront	enverrais enverrais enverrait enverrions enverriez enverraient	envoie envoies envoie envoyions envoyiez envoient
essayer essayé 시험하다, 애쓰다	j' tu il nous vous ils	essai(y)e essai(y)es essai(y)e essayons essayez essai(y)ent	ai essayé as essayé a essayé avons essayé avez essayé ont essayé	essayais essayais essayait essayions essayiez essayaient	essai(y)erai essai(y)eras essai(y)era essaierons essaierez essai(y)eront	essai(y)erais essai(y)erais essai(y)erait essai(y)erions essai(y)eriez essai(y)eraient	essai(y)e essai(y)es essai(y)e essayions essayiez essai(y)ent
habiter habité 살다	j' tu il nous vous ils	habite habites habite habitons habitez habitent	ai habité as habité a habité avons habité avez habité ont habité	habitais habitais habitait habitions habitiez habitaient	habiterai habiteras habitera habiterons habiterez habiteront	habiterais habiterais habiterait habiterions habiteriez habiteraient	habite habites habite habitions habitiez habitent
lever levé 들다, 올리다	je (j') tu il nous vous ils	lève lèves lève levons levez lèvent	ai levé as levé a levé avons levé avez levé ont levé	levais levais levait levions leviez levaient	lèverai lèveras lèvera lèverons lèverez lèveront	lèverais lèverais lèverait lèverions lèveriez lèveraient	lève lèves lève levions leviez lèvent
voyager voyagé 여행하다	je (j') tu il nous vous ils	voyage voyages voyage voyageons voyagez voyagent	ai voyagé as voyagé a voyagé avons voyagé avez voyagé ont voyagé	voyageais voyageais voyageait voyagions voyagiez voyageaient	voyagerai voyageras voyagera voyagerons voyagerez voyageront	voyagerais voyagerais voyagerait voyagerions voyageriez voyageraient	voyage voyages voyage voyagions voyagiez voyagent
préférer préféré 더 좋아하다	je (j') tu il nous vous ils	préfère préfères préfère préférons préférez préfèrent	ai préféré as préféré a préféré avons préféré avez préféré ont préféré	préférais préférais préférait préférions préfériez préféraient	préférerai préféreras préférera préférerons préférerez préféreront	préférerais préférerais préférerait préférerions préféreriez préféreraient	préfère préfères préfère préférions préfériez préfèrent

2군 규칙 동사

동사 원형 과거 분사		현재	복합 과거	반과거	단순 미래	조건법	접속법
choisir choisi 고르다	je (j') tu il nous vous ils	choisis choisis choisit choisissons choisissez choisissent	ai choisi as choisi a choisi avons choisi avez choisi ont choisi	choisissais choisissais choisissait choisissions choisissiez choisissaient	choisirai choisiras choisira choisirons choisirez choisiront	choisirais choisirais choisirait choisirions choisiriez choisiraient	choisisse choisisses choisisse choisissions choisissiez choisissent
finir fini 끝나다 끝내다	je (j') tu il nous vous ils	finis finis finit finissons finissez finissent	ai fini as fini a fini avons fini avez fini ont fini	finissais finissais finissait finissions finissiez finissaient	finirai finiras finira finirons finirez finiront	finirais finirais finirait finirions finiriez finiraient	finisse finisses finisse finissions finissiez finissent
réfléchir réfléchi 숙고하다	je (j') tu il nous vous ils	réfléchis réfléchis réfléchit réfléchissons réfléchissez réfléchissent	ai réfléchi as réfléchi a réfléchi avons réfléchi avez réfléchi ont réfléchi	réfléchissais réfléchissais réfléchissait réfléchissions réfléchissiez réféchissaient	réfléchirai réfléchiras réfléchira réfléchirons réfléchirez réfléchiront	réfléchirais réfléchirais réfléchirait réfléchirions réfléchiriez réfléchiraient	réfléchisse réfléchisses réfléchisse réfléchissions réfléchissiez réfléchissent
remplir rempli 가득 채우다, 작성하다	je (j') tu il nous vous ils	remplis remplis remplit remplissons remplissez remplissent	ai rempli as rempli a rempli avons rempli avez rempli ont rempli	remplissais remplissais remplissait remplissions remplissiez remplissaient	remplirai rempliras remplira remplirons remplirez rempliront	remplirais remplirais remplirait remplirions rempliriez rempliraient	remplisse remplisses remplisse remplissions remplissiez remplissent
réussir réussi 성공하다	je (j') tu il nous vous ils	réussis réussis réussit réussissons réussissez réussissent	ai réussi as réussi a réussi avons réussi avez réussi ont réussi	réussissais réussissais réussissait réussissions réussissiez réussissaient	réussirai réussiras réussira réussirons réussirez réussiront	réussirais réussirais réussirait réussirions réussiriez réussiraient	réussisse réussisses réussisse réussissions réussissiez réussissent
saisir saisi 움켜쥐다, 파악하다	je (j') tu il nous vous ils	saisis saisis saisit saisissons saisissez saisissent	ai saisi as saisi a saisi avons saisi avez saisi ont saisi	saisissais saisissais saisissait saisissions saisissiez saisissaient	saisirai saisiras saisira saisirons saisirez saisiront	saisirais saisirais saisirait saisirions saisiriez saisiraient	saisisse saisisses saisisse saisissions saisissiez saisissent

3군 규칙 동사

동사 원형 과거 분사		현재	복합 과거	반과거	단순 미래	조건법	접속법
être été ~이다	je (j') tu il nous vous ils	suis es est sommes êtes sont	ai été as été a été avons été avez été ont été	étais étais était étions étiez étaient	serai seras sera serons serez seront	serais serais serait serions seriez seraient	sois sois soit soyons soyez soient
avoir eu 가지다	j' tu il nous vous ils	ai as a avons avez ont	ai eu as eu a eu avons eu avez eu ont eu	avais avais avait avions aviez avaient	aurai auras aura aurons aurez auront	aurais aurais aurait aurions auriez auraient	aie aies ait ayons ayez aient
aller allé 가다, 지내다 (안부)	je (j') tu il nous vous ils	vais vas va allons allez vont	suis allé es allé est allé sommes allés êtes allé(s) sont allés	allais allais allait allions alliez allaient	irai iras ira irons irez iront	irais irais irait irions iriez iraient	aille ailles aille allions alliez aillent
s'asseoir assis 앉다	je tu il nous vous ils	m'assieds t'assieds s'assied nous asseyons vous asseyez s'asseyent	me suis assis t'es assis s'est assis nous sommes assis vous êtes assis se sont assis	m'asseyais t'asseyais s'asseyait nous asseyions vous asseyiez s'asseyaient	m'assiérai t'assiéras s'assiéra nous assiérons vous assiérez s'assiéront	m'assiérais t'assiérais s'assiérait nous assiérions vous assiériez s'assiéraient	m'asseye t'asseyes s'asseye nous asseyions vous asseyiez s'asseyent
attendre attendu 기다리다	j' tu il nous vous ils	attends attends attend attendons attendez attendent	ai attendu as attendu a attendu avons attendu avez attendu ont attendu	attendais attendais attendait attendions attendiez attendaient	attendrai attendras attendra attendrons attendrez attendront	attendrais attendrais attendrait attendrions attendriez attendraient	attende attendes attende attendions attendiez attendent
boire bu 마시다	je(j') tu il nous vous ils	bois bois boit buvons buvez boivent	ai bu as bu a bu avons bu avez bu ont bu	buvais buvais buvait buvions buviez buvaient	boirais boirais boirait boirions boiriez boiraient	boirais boirais boirait boirions boiriez boiraient	boive boives boive buvions buviez boivent
comprendre compris 이해하다	je (j') tu il nous vous ils	comprends comprends comprend comprenons comprenez comprennent	ai compris as compris a compris avons compris avez compris ont compris	comprenais comprenais comprenait comprenions compreniez comprenaient	comprendrai comprendras comprendrait comprendrions comprendriez comprendraient	comprendrais comprendrais comprendrait comprendrions comprendriez comprendraient	comprenne comprennes comprenne comprenions compreniez comprennent
connaître connu 알다	je (j') tu il nous vous ils	connais connais connaît connaissons connaissez connaissent	ai connu as connu a connu avons connu avez connu ont connu	connaissais connaissais connaissait connaissions connaissiez connaissaient	connaîtrais connaîtrais connaîtrait connaîtrions connaîtriez connaîtraient	connaîtrais connaîtrais connaîtrait connaîtrions connaîtriez connaîtraient	connaisse connaisses connaisse connaissions connaissiez connaissent
craindre craint 무서워하다, 염려하다	je (j') tu il nous vous ils	crains crains craint craignons craignez craignent	ai craint as craint a craint avons craint avez craint ont craint	craignais craignais craignait craignions craigniez craignaient	craindrais craindrais craindrait craindrions craindriez craindraient	craindrais craindrais craindrait craindrions craindriez craindraient	craigne craignes craigne craignions craigniez craignent

동사 원형 과거 분사		현재	복합 과거	반과거	단순 미래	조건법	접속법
croire cru 믿다	je (j') tu il nous vous ils	crois crois croit croyons croyez croient	ai cru as cru a cru avons cru avez cru ont cru	croyais croyais croyait croyions croyiez croyaient	croirai croiras croira croirons croirez croiront	croirais croirais croirait croirions croiriez croiraient	croie croies croie croyions croyiez croient
découvrir découvert 발견하다	je (j') tu il nous vous ils	découvre découvres découvre découvrons découvrez découvrent	ai découvert as découvert a découvert avons découvert avez découvert ont découvert	découvrais découvrais découvrait découvrions découvriez découvraient	découvrirai découvriras découvrira découvrirons découvrirez découvriront	découvrirais découvrirais découvrirait découvririons découvririez découvriraient	découvre découvres découvre découvrions découvriez découvrent
décrire décrit 묘사하다	je (j') tu il nous vous ils	décris décris décrit décrivons décrivez décrivent	ai décrit as décrit a décrit avons décrit avez décrit ont décrit	décrivais décrivais décrivait décrivions décriviez décrivaient	décrirai décriras décrira décrirons décrirez décriront	décrirais décrirais décrirait décririons décririez décriraient	décrive décrives décrive décrivions décriviez décrivent
descendre descendu 내려가다	je tu il nous vous ils	descends descends descend descendons descendez descendent	suis descendu es descendu est descendu sommes descendus êtes descendu(s) sont descendus	descendais descendais descendait descendions descendiez descendaient	descendrai descendras descendra descendrons descendrez descendront	descendrais descendrais descendrait descendrions descendriez descendraient	descende descendes descende descendions descendiez descendent
devenir devenu ~이 되다	je tu il nous vous ils	deviens deviens devient devenons devenez deviennent	suis devenu es devenu est devenu sommes devenus êtes devenu(s) sont devenus	devenais devenais devenait devenions deveniez devenaient	deviendrai deviendras deviendra deviendrons deviendrez deviendront	deviendrais deviendrais deviendrait deviendrions deviendriez deviendraient	devienne deviennes devienne devenions deveniez deviennent
devoir dû ~해야 한다	je (j') tu il nous vous ils	dois dois doit devons devez doivent	ai dû as dû a dû avons dû avez dû ont dû	devais devais devait devions deviez devaient	devrai devras devra devrons devrez devront	devrais devrais devrait devrions devriez devraient	doive doives doive devions deviez doivent
dire dit 말하다	je (j') tu il nous vous ils	dis dis dit disons dites disent	ai dit as dit a dit avons dit avez dit ont dit	disais disais disait disions disiez disaient	dirai diras dira dirons direz diront	dirais dirais dirait dirions diriez diraient	dise dises dise disions disiez disent
dormir dormi 자다	je (j') tu il nous vous ils	dors dors dort dormons dormez dorment	ai dormi as dormi a dormi avons dormi avez dormi ont dormi	dormais dormais dormait dormions dormiez dormaient	dormirai dormiras dormira dormirons dormirez dormiront	dormirais dormirais dormirait dormirions dormiriez dormiraient	dorme dormes dorme dormions dormiez dorment
écrire écrit 쓰다	j' tu il nous vous ils	écris écris écrit écrivons écrivez écrivent	ai écrit as écrit a écrit avons écrit avez écrit ont écrit	écrivais écrivais écrivait écrivions écriviez écrivaient	écrirai écriras écrira écrirons écrirez écriront	écrirais écrirais écrirait écririons écririez écriraient	écrive écrives écrive écrivions écriviez écrivent

동사 원형 과거 분사		현재	복합 과거	반과거	단순 미래	조건법	접속법
s'enfuir enfui 도망치다	je tu il nous vous ils	m'enfuis t'enfuis s'enfuit nous enfuyons vous enfuyez s'enfuient	me suis enfui t'es enfui s'est enfui nous sommes enfuis vous êtes enfui(s) se sont enfuis	m'enfuyais t'enfuyais s'enfuyait nous enfuyions vous enfuyiez s'enfuyaient	m'enfuirai t'enfuiras s'enfuira nous enfuirons vous enfuirez s'enfuiront	m'enfuirais t'enfuirais s'enfuirait nous enfuirions vous enfuiriez s'enfuiraient	m'enfuie t'enfuies s'enfuie nous enfuyions vous enfuyiez s'enfuient
entendre entendu 듣다	j' tu il nous vous ils	entends entends entend entendons entendez entendent	ai entendu as entendu a entendu avons entendu avez entendu ont entendu	entendais entendais entendait entendions entendiez entendaient	entendrai entendras entendra entendrons entendrez entendront	entendrais entendrais entendrait entendrions entendriez entendraient	entende entendes entende entendions entendiez entendent
faire fait 하다, 만들다	je (j') tu il nous vous ils	fais fais fait faisons faites font	ai fait as fait a fait avons fait avez fait ont fait	faisais faisais faisait faisions faisiez faisaient	ferai feras fera ferons ferez feront	ferais ferais ferait ferions feriez feraient	fasse fasses fasse fassions fassiez fassent
falloir fallu ~ 해야 한다	il	faut	a fallu	fallait	faudra	faudrait	faille
lire lu 읽다	je (j') tu il nous vous ils	lis lis lit lisons lisez lisent	ai lu as lu a lu avons lu avez lu ont lu	lisais lisais lisait lisions lisiez lisaient	lirai liras lira lirons lirez liront	lirais lirais lirait lirions liriez liraient	lise lises lise lisions lisiez lisent
mettre mis 놓다, 입다	je (j') tu il nous vous ils	mets mets met mettons mettez mettent	ai mis as mis a mis avons mis avez mis ont mis	mettais mettais mettait mettions mettiez mettaient	mettrai mettras mettra mettrons mettrez mettront	mettrais mettrais mettrait mettrions mettriez mettraient	mette mettes mette mettions mettiez mettent
mourir mort 죽다	je tu il nous vous ils	meurs meurs meurt mourons mourez meurent	suis mort es mort est mort sommes morts êtes mort(s) sont morts	mourais mourais mourait mourions mouriez mouraient	mourrai mourras mourra mourrons mourrez mourront	mourrais mourrais mourrait mourrions mourriez mourraient	meure meures meure mourions mouriez meurent
naître né 태어나다	je tu il nous vous ils	nais nais naît naissons naissez naissent	suis né es né est né sommes nés êtes né(s) sont nés	naissais naissais naissait naissions naissiez naissaient	naîtrai naîtras naîtra naîtrons naîtrez naîtront	naîtrais naîtrais naîtrait naîtrions naîtriez naîtraient	naisse naisses naisse naissions naissiez naissent
offrir offert 주다, 제공하다	j' tu il nous vous ils	offre offres offre offrons offrez offrent	ai offert as offert a offert avons offert avez offert ont offert	offrais offrais offrait offrions offriez offraient	offrirai offriras offrira offrirons offrirez offriront	offrirais offrirais offrirait offririons offririez offriraient	offre offres offre offrions offriez offrent

동사 원형 과거 분사		현재	복합 과거	반과거	단순 미래	조건법	접속법
ouvrir ouvert 열다	j' tu il nous vous ils	ouvre ouvres ouvre ouvrons ouvrez ouvrent	ai ouvert as ouvert a ouvert avons ouvert avez ouvert ont ouvert	ouvrais ouvrais ouvrait ouvrions ouvriez ouvraient	ouvrirai ouvriras ouvrira ouvrirons ouvrirez ouvriront	ouvrirais ouvrirais ouvrirait ouvririons ouvririez ouvriraient	ouvre ouvres ouvre ouvrions ouvriez ouvrent
partir parti 떠나다	je (j') tu il nous vous ils	pars pars part partons partez partent	suis parti es parti est parti sommes partis êtes parti(s) sont partis	partais partais partait partions partiez partaient	partirai partiras partira partirons partirez partiront	partirais partirais partirait partirions partiriez partiraient	parte partes parte partions partiez partent
plaire plu 마음에 들다	je (j') tu il nous vous ils	plais plais plaît plaisons plaisez plaisent	ai plu as plu a plu avons plu avez plu ont plu	plaisais plaisais plaisait plaisions plaisiez plaisaient	plairai plairas plaira plairons plairez plairont	plairais plairais plairait plairions plairiez plairaient	plaise plaises plaise plaisions plaisiez plaisent
pleuvoir plu 비 오다	il	pleut	a plu	pleuvait	pleuvra	pleuvrait	pleuve
pouvoir pu ~할 수 있다	je (j') tu il nous vous ils	peux peux peut pouvons pouvez peuvent	ai pu as pu a pu avons pu avez pu ont pu	pouvais pouvais pouvait pouvions pouviez pouvaient	pourrai pourras pourra pourrons pourrez pourront	pourrais pourrais pourrait pourrions pourriez pourraient	puisse puisses puisse puissions puissiez puissent
prendre pris 잡다, 타다, 먹다	je (j') tu il nous vous ils	prends prends prend prenons prenez prennent	ai pris as pris a pris avons pris avez pris ont pris	prenais prenais prenait prenions preniez prenaient	prendrai prendras prendra prendrons prendrez prendront	prendrais prendrais prendrait prendrions prendriez prendraient	prenne prennes prenne prenions preniez prennent
recevoir reçu 받다, 맞이하다	je (j') tu il nous vous ils	reçois reçois reçoit recevons recevez reçoivent	ai reçu as reçu a reçu avons reçu avez reçu ont reçu	recevais recevais recevait recevions receviez recevaient	recevrai recevras recevra recevrons recevrez recevront	recevrais recevrais recevrait recevrions recevriez recevraient	reçoive reçoives reçoive recevions receviez reçoivent
rendre rendu 돌려주다	je (j') tu il nous vous ils	rends rends rend rendons rendez rendent	ai rendu as rendu a rendu avons rendu avez rendu ont rendu	rendais rendais rendait rendions rendiez rendaient	rendrai rendras rendra rendrons rendrez rendront	rendrais rendrais rendrait rendrions rendriez rendraient	rende rendes rende rendions rendiez rendent
répondre répondu 대답하다	je (j') tu il nous vous ils	réponds réponds répond répondons répondez répondent	ai répondu as répondu a répondu avons répondu avez répondu ont répondu	répondais répondais répondait répondions répondiez répondaient	répondrai répondras répondra répondrons répondrez répondront	répondrais répondrais répondrait répondrions répondriez répondraient	réponde répondes réponde répondions répondiez répondent

동사 원형 과거 분사		현재	복합 과거	반과거	단순 미래	조건법	접속법
savoir su 알다	je (j') tu il nous vous ils	sais sais sait savons savez savent	ai su as su a su avons su avez su ont su	savais savais savait savions saviez savaient	saurai sauras saura saurons saurez sauront	saurais saurais saurait saurions sauriez sauraient	sache saches sache sachions sachiez sachent
sentir senti 느끼다, 냄새 맡다	je (j') tu il nous vous ils	sens sens sent sentons sentez sentent	ai senti as senti a senti avons senti avez senti ont senti	sentais sentais sentait sentions sentiez sentaient	sentirai sentiras sentira sentirons sentirez sentiront	sentirais sentirais sentirait sentirions sentiriez sentiraient	sente sentes sente sentions sentiez sentent
servir servi 봉사하다, 시중들다	je (j') tu il nous vous ils	sers sers sert servons servez servent	ai servi as servi a servi avons servi avez servi ont servi	servais servais servait servions serviez servaient	servirai serviras servira servirons servirez serviront	servirais servirais servirait servirions serviriez serviraient	serve serves serve servions serviez servent
sortir sorti 나가다	je tu il nous vous ils	sors sors sort sortons sortez sortent	suis sorti es sorti est sorti sommes sortis êtes sorti(s) sont sortis	sortais sortais sortait sortions sortiez sortaient	sortirai sortiras sortira sortirons sortirez sortiront	sortirais sortirais sortirait sortirions sortiriez sortiraient	sorte sortes sorte sortions sortiez sortent
venir venu 오다	je tu il nous vous ils	viens viens vient venons venez viennent	suis venu es venu est venu sommes venus êtes venu(s) sont venus	venais venais venait venions veniez venaient	viendrai viendras viendra viendrons viendrez viendront	viendrais viendrais viendrait viendrions viendriez viendraient	vienne viennes vienne venions veniez viennent
voir vu 보다	je (j') tu il nous vous ils	vois vois voit voyons voyez voient	ai vu as vu a vu avons vu avez vu ont vu	voyais voyais voyait voyions voyiez voyaient	verrai verras verra verrons verrez verront	verrais verrais verrait verrions verriez verraient	voie voies voie voyions voyiez voient
vouloir voulu 원하다	je (j') tu il nous vous ils	veux veux veut voulons voulez veulent	ai voulu as voulu a voulu avons voulu avez voulu ont voulu	voulais voulais voulait voulions vouliez voulaient	voudrai voudras voudra voudrons voudrez voudront	voudrais voudrais voudrait voudrions voudriez voudraient	veuille veuilles veuille voulions vouliez veuillent

추가 문법

1 어미를 통한 남성·여성 명사 구분

(1) 남성 명사 어미

어미	예	
-age	village 마을 **예외** plage 해변 image 이미지, 영상	fromage 치즈
-ment	gouvernement 정부	movement 정부
-eau	manteau 외투	couteau 칼
-phone	téléphone 전화	magnétophone 녹음기
-isme	socialisme 사회주의	égoïsme 이기주의
-ème	problème 문제	système 시스템

(2) 여성 명사 어미

어미	예	
-tion	situation 상황	direction 방향
-sion	décision 결정	télévision 텔레비전
-phie	philosophie 철학	photographie 사진(술)
-té	société 사회 **예외** été 여름 comité 위원회	université 대학
-ette	bicyclette 자전거	fourchette 포크
-ance	connaissance 지식	confiance 신뢰
-ure	culture 문화	voiture 자동차
-ée	arrivée 도착 **예외** musée 박물관, 미술관	cheminée 굴뚝, 벽난로
-ie	partie 부분 **예외** incendie 화재	vie 삶, 인생
-ade/-ode/-ude	salade 샐러드 attitude 태도	méthode 방식

2 부정문 (2) ➡ 2과

ne (+ 동사) rien	아무것도 …않다	(← quelque chose 무언가)
ne (+ 동사) personne	아무도 …않다	(← quelqu'un 누군가)
ne (+ 동사) plus	더 이상 …않다	(← encore 아직, 여전히)
ne (+ 동사) jamais	결코 …않다 (← 빈도 부사 : toujours 항상, souvent 자주, parfois 가끔)	

Manges-tu quelque chose?
너는 뭘 먹니?

Non, je ne mange rien.
아니, 아무것도 먹지 않아.

Regardes-tu quelqu'un?
너는 누군가를 보니?

Non, je ne regarde personne.
아니, 아무도 보지 않아.

Tu fumes encore?
너는 아직도 담배를 피우니?

Non, je ne fume plus.
아니, 이제는 담배를 피우지 않아.

Tu chantes souvent?
너는 노래를 자주 부르니?

Non, je ne chante jamais.
아니, 절대 안 불러.

3 1군 변칙 동사 ➡ 5과

1군 동사 중에 일부 동사들은 어간이 변칙적으로 변화합니다. 하지만 어미에는 변화가 없습니다. 유형별로 정리하면 다음과 같습니다.

(1) acheter (사다) **유형 : e + 자음 + er**

nous와 vous를 제외한 다른 인칭(je, tu, il, elle, ils, elles)에서 e가 è로 대체 (e → è)

같은 유형의 동사 promener 산책시키다 / lever 들어 올리다

j'	achète	nous	achetons
tu	achètes	vous	achetez
il / elle	achète	ils / elles	achètent

(2) appeler (부르다) **유형 : e + 자음 + er**

일부 동사는 acheter 유형의 변화와 달리 nous와 vous를 제외한 다른 인칭에서 자음 반복 (l → ll)

같은 유형의 동사 jeter 던지다 / rappeler 상기시키다

j'	appelle	nous	appelons
tu	appelles	vous	appelez
il / elle	appelle	ils / elles	appellent

(3) **préférer** (선호하다) **유형 : é + 자음 + er**

fous와 vous를 제외한 다른 인칭에서 é가 è로 대체 (é → è)

[같은 유형의 동사] espérer 바라다 / répéter 반복하다

je	préfère	nous	préférons
tu	préfères	vous	préférez
il / elle	préfère	ils / elles	préfèrent

> **참고**
> acheter, appeler, préférer의 경우, è로 바꾸거나 자음을 반복하는 이유는
> 자음 앞의 e(묵음)나 é [e]를 [ɛ](에)로 발음 나게 하기 위한 것입니다.

(4) **commencer** (시작하다) **유형 : -cer**

nous에서 c가 c cédille(ç) 로 대체 (c → ç)

[같은 유형의 동사] avancer 전진하다 / lancer 던지다

je	commence	nous	commençons
tu	commences	vous	commencez
il / elle	commence	ils / elles	commencent

> **참고**
> c 뒤에 모음 o가 나오면 [k]로 발음되는데,
> [s]로 발음 나게 하기 위해 c를 ç로 변화시킵니다.

(5) **manger** (먹다) **유형 : -ger**

nous에서 어미 ons 앞에 e 첨가 (gons → geons)

[같은 유형의 동사] changer 바꾸다, 변하다 / voyager 여행하다 / songer 생각하다

je	mange	nous	mangeons
tu	manges	vous	mangez
il / elle	mange	ils / elles	mangent

> **참고**
> g 다음에 모음 o가 나오면 [g]로 발음되는데,
> [ʒ]로 발음 나게 하기 위해 ons 앞에 e를 붙입니다.

(6) env**o**yer ^(보내다) **유형 : –oyer, –uyer**

nous와 vous를 제외한 인칭에서 y를 i로 대체 (y → i)

같은 유형의 동사 employer 사용하다 / tutoyer 반말을 하다 / ennuyer 지루하게 하다

j'	envoie	nous	envoyons
tu	envoies	vous	envoyez
il / elle	envoie	ils / elles	envoient

env**o**yer ^(보내다) **유형 : –oyer, –uyer** essuyer ^(물기를) 닦다

j'	essuie	nous	essuyons
tu	essuies	vous	essuyez
il / elle	essuie	ils / elles	essuient

(7) payer ^(지불하다) **유형 : –ayer**

nous와 vous를 제외한 인칭에서 y를 i로 대체해도 되고 (y → i), 그대로 y를 써도 되는데 발음만 달라집니다.

같은 유형의 동사 essayer 시험하다, 애쓰다 / effrayer 두렵게 하다

je	paie	nous	payons
tu	paies	vous	payez
il / elle	paie	ils / elles	paient

je	paye	nous	payons
tu	payes	vous	payez
il / elle	paye	ils / elles	payent

★ 주요 2군 동사

accomplir 완수하다	obéir 복종하다	fournir 공급하다
applaudir 갈채를 보내다	raccourcir 줄이다	garantir 보장(증)하다
avertir 알리다	remplir 가득 채우다, 기입하다	grossir 살찌다
blanchir 희게 하다	réussir 성공하다	haïr 증오하다
éclaircir 밝게(명확히)하다	rougir 붉어지다	mincir 날씬해지다
élargir 폭을 넓히다	unir 결합하다, 합치다	punir 벌주다
finir 끝내다, 끝마치다	agir 행동하다	réfléchir 숙고하다
franchir 뛰어 넘다	approfondir 심화시키다	réunir 결합하다, 모으다
grandir 자라다, 크다	bâtir 세우다	salir 더럽히다
guérir 치료하다, 낫다	choisir 고르다, 선택하다	vomir 토하다
maigrir 마르다	enrichir 부유(풍부)하게 하다	

4 수 형용사(1 ~ 1,000)

기수		서수 (기수 + ième)	
1	un	1er, ère	premier (première)
2	deux	2e	deuxième (= second(e))
3	trois	3e	troisième
4	quatre	4e	quatrième
5	cinq	5e	cinquième
6	six	6e	sixième
7	sept	7e	septième
8	huit	8e	huitième
9	neuf	9e	neuvième
10	dix	10e	dixième
11	onze	11e	onzième
12	douze	12e	douzième
13	treize	13e	treizième
14	quatorze	14e	quatorzième
15	quinze	15e	quinzième
16	seize	16e	seizième
17	dix-sept	17e	dix-septième
18	dix-huit	18e	dix-huitième
19	dix-neuf	19e	dix-neuvième
20	vingt	20e	vingtième
21	vingt et un	21e	vingt et unième
22	vingt-deux	22e	vingt-deuxième
⋮		⋮	
30	trente	30e	trentième
40	quarante	40e	quarantième
50	cinquante	50e	soixantième
60	soixante	60e	soixantième
70	soixante-dix	70e	soixante-dixième
71	soixante et onze	71e	soixante et onzième
72	soixante-douze	72e	soixante-douzième
73	soixante-treize	73e	soixante-treizième
⋮		⋮	
80	quatre-vingts	80e	quatre-vingtième

81	quatre-vingt-un	81^e	quatre-vingt-unième
82	quatre-vingt-deux	82^e	quatre-vingt-deuxième
			⋮
90	quatre-vingt-dix	90^e	quatre-vingt-dixième
91	quatre-vingt-onze	91^e	quatre-vingt-onzième
92	quatre-vingt-douze	92^e	quatre-vingt-douzième
	⋮		⋮
99	quatre-vingt-dix-neuf	99^e	quatre-vingt-dix-neuvième
100	cent	100^e	centième
1,000	mille	1.000^e	millième

★ 주의

(1) 수 형용사는 변화하지 않기 때문에, 명사의 성과 수에 일치하지 않습니다.
Les quatres saisons (×) ➜ Les quatre saisons 사계절 (○)

(2) 21, 31, 41, 51, 61, 71의 경우에는 중간에 et를 넣습니다. 예를 들어 21의 경우에 vingt(20) 과 un (1) 사이에 et를 넣습니다.
81과 91에는 et를 넣지 않습니다.
vingt et un 21   trente et un 31

(3) 17~99 까지 두 문자를 합쳐 만든 복합 수사의 경우에는 문자 사이에 꼭 trait-d'union (–)을 붙입니다.
21처럼 et로 연결된 경우에는 trait-d'union을 붙일 필요가 없습니다.

(4) vingt(20)과 cent(100)은 배수(곱하기)가 될 때, -s를 붙입니다. 하지만 뒤에 다른 숫자가 따라 나오면 s를 붙이지 않습니다.
quatre-vingts 80   quatre-vingt-trois 83   trois cents 300   trois cent cinquante 350

(5) vingt(20)은 끝 자음 gt가 발음되지 않아 [vɛ̃]으로 발음합니다. 하지만 22~29까지는 끝 자음 t가 발음됩니다.

(6) 1.000일 때 mille앞에는 un을 붙이지 않습니다. 또한 mille은 변화하지 않는 숫자이기 때문에 배수가 될 때에도 s를 붙이지 않습니다.
mille (○) / un mille (×)   trois mille (○) / trois milles (×)

(7) 우리나라 숫자 표기와 달리 천 단위에는 쉼표(,)가 아닌, 마침표(.)를 사용하거나 한 칸 띄기를 합니다.
1.000 (○) 또는 1 000 (○) / 1,000 (×)

(8) un million + de + (무관사) 명사 : million 다음에 명사가 올 때는 명사 앞에 de를 붙입니다.
un million de dollars 백만 달러   deux millions d'euros 2백만 유로

5 프랑스의 기본 문형

(1) 주어 + 자동사 (+ 상황 보어)

Le temps **passe** vite. 시간이 빨리 간다.

La Terre **tourne** autour du soleil. 지구는 태양 주위를 돈다.

Elle **va** à l'aéroport cet après-midi. 그녀는 오늘 오후 공항에 간다.

Je **marche** dans la rue. 나는 길을 걷는다.

La **neige** tombe. 눈이 내린다.

Il **est sorti** de cet immeuble. 그는 이 건물에서 떠났다.

Avec le temps, tout **s'en va**. 시간이 지나면 모두 괜찮아질 것이다.

★ 주의

- 주어 자리에 올 수 있는 다양한 품사와 구문
  - (1) Il est très déçu de ce résultat. 그는 이 결과에 매우 실망했다. 인칭 주어 대명사
  - (2) Les enfants sont déjà rentrés à la maison. 아이들은 이미 집으로 돌아왔다. 명사
    Les jeunes d'aujourd'hui ne respectent guère les personnes âgées.
    오늘날 젊은이들은 노인에 대한 존경심이 거의 없다. 명사
  - (3) Qu'il vienne ce soir, c'est trop dangereux. 오늘 밤 그가 오는 것은 너무 위험하다. 명사절 접속법 동사
  - (4) Trop manger est mauvais pour la santé. 과식은 건강에 안 좋다. 부정법 동사 원형
- 명사의 보어로 쓸 수 있는 품사와 구문
  - (1) 명사: le temps des cerises 벚꽃 시즌
  - (2) 명사: les jeunes d'aujourd'hui 오늘날 젊은이들
  - (3) 전치사구: la femme d'à côté 옆집 여자
  - (4) 부정법 동사 원형: une machine à laver 세탁기

(2) 주어 + 자동사 + 속사 (+ 상황 보어)

Elle **est** très jolie. 그녀는 아주 예쁘다.

Marie **semble** triste aujourd'hui. (sembler = avoir l'air) 마리는 오늘 슬퍼 보인다.

La vie **devient** de plus en plus chère à Séoul. 서울에서 사는 것이 점점 더 비싸지고 있다.

Il **est tombé** malade et **resté** couché deux jours. 그는 병에 걸려서 이틀을 침대에 누워 있었다.

Paul ne **paraît** pas avoir ses trente ans. 폴은 삼십 대로 보이지 않는다.

★ 주의

- 관련 동사

  être 이다, paraître 보이다, sembler 보이다, demeurer 머무르다, devenir 되다, tomber 상태로 되다, rester 남다, apparaître 나타나다, se révéler 드러나다, se montrer 보이다, s'annoncer 예고되다, se croire 스스로 생각하다, se rendre ~한 상태가 되다

- 속사의 유형
  - (1) Il est chirurgien. 그는 외과 의사이다. 명사
  - (2) C'est bien vous! 정말 당신입니다! 강세형 인칭 보어 대명사
  - (3) Elle me semble fatiguée. 그녀는 피곤해 보인다. 형용사
  - (4) Vouloir, c'est pouvoir. 원하는 것은 할 수 있는 것이다. 부정법 동사 원형
  - (5) L'essentiel est que nous avons gagné. 결론은 우리가 이겼다는 것이다. 절
  - (6) Ces boucles d'oreille sont très à la mode cet été. 이 귀걸이는 올여름 유행이다. 전치사구

Ils **se croient** intélligents. 그들은 스스로 똑똑하다고 믿는다.

Il **s'appelle** Manu. 그의 이름은 마누이다.

Elle **s'est rendue** malade. 그녀는 아팠다.

J'ai fini mon travail avant midi. 나는 정오 전에 일을 끝냈다.

Le gouvernement **s'est montré** prudent sur cette affaire. 정부는 이 사안에 대해 신중한 입장을 취하고 있다.

Cette soirée **s'annonce** exceptionnelle. 오늘 저녁은 특별할 것이 예상된다.

Elle **s'est faite** belle. 그녀는 자신을 예쁘게 꾸몄다.

Elle **se croit** vieille. 그녀는 자신이 늙었다고 믿는다.

(3) 주어 + 직접 타동사 + 직접 목적 보어 (+ 상황 보어)

Nous avons le temps. 우리는 시간이 있다.

J'aime bien le cinéma. 나는 그 영화를 아주 좋아한다.

Tu **as reconnu** Nicole tout de suite? 너는 니콜을 바로 알아보았니?

J'ai fini mon travail avant midi. 나는 정오 전에 일을 끝냈다.

Elle **voit** tous les jours ses parents. 그녀는 항상 부모님을 돌본다.

Il **attend** Sylvie et moi. 그는 실비와 나를 기다린다.

Elle **connaît** mes parents depuis longtemps. 그녀는 아주 오래전부터 나의 부모님을 알고 있었다.

Il a **mis** ses clés sur la table. 그는 탁자 위에 열쇠를 두었다.

Il **regarde** la télévision toute la journée. 그는 하루 종일 텔레비전을 본다.

★ 주의

● 타동사 혹은 자동사로 동시에 쓰는 동사
(1) Le temps passe vite. 시간이 빨리 간다. 자동사
Il a passé ses vacances à la montagne. 그는 산에서 휴가를 보냈다. 타동사
(2) La température baisse. 기온이 떨어졌다. 자동사
Baissez un peu la tête. 머리를 약간 숙이세요. 타동사
(3) Vous descendez ici? 당신은 여기서 내리시나요? 자동사
On va descendre la rivière. 강을 따라 내려가겠습니다. 타동사
(4) Elle est montée dans sa chambre. 그녀는 자신의 방으로 올라갔다. 자동사
Elle a monté cette table dans ma chambre. 그녀는 내 방에 이 탁자를 설치했다. 타동사
(5) Elle sort presque tous les soirs 그녀는 거의 매일 저녁 외출한다. 자동사
Il a sorti sa voiture de son garage. 그는 차고에서 자동차를 꺼냈다. 타동사

● 주의할 직접 타동사 ("...에게"로 번역되지만 직접 타동사임.)

remercier 감사를 표하다, prier 부탁하다, saluer 인사하다, avertir 경고하다, informer 알리다, prévenir 미리 알리다, atteindre 도달하다

(1) J'ai salué mes amis avant de partir. 나는 출발하기 전에 내 친구들에게 인사했다.
(2) J'ai informé ce candidat par lettre de sa réussite. 나는 이 후보자에게 그의 성공을 편지로 알렸다.
(3) J'ai prévenu la police. 나는 경찰에게 통지했다.
(4) Vous devez remercier votre ami. 당신은 당신의 친구에게 고마워하게 될 것이다.
(5) atteindre le sommet 정상에 도달하다 / atteindre 60 ans 육십 대에 이르다

(4) 주어 + 간접 타동사 + 간접 목적 보어 (+ 상황 보어)

à	Elle **téléphone** à la voisine. 그녀는 이웃에게 전화를 건다.
	Elle **pense** tous les jours **à** son avenir. 그녀는 항상 자신의 미래에 대해 생각한다.
	Cette lampe me **plaît** beaucoup. 나는 이 램프를 많이 좋아한다.
	Elle **a pardonné** à son fils. 그녀는 그녀의 아들을 용서했다.
	Je lui **ai reproché** de dépenser sans compter. 나는 그가 낭비한다고 꾸짖었다.
	J'ai **appris à** ma petite fille à lire et à compter. 그녀는 내 딸에게 읽기와 계산하기를 가르쳤다. (가르치다)
	cf. J'ai **appris** beaucoup de choses pendant mon séjour en Europe. 나는 내가 유럽에 머무는 동안 많은 것을 배웠다. (배우다)
	L'insomnie **nuit à** la santé. 불면증은 건강을 해친다.
de	Elle a encore **changé d'**adresse. 그녀는 다시 주소를 변경했다.
	Il **manque** de courage. 그는 용기를 잃었다.
	Je **rêve d'**un beau voyage. 나는 아름다운 여행을 꿈꾼다.
	Je **doute de** la parole de cet homme. 나는 이 남자의 말을 의심한다.
	Le bonheur **dépend de** ton attitude. 행복은 너의 태도에 달려 있다.
	Tu as une minute? Je veux te **parler de** mes projets. 너 시간 있니? 내 프로젝트에 대해 너와 이야기하고 싶어.

★ 주의

● **à를 동반하는 간접 타동사**

accéder 접근하다, aspirer 열망하다, consentir 동의하다, échapper 벗어나다, obéir 순종하다, parvenir 도달하다, plaire 마음에 들다, renoncer 포기하다, résister 저항하다, ressembler 닮다 succéder 계승하다, servir 사용하다, appartenir 속하다, assister 참석하다, contribuer 공헌하다, correspondre 상응하다, s'intéresser 관심을 갖다, s'inscrire 등록하다

● **de를 동반하는 간접 타동사**

changer 바꾸다, douter 의심하다, jouir 향유하다, manquer 부족하다, s'emparer 차지하다, se méfier 경계하다, se moquer 조롱하다, se servir 이용하다, se souvenir 기억하다, se soucier 걱정하다, s'occuper 돌보다, s'inquiéter 걱정하다, profiter 이용하다, se tromper 틀리다, dépendre 나름이다, disposer 보유하다, bénéficier 혜택받다, parler 말하다

● **기타 전치사**

(1) compter sur Tu peux compter sur moi. 나 믿어도 돼.
(2) croire en Je crois en Dieu. 나는 신을 믿는다.

(5) 주어 + 직접 타동사 + 직접 목적 보어 (+ 상황 보어)

Tu me **prêtes** ton vélo? 너 나한테 네 자전거 빌려줄래?

Vous **avez rendu** les clés au concierge? 당신은 경비실에 열쇠를 반납했나요?

Marie vous **a envoyé** sa nouvelle adresse? 마리가 당신에게 그녀의 새로운 주소를 보냈나요?

Ton frère t'**a donné** des bonbons? 너의 남동생이 너에게 사탕을 주었니?

On **a prié** les voyageurs d'attacher leur ceinture de sécurité. 우리는 승객들에게 안전벨트를 매라고 요청했다.

En général, la publicité **pouss**e des gens à acheter des choses inutiles.
일반적으로 광고는 사람들이 불필요한 물건을 사게 만든다.

★ 주의

● 문장유형
(1) 동사 + 직접 목적 보어 + à + 부정법/명사

> autoriser 허용하다, aider 돕다, encourager 격려하다, forcer 강요하다, obliger 의무를 지우다, amener 데리고 가다, inciter 유발하다, occuper 차지하다, engager 책임지다, inviter 초대하다

Elle encourage mon fils à poursuivre ses études. 그녀는 내 아들이 공부를 계속하도록 격려한다.
Tu peux m'aider à porter mes valises jusqu'à la gare SNCF? 너는 내가 SNCF 역까지 짐을 운반하는 걸 도와줄 수 있니?
Ses parents l'ont obligé à faire des études de droit. 그의 부모는 그가 법을 공부하도록 강요했다.

(2) 동사 + 직접 목적 보어 + de + 동사 원형/명사

> accuser 비난하다, dispenser 발한하다, empêcher 방해하다, persuader 설득하다, charger 싣다, plaindre 동정하다, avoir 가지다, prier 기도하다

En général, le café nous empêche de dormir. 일반적으로, 커피는 우리를 깨어 있게 한다.
On m'a chargé de rechercher de nouveaux marchés à l'étranger. 나는 해외에서 새로운 시장을 찾는 일을 맡게 되었다.
J'ai l'honneur de vous présenter ce soir ma fiancée Julie.
오늘 저녁 내 약혼자 줄리를 여러분에게 소개하게 되어 기쁩니다.
Il faut remercier M. Dupont de son aide financière. 재정 지원에 대해 뒤퐁 씨에게 감사해야 한다.
Je les ai prévenus de mon arrivée. 나는 그들에게 나의 도착을 알렸다.

(3) 동사 + 간접 목적 보어 + de + 동사 원형

> demander 요청하다, dire 말하다, proposer 제안하다, permettre 허용하다, défendre 방어하다, promettre 약속하다, interdire 금지하다, conseiller 조언하다, souhaiter 바라다

Ces quelques jours de vacances vont permettre à vos enfants de se reposer.
이 며칠 간의 휴가는 아이들에게 휴식을 허락할 것이다.
Il a permis à ses voisins de prendre des légumes dans le jardin.
그는 자신의 이웃들에게 정원에서 채소를 갖고 가도록 허락했다.
Je te demande de venir me voir ce soir. 나는 네가 오늘 저녁 나를 보러 오도록 요청한다.
Le médecin me conseille de faire du sport tous les jours. 그녀는 의사는 내게 매일 운동하라고 조언한다.
Je te souhaite de réussir ta vie. 나는 네가 인생에서 성공하기를 바란다.

(6) 주어 + 직접 타동사 + 직접 목적 보어 속사 (+ 상황 보어)

Je vous **crois** innocent. 나는 당신이 무고하다고 믿는다.

On **appelle** cette fille Manon. 사람들은 이 여자아이를 마농이라 부른다.

Ce procès **a rendu** Paul célèbre. 이 재판으로 폴은 유명해졌다.

Tu me **rends** heureuse. 너는 나를 행복하게 한다.

Je **trouve** ce film intéressant. 나는 이 영화가 재미있는 걸 알게 되었다.

Les électeurs l'**ont élu** président. 너는 나를 행복하게 했다.

Je **trouve** ce film intéressant. 유권자들은 그를 대통령으로 선출했다.

Il **juge** ces mesures un peu prématurées. 그는 이러한 조치가 다소 시기상조라 판단한다.

On ne me **laisse** jamais tranquille! 사람들은 나를 절대 조용히 내버려 두지 않는다!

★ 주의

● 관련 동사

> appeler 부르다, croire 믿다, élire 선출하다, juger 판단하다, rendre 만들다, trouver 생각하다, laisser 내버려두다, faire de 만들다, considérer comme 간주하다, traiter de 취급하다, passer pour 생각하다

Elle a fait de son fils avocat. 그녀는 자기 아들을 변호사로 만들었다.
On considère la cuisine comme un art en France. 사람들은 요리를 프랑스의 예술로 간주한다.
Les villageois traitent cette femme de menteuse. 마을 사람들은 이 여자를 거짓말쟁이라고 부른다.
Je prends toujours Sylvie pour une autre personne. 나는 항상 실비를 다른 사람으로 착각한다.
Mon cousin passe pour riche dans ce pays. 내 사촌은 이 나라에서 부자로 여겨진다.

1과

문법

1 (1) vous   (2) tu
   (3) Tu   (4) Vous

2 (1) vous   (2) toi
   (3) Moi

3 (1) ①   (2) ④   (3) ②   (4) ③

듣기

- (1) Comment, m'appelle
  (2) allez, vais
  (3) revoir
  (4) De rien
  (5) journée, Merci, bientôt
  (6) Enchantée

읽기

- (1) Salut   (2) bien
  (3) vais   (4) merci
  (5) toi   (6) À tout à l'heure

2과

문법

1 (1) est   (2) sont
   (3) êtes   (4) es

2 (1) française   (2) coréenne
   (3) japonaise   (4) américaine

3 (1) ne suis pas, professeur
   (2) n'est pas, photographe
   (3) n'est pas, infirmière

4 (1) ③   (2) ②   (3) ①

듣기

1 (1) ③, ⓑ   (2) ①, ⓒ   (3) ④, ⓐ   (4) ②, ⓓ

2 (1) ②, ⓓ   (2) ③, ⓐ   (3) ②, ⓓ

읽기

- (1) en   (2) d'   (3) de   (4) de   (5) de

3과

문법

1 (1) serveuse   (2) musicienne
   (3) infirmière   (4) femme

2 (1) C'est, une   (2) C'est, un
   (3) C'est, une   (4) Ce sont, des

3 (1) Qui est-ce?
   (2) Qu'est-ce que c'est?
   (3) Qui est-ce?
   (4) Qu'est-ce que c'est?

4 (1) C'est, Elle est   (2) ✕, C'est
   (3) ✕, Il est   (4) ✕, C'est

듣기

1 (1) un   (2) une   (3) des
   (4) des   (5) un   (6) des

2 (1) ① C'est un portefeuille.
     ② C'est un passeport.
     ③ Ce sont des cartes bleues.
     ④ C'est une montre.

  (2) ① Je suis dentiste.
     ② Je suis professeur.
     ③ Je suis étudiant.
     ④ Je suis actrice.

읽기

- (1) s'appelle Louis Catel
  (2) est journaliste
  (3) mc09@gogo.fr

4과

문법

1 (1) ③   (2) ②   (3) ①, ②   (4) ②

2 (1) actrice merveilleuse
  (2) amis français

듣기

● (1) ②   (2) ③   (3) ①   (4) ②
  (5) ③   (6) ①   (7) ②

읽기

coréen(s)	allemand(s)	français
2명	0명	4명
japonais	américain(s)	chinois
3명	1명	0명

5과

문법

1 (1) e   (2) es   (3) ez
  (4) ons   (5) e   (6) ent

2 (1) envoies   (2) préfère
  (3) commençons   (4) achètent

3 (1) au   (2) à l'   (3) à la   (4) au

4 (1) joue du piano   (2) joue de la guitare
  (3) joue au foot-ball   (4) jouent au tennis

듣기

● (1) vrai   (2) faux
  (3) faux   (4) faux

읽기

● (1) ③   (2) ①   (3) ④

6과

문법

1 (1) sur   (2) sous
  (3) devant   (4) derrière

2 (1) Il n'y a pas de motos, mais il y a des voitures
  (2) Il n'y a pas de station de métro, mais il y a un arrêt de bus
  (3) Il n'y a pas de banque, mais il y a un distributeur

듣기

● (1) ④   (2) ②   (3) ③

읽기

● (1) un livre   (2) des photos
  (3) un chien   (4) un sac

7과

문법

1 (1) Quelle   (2) Quel
  (3) Quelles   (4) Quels

2 (1) zéro deux·quarante-cinq·quatre-vingt-un·soixante et onze·soixante et un
  (2) zéro six·zéro sept·zéro huit·vingt-deux·trente-trois

3 (1) vos, mes   (2) son
  (3) mes   (4) leur

듣기

1 ③

2 ③

3 ②

읽기

● (1) ③   (2) ①

8과

문법

1 (1) le premier août   (2) le vingt-cinq mai

2 (1) Quel jour   (2) Le combien
(3) quand

3 (1) mercredi   (2) dimanche
(3) samedi

4 (1) cet   (2) ce   (3) cette
(4) cette   (5) cet   (6) ces

듣기

● (1) ④   (2) ②   (3) ③

읽기

● (1) ④   (2) ③

9과

문법

1 (1) Elle a trois enfants   (2) Il y a cinq voitures
(3) J'ai deux frères

2 (1) me, l'   (2) la, lui
(3) les, leur   (4) vous, l'

듣기

● (1) me, le / me, le, l' / te, le
(2) vous, le
(3) te, la

읽기

● (1) mère, mari   (2) grand-père, père
(3) frère, oncle   (4) cousine, nièce
(5) femme, tante

10과

문법

1 (1) Prête-la-moi   (2) Ne les jetez pas
(3) Ouvre-la   (4) Téléphonez-leur

2 (1) en, en   (2) à   (3) en, à

3 (1) trente, en   (2) vingt, en

듣기

● (1) ③   (2) ①   (3) ②

읽기

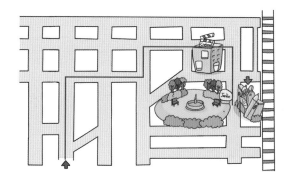

11과

문법

1 (1) moins rapide que le métro
(2) meilleur que le vin blanc.
(3) aussi belle qu'Emma
(4) mieux la montagne que la mer

2 (1) ① est plus gros que
② est moins gros que (est plus mince que)
(2) ① est plus grande que
② est moins grande qu'(est plus petite qu')

듣기

1 (1) ②   (2) ①   (3) ③

2 (1) 40   (2) 53   (3) 25   (4) 83

읽기

- (1) moins　　(2) plus　　(3) plus

12과

문법

1　(1) nous levons tard
　　(2) me douche le matin
　　(3) se prépare vite

2　(1) le, du　　　　　(2) du, du, de l'
　　(3) des, de　　　　(4) de la, de

듣기

- ②

읽기

- ⓐ clavier　　　　　ⓑ écran
　ⓒ souris　　　　　ⓓ imprimante
　ⓔ DVD

　(1) écran　　　　　(2) clavier
　(3) imprimante　　(4) souris
　(5) DVD

13과

문법

1　(1) Il est cinq heures et demie
　　(2) Il est minuit

2　(1) à quatre heures vingt　(2) à midi

3　(1) Il y a du vent　　　(2) Il neige
　　(3) Il fait chaud　　　(4) Il fait beau

4　(1) en, en　　(2) aux, au　　(3) à la, à la

듣기

1　(1) ③　　　(2) ①　　　(3) ②　　　(4) ②

2　(1) 9:00~10:30　　　(2) devoirs
　　(3) 12:00~13:00　　(4) 14:00
　　(5) rendez-vous (avec Soumi)

읽기

- (1) ②　　　(2) ③　　　(3) ①

14과

문법

1　(1) Ça fait un an que j'y habite
　　(2) Ça fait deux heures que j'en fais

2　(1) J'en fais trois fois par semaine
　　(2) J'en mange deux fois par jour
　　(3) J'y vais une fois par an

듣기

- ③ – ⑥ – ② – ⑤ – ① – ④

읽기

- (1) ④　　　(2) ③

15과

문법

1　(1) J'ai eu mal à la gorge
　　(2) Il a annulé son rendez-vous
　　(3) Vous avez fini le cours
　　(4) Ils ont pris de la salade

2　(1) va pleuvoir　　　(2) vais ouvrir

3　(1) aux yeux　　　　(2) à la jambe
　　(3) à l'oreille

듣기

- (1) ②　　　(2) ①　　　(3) ①, ③

- (1) ② (2) ③ (3) ①

- (1) ④ (2) ③

16과

문법

(1) sont tombées (2) a mis
(3) est restée (4) est entrée
(5) est sorti (6) sont montés
(7) sont descendues (8) est né
(9) est morte (10) s'est levée
(11) se sont couchés

듣기

- (1) ① (2) ② (3) ② (4) ③

읽기

- (1) a téléphoné (2) a eu(suivi)
  (3) s'est promenée (4) a fait
  (5) a dîné (6) est partie

17과

문법

1 (1) suis arrivée (2) visiterai
  (3) partirai (4) retournerai

2 (1) serai (2) pourrons
  (3) neige

3 (1) vieil / × / bel / ×
  (2) nouvel / × / bon / ×
  (3) nouvel / ×

듣기

1 (1) ② (2) ② (3) ① (4) ①
  (5) ②

2 (1) ①, ③ (2) ② (3) ④, ⑤

18과

문법

1 (1) mangeait (2) buvait
  (3) faisait (4) jouait
  (5) allait

2 (1) dormais (2) est arrivé
  (3) étaient (4) avons pris

3 (1) devez vous lever tôt
  (2) dois te dépêcher

듣기

- (1) D (2) A (3) B (4) C

읽기

- (1) ②
  (2) ① vrai ② vrai ③ faux ④ faux ⑤ faux

19과

문법

1 (1) devrait (2) pourriez
  (3) voudrais (4) aurais

2 (1) Un journaliste est une personne qui travaille pour un journal
  (2) Un médecin est une personne qui soigne les malades
  (3) Un cuisinier est une personne qui prépare des plats

3 (1) que (2) qui (3) que (4) qui

4 (1) 6 (2) 2 (3) 5 (4) 3
  (5) 4 (6) 1

듣기

1 (1) ③   (2) ③   (3) ①

2 (1) coûte   (2) 150   (3) nuits   (4) Pour

읽기

- (1) film
  (2) 15:00~16:00
  (3) la vie de Victor Hugo
  (4) 13:00~14:00
  (5) le courant coréen en Asie
  (6) culture

20과

문법

1 (1) puissions   (2) choisisse
  (3) parte   (4) écrives

2 (1) vienne   (2) est
  (3) dorme   (4) fassiez

3 (1) a été inventée   (2) a été découverte
  (3) a été écrit

듣기

1 (1) ②   (2) ①   (3) ③
  (4) ②   (5) ①   (6) ②

2 (1) ④   (2) ②, ③

읽기

- 42, 50

듣기

1. A Comment vous appelez-vous?
   B Je m'appelle Soumi.
2. A Comment allez-vous?
   B Je vais très bien.
3. A Au revoir, Emma.
   B À demain, Soumi.
4. A Merci, Antonio!
   B De rien, Soumi.
5. A Bonne journée, John.
   B Merci. À bientôt, Soumi!
6. A Enchanté, madame.
   B Enchantée, monsieur.

1. A 이름이 뭐예요?
   B 수미예요.
2. A 어떻게 지내세요?
   B 아주 잘 지냅니다.
3. A 또 보자, 엠마.
   B 내일 만나, 수미.
4. A 고마워, 안토니오!
   B 천만에, 수미.
5. A 좋은 하루 보내, 존.
   B 고마워. 곧 만나자, 수미.
6. A 만나서 반갑습니다, 부인.
   B 만나서 반갑습니다, 어르신.

읽기

엠마   안녕(좋은 저녁이야), 진수!
진수   안녕, 엠마!
엠마   어떻게 지내?
진수   아주 잘 지내, 고마워. 그런데 너는?
엠마   나쁘지 않아, 고마워.
진수   다음에 보자!
엠마   곧 보자!

듣기

1. (1) Je m'appelle Roberto. Je suis italien et je suis chanteur.
   (2) Je m'appelle Jane. Je suis américaine, et je suis journaliste.
   (3) Je m'appelle Jina. Je suis coréenne, et je suis étudiante.
   (4) Je m'appelle Mark. Je suis canadien et je suis boulanger.
2. (1) Antonio est espagnol. Il est étudiant.
   (2) Mey est chinoise. Elle est médecin.
   (3) Luis est mexicain. Il est informaticien.

1. (1) 내 이름은 로베르토입니다. 나는 이탈리아 사람입니다, 그리고 저는 가수입니다.
   (2) 내 이름은 제인입니다. 나는 미국 사람입니다, 그리고 저는 기자입니다.
   (3) 내 이름은 지나입니다. 나는 한국 사람입니다, 그리고 저는 학생입니다.
   (4) 내 이름은 마크입니다. 나는 캐나다 사람입니다, 그리고 저는 제빵사입니다.
2. (1) 안토니오는 스페인 사람입니다. 그는 학생입니다.
   (2) 메이는 중국 사람입니다. 그녀는 의사입니다.
   (3) 루이스는 멕시코 사람입니다. 그는 정보 처리 기사입니다.

읽기

브뤼노   당신은 휴가 중입니까?
민호   네. 당신은 프랑스 사람입니까?
브뤼노   네, 저는 프랑스 사람입니다. 그런데 당신은요, 어디에서 왔습니까?
민호   저는 한국 사람입니다. 서울에서 왔습니다. 당신은요? 파리 사람이에요?
브뤼노   아니요. 저는 보르도 출신입니다.

3과

듣기

1. (1) un portable　(2) une photo
   (3) des étudiantes　(4) des clés
   (5) un dictionnaire　(6) des hommes
2. (1) ① C'est un portefeuille.
   ② C'est un passeport.
   ③ Ce sont des cartes bleues.
   ④ C'est une montre.
   (2) ① Je suis médecin.
   ② Je suis professeur.
   ③ Je suis étudiant.
   ④ Je suis actrice.

1. (1) 휴대 전화　(2) 사진
   (3) 학생들　(4) 열쇠들
   (5) 사전　(6) 남자들 / 사람들
2. (1) ① 이것은 지갑입니다.
   ② 이것은 여권입니다.
   ③ 이것들은 신용 카드입니다.
   ④ 이것은 손목시계입니다.
   (2) ① 저는 의사입니다.　② 저는 교수입니다.
   ③ 저는 학생입니다.　④ 저는 여배우입니다.

4과

듣기

1. nouvelle　2. sympathique
3. brun　4. heureuse
5. célibataire　6. vieux
7. gentille

1. 새로운　2. 호감이 가는
3. 갈색의　4. 행복한
5. 미혼의　6. 오래된, 늙은
7. 친절한

읽기

나는 친구가 10명 있습니다. 2명의 한국 친구, 1명의 미국 친구, 3명의 일본 친구, 그리고 4명의 프랑스 친구가 있습니다. 하지만 중국 친구와 독일 친구는 없습니다.

5과

듣기

Viola est italienne. Elle habite à Rome. Elle est interprète et elle travaille à Paris. Elle parle très bien français, anglais et un peu espagnol. Elle aime le jazz et le sport.

비올라는 이탈리아 사람입니다. 그녀는 로마에 삽니다. 그녀는 통역사이고 파리에서 일합니다. 그녀는 프랑스어와 영어를 아주 잘하고, 스페인어를 조금 합니다. 그녀는 재즈와 스포츠를 좋아합니다.

읽기

진수는 6개월 전부터 프랑스어를 공부하고 있습니다. 아직 프랑스어를 매우 잘하지는 않습니다. 프랑스어는 그에게 어렵습니다. 그는 프랑스 책들을 사서 도서관에서 공부를 합니다. 왜냐하면 시험을 준비하고 있기 때문입니다. 그는 카페테리아에서 점심을 먹습니다. 저녁에는 아주 늦게 귀가해서 집에서 저녁을 먹습니다.

6과

듣기

(1) A　Où est Bruno?
　B　① Il est dans la chambre.
　　② Il est dans la salle de séjour.
　　③ Il est dans la salle de bains.
　　④ Il est dans la cuisine.
(2) A　Où est Bruno?
　B　① Il est dans le métro.
　　② Il est dans la voiture.
　　③ Il est dans le bus.
　　④ Il est dans le taxi.
(3) A　Où est Bruno?
　B　① Il est à la poste.
　　② Il est à l'hôtel.
　　③ Il est à la banque.
　　④ Il est à la maison.

(1) A　브뤼노는 어디에 있나요?
　B　① 그는 방에 있습니다.
　　② 그는 거실에 있습니다.
　　③ 그는 욕실에 있습니다.
　　④ 그는 부엌에 있습니다.

(2) A 브뤼노는 어디에 있나요?
   B ① 그는 지하철 안에 있습니다.
     ② 그는 자동차 안에 있습니다.
     ③ 그는 버스 안에 있습니다.
     ④ 그는 택시 안에 있습니다.

(3) A 브뤼노는 어디에 있나요?
   B ① 그는 우체국에 있습니다.
     ② 그는 호텔에 있습니다.
     ③ 그는 은행에 있습니다.
     ④ 그는 집에 있습니다.

7과

듣기

1. A Quel est votre numéro de portable?
   B C'est le 06 45 44 80 02(zéro six·quarante-cinq·quarante-quatre·quatre-vingts·zéro deux)

2. Bonjour. Vous êtes sur le répondeur de Bruno Lemercier. Je ne suis pas là, mais vous pouvez laisser un message après le bip sonore.
   Merci et à bientôt.

3. Antonio   Bonjour, madame Durand. Est-ce que je peux parler à Emma?
   Mme Durand Qui est à l'appareil?
   Antonio   C'est Antonio, un ami d'Emma.
   Mme Durand Ah, je suis désolée. Elle n'est pas là. Voulez-vous laisser un message?
   Antonio   Oui, est-ce qu'elle peut me rappeler sur mon portable?
   Mme Durand Elle a votre numéro?
   Antonio   Oui, oui!

1. A 휴대폰 번호가 무엇인가요?
   B 제 전화번호는 06 45 44 80 02입니다.

2. 안녕하세요. 브뤼노 르메르시에의 자동 응답기입니다. 저는 집에 없지만, 삐 소리가 난 후 메시지를 남겨 주세요. 감사합니다. 곧 만나요.

3. 안토니오   안녕하세요, 뒤랑 부인. 엠마와 통화할 수 있을까요?
   뒤랑 부인 누구세요?
   안토니오   엠마 친구 안토니오예요.
   뒤랑 부인 아, 유감스럽게도 엠마가 집에 없어요. 메시지를 남기겠어요?
   안토니오   네. 엠마가 제 휴대폰으로 전화해 줄 수 있을까요?
   뒤랑 부인 엠마가 당신의 전화번호를 가지고 있나요?
   안토니오   네, 네!

읽기

A 여보세요, 장과 통화할 수 있을까요?
B 이, 전화를 잘못 거셨어요. 어기에는 장이 없습니다.
A 전화번호가 01 24 77 88 99 맞지요?
B 네, 전화번호는 맞는데 장이란 사람은 없습니다.
A 애! 실례했습니다.
B 괜찮습니다.

8과

듣기

(1) Bruno Quel jour sommes-nous?
    Emma ① Nous sommes mardi.
      ② Nous sommes samedi.
      ③ Nous sommes vendredi.
      ④ Nous sommes jeudi.

(2) Soumi C'est quand, la fête nationale?
    Emma ① C'est le 13 juillet.
      ② C'est le 14 juillet.
      ③ C'est le 14 juin.
      ④ C'est le 12 mars.

(3) Jinsou Noël, c'est le combien?
    Emma ① C'est le 24 novembre.
      ② C'est le 25 octobre.
      ③ C'est le 25 décembre.
      ④ C'est le 28 janvier.

(1) 브뤼노 오늘이 무슨 요일입니까?
    엠마 ① 오늘은 화요일입니다.
      ② 오늘은 토요일입니다
      ③ 오늘은 금요일입니다.
      ④ 오늘은 목요일입니다.

(2) 수미 국경일이 언제입니까?
    엠마 ① 7월 13일입니다.
      ② 7월 14일입니다.
      ③ 6월 14일입니다.
      ④ 3월 12일입니다

(3) 진수 크리스마스가 언제입니까?
    엠마 ① 11월 24일입니다.
      ② 10월 25일입니다.
      ③ 12월 25일입니다.
      ④ 1월 28일입니다.

읽기

수미의 생일은 8월 30일입니다.
그날은 수요일입니다. 하지만 수미는 수요일에 시간이 없습니다.
그래서 그녀는 생일 파티를 3일 후인 9월 2일 토요일에 하기로 했습니다.

9과

듣기

(1) Soumi J'aime bien ce disque. Tu me le prêtes?
John Oui, si tu me le rends vite. Je l'écoute souvent.
Soumi Je fais une copie ce soir, et je te le rends demain.

(2) Soumi Ce livre a l'air bien.
Lambert Si vous voulez, je vous le prête.

(3) Un étudiant français Ton amie Soumi est très jolie.
Emma Si tu veux, je te la présente.

(1) 수미 난 이 음반이 좋아. 나에게 이 음반을 빌려줄래?
존 응, 네가 빨리 돌려준다면. 나 그거 자주 듣거든.
수미 오늘 저녁에 복사해서, 내일 돌려줄게.

(2) 수미 이 책 재미있어 보이네요.
랑베르 학생이 원한다면 빌려줄게요.

(3) 프랑스 남학생 네 친구 수미는 정말 예쁘구나.
엠마 네가 원한다면 그녀를 네게 소개해 줄게.

10과

듣기

(1) Soumi Je cherche la station de métro près d'ici.
Un passant C'est très facile. Allez tout droit.

(2) Soumi Vous connaissez une pharmacie près d'ici?
Un passant C'est tout près. Vous prenez la première rue à gauche.

(3) Soumi Pardon, monsieur. Est-ce qu'il y a une banque dans le quartier?
Un passant Continuez tout droit jusqu'au carrefour. Puis tournez à droite.

(1) 수미 여기서 가까운 전철역을 찾고 있는데요.
행인 아주 쉬워요. 곧장 가세요.

(2) 수미 이 근처에 약국이 어디 있는지 아세요?
행인 아주 가까워요. 왼쪽 첫 번째 길로 가세요.

(3) 수미 실례합니다. 이 동네에 은행이 있나요?
행인 사거리까지 곧장 가세요. 그리고 나서 오른쪽으로 도세요.

읽기

기차역으로 가세요? 곧장 가다가 오른쪽 두 번째 길로 가세요. 두 번째 교차로까지 계속 가다가 왼쪽으로 도세요. 오른쪽으로 가세요. 영화관을 지난 후, 오른쪽으로 도세요. 기차역은 거기 정원 맞은편에 있습니다.

11과

듣기

1. (1) A Qu'est-ce qu'il vous faut?
B Il me faut une tranche de jambon.
(2) A Qu'est-ce qu'il vous faut?
B Il me faut un litre de lait.
(3) A Qu'est-ce que vous désirez?
B Une tasse de café, s'il vous plaît.

2. (1) Cette robe? Elle coûte quarante euros.
(2) Un timbre? Ça coûte cinquante-trois centimes.
(3) Ce pantalon est en solde. Il fait vingt-cinq euros.
(4) Le billet de train pour Marseille coûte quatre-vingt-trois euros.

1. (1) A 무엇을 드릴까요?(당신에게 무엇이 필요한가요?)
B 슬라이스 햄 한 조각이 필요합니다.
(2) A 당신에게 무엇이 필요합니까?
B 우유 1리터가 필요합니다.
(3) A 무엇을 원하세요?
B 커피 한 잔이요.

2. (1) 이 원피스요? 40유로입니다.
(2) 우표 하나요? 53상팀입니다.
(3) 그 바지는 세일 중입니다. 25유로예요.
(4) 마르세유행 기차표는 83유로입니다.

A 검은색 구두는 180유로이고 하얀색 구두는 120유로네요. 왜 그런가요?

B 하얀색 구두는 덜 비싼(더 싼)데요, 왜냐하면 그것이 더 구형 모델이라서 그래요.

A 저는 검은색 구두가 더 좋네요. 이 구두가 더 예뻐요.

B 손님, 하얀색 구두도 마찬가지로 예뻐요.

12과

듣기

Emma ne prend pas de sucre. Depuis quinze jours, elle est au régime. Elle ne mange plus de pain, elle ne boit plus de vin, elle ne prend jamais de gâteaux. Tous les matins elle boit un verre d'eau. À midi, elle prend de la viande ou du poisson. Le soir, elle ne mange rien.

엠마는 설탕을 먹지 않습니다. 보름 전부터 다이어트를 하고 있습니다. 그녀는 더 이상 빵을 먹지 않고, 더 이상 포도주를 마시지 않으며, 케이크(과자)는 전혀 먹지 않습니다. 매일 아침, 그녀는 물 한 컵을 마십니다. 정오에는 고기나 생선을 먹습니다. 저녁에는 아무것도 먹지 않습니다.

13과

듣기

1. (1) A Quelle heure est-il?
   B ① Il est trois heures et demie.
   ② Il est midi et quart.
   ③ Il est midi et demi.

   (2) A Quelle heure est-il?
   B ① Il est onze heures moins dix.
   ② Il est onze heures cinquante.
   ③ Il est onze heures moins le quart.

   (3) A Quel temps fait-il?
   B ① Il fait chaud.
   ② Il fait froid.
   ③ Il fait mauvais.

   (4) A Quel temps fait-il?
   B ① Il neige.
   ② Il pleut.
   ③ Il y a du brouillard.

2. Le cours commence à neuf heures, et il finit à dix heures et demie du matin. Après le cours, je fais mes devoirs jusqu'à midi moins dix. Je déjeune avec mes amis à la cafétéria de midi à une heure de l'après-midi. Et à deux heures, je me connecte à Internet et j'ouvre ma messagerie. À quatre heures, j'ai rendez-vous avec Soumi devant le cinéma.

1. (1) A 몇 시입니까?
   B ① 3시 반입니다.
   ② 낮 12시 15분입니다.
   ③ 낮 12시 반입니다.

   (2) A 몇 시입니까?
   B ① 11시 10분 전입니다.
   ② 11시 50분입니다.
   ③ 11시 15분 전입니다.

   (3) A 날씨가 어때요?
   B ① 날씨가 더워요.
   ② 날씨가 추워요.
   ③ 날씨가 나빠요.

   (4) A 날씨가 어때요?
   B ① 눈이 와요.
   ② 비가 와요.
   ③ 안개가 꼈어요.

2. 수업은 오전 9시에 시작해서 10시 반에 끝납니다. 수업이 끝난 후에 12시 10분 전까지 숙제를 합니다. 정오에서 오후 1시까지 친구들과 카페테리아에서 점심을 먹습니다. 그리고 2시에 인터넷에 접속해 메일함을 열어 봅니다. 4시에 수미와 극장 앞에서 약속이 있습니다.

읽기

프랑수아 르그랑

저는 23살입니다. 저는 학생이라서 돈이 많지 않습니다. 그래서, 저는 친구들과 함께 바캉스를 떠납니다. 우리는 기차를 타고 그리고 캠핑을 합니다. 우리는 여름에 자주 산에 갑니다. 그리고, 저는 또한 해마다 며칠은 바닷가에 있는 부모님 댁에서 바캉스를 보냅니다. 이렇게 해서, 저는 바다에도 갑니다.

14과

듣기

Ce matin, Soumi fait du jogging et puis elle fait de la natation. Cet après-midi, elle fait de la photo à la campagne. Ce soir, elle va au restaurant avec ses amis. Demain matin, elle joue du piano, et après elle joue au tennis avec Emma.

오늘 아침에 수미는 조깅을 하고, 그 다음에 수영을 합니다. 오늘 오후에는 들판에서 사진을 찍습니다. 오늘 저녁에 그녀는 친구들과 레스토랑에 갑니다. 내일 아침에 그녀는 피아노를 친 후에 엠마와 테니스를 합니다.

읽기

보낸 사람 : 엠마
받는 사람 : 브뤼노
날짜 : 7월 2일
제목 : 안녕, 나 엠마야!

사랑하는 브뤼노
나는 수미와 함께 휴가 중이야. 우리는 산 근처에 있는 호텔 방을 잡아서 매일 산책하러 갔어. 우리는 가끔 테니스도 치고 탁구도 쳤어. 우리는 성(城) 구경도 했단다. 우리는 호텔에서 호감이 가는 사람들을 만나서 그들과 카드놀이를 했어. 나는 아주 만족스러워. 그런데 너는? 즐거운 휴가 보내고 있니? 곧 만나자!
너의 친구 엠마가

15과

듣기

(1) Avez-vous habité longtemps au Canada?
　① Oui, j'ai visité le Canada.
　② Oui, j'ai habité longtemps au Canada.
　③ Non, je ne suis pas canadien.
　④ Oui, j'ai beaucoup aimé le Canada.

(2) A-t-il bien dormi?
　① Oui, il a bien dormi.
　② Oui, il a bien mangé.
　③ Non, vous n'avez pas bien dormi.
　④ Non, il a mis une veste noire.

(3) Emma　John, qu'est-ce que tu as fait hier?
　John　Tu veux savoir? J'ai travaillé à la bibliothèque.

Emma　Tu as travaillé là-bas hier? Moi aussi!
John　Et puis j'ai rencontré Soumi. Nous avons vu un film, et après nous avons dîné ensemble au restaurant.
Emma　Moi, j'ai vu Bruno. Nous avons joué au tennis.

(1) 캐나다에서 오래 사셨나요?
　① 네, 캐나다를 방문했습니다.
　② 네, 캐나다에서 오래 살았습니다.
　③ 아니오, 저는 캐나다인이 아닙니다.
　④ 네, 저는 캐나다를 아주 좋아합니다.

(2) 그가 잘 잤나요?
　① 네, 그가 잘 잤습니다.
　② 네, 그가 잘 먹었습니다.
　③ 아니오, 당신은 잘 주무시지 못했습니다.
　④ 아니오, 그는 검은 재킷을 입었습니다.

(3) 엠마　존, 어제 뭐 했어?
　존　알고 싶어? 도서관에서 공부했어.
　엠마　어제 거기서 공부했어? 나도!
　존　그러고 나서 수미를 만났어. 우리는 영화를 보고, 그 다음에 식당에서 함께 저녁을 먹었어.
　엠마　난 브뤼노를 만났어. 우리는 테니스를 쳤어.

읽기

(1) 나는 감기에 걸렸습니다. 머리가 아프고, 열이 나고, 기침을 합니다. 나는 정말 아픕니다.
(2) 나는 많이 걸었습니다. 나는 피곤하고 발이 아픕니다. 그래서 쉴 것입니다.
(3) 나는 많이 먹고 마셨습니다. 몸이 좋지 않고 배가 아픕니다.

16과

듣기

Annonce　Le train 564, en provenance de Nice, entre en gare, quai n° 7. Deux minutes d'arrêt.

안내 방송　니스발 564호 기차가 7번 플랫폼으로 들어오고 있습니다. 2분간 정차합니다.

9월 13일 금요일	9월 16일 월요일	9월 17일 화요일
12시 존과 점심 14시~15시 시험 16시 엠마와 여행	10시 센 강 산책 14시 슈퍼마켓 장보기 19시 뒤랑 씨 댁에서 저녁 식사	11시 엄마께 전화 13시~15시 프랑스어 수업 18시 조깅

17과

듣기

1. (1) Il pleut. Zut! Je n'ai pas de parapluie.
   (2) Bof! La politique ne m'intéresse pas.
   (3) Bravo! J'ai gagné.
   (4) Génial! Il m'invite au dîner.
   (5) Hélas! Mon ami a eu un accident.

2. A On va ensemble en Angleterre pour le week-end? Que dit la météo?
   B Elle dit qu'il pleuvra et qu'il y aura du vent.
   A Et quel temps fera-t-il en Italie?
   B Il y aura du soleil et il fera chaud.
      Mais c'est loin l'Italie, pour un week-end.
   A Alors on va dans le sud de la France?
   B C'est une bonne idée. Là-bas, il fera beau.

1. (1) 비가 오네. 어쩌지! 나는 우산이 없는데.
   (2) 어휴! 나는 정치에 관심이 없어요.
   (3) 브라보(만세)! 내가 이겼어요!
   (4) 너무 좋아요! 그가 나를 저녁에 초대했어요.
   (5) 아, 슬퍼요! 내 친구가 사고를 당했어요.

2. A 우리 주말에 영국에 갈까? 일기 예보에서 뭐라고 하지?
   B 비가 내릴 거고 바람도 많이 불 거라고 예보하는데.
   A 그러면 이탈리아 날씨는 어떻대?
   B 햇빛이 나고 더울 거야. 하지만 이탈리아는 주말에 가기에는 멀어.
   A 그러면 남부 프랑스로 갈까?
   B 좋은 생각이야. 거기는 날씨가 좋을 거야.

읽기

렌느는 브르타뉴(지방)의 중심 도시입니다. 구(舊)시가지(고풍스런 거리들), 아름다운 광장들, 아주 예쁜 집들이 있는 굉장히 쾌적한 도시입니다. (렌느에서는) 유명한 지역들에서 산책해야 하며, 그 지역의 맛있는 크레이프를 맛보아야 합니다. 또한 성(聖) 피에르 대성당을 볼 수 있고, 브르타뉴 박물관을 구경할 수 있습니다.

18과

듣기

commissaire Que faisiez-vous hier à 22 heures?
A Je jouais aux cartes avec mes amis.
B Je buvais de la bière dans un café près de chez moi.
C Je regardais la télévision avec ma famille.
D J'étais au cinéma.

경찰(형사) 어젯밤 열 시에 무엇을 하고 있었습니까?
A 저는 친구들과 카드 놀이를 하고 있었습니다.
B 저는 집 근처의 카페에서 맥주를 마시고 있었습니다.
C 저는 가족과 텔레비전을 보고 있었습니다.
D 저는 극장에 있었습니다.

읽기

(자동차) 매매
르노 (차종), 2009년 형 모델
20,000 km (주행거리)
새 엔진 (장착),
파란색
저렴한 가격
전화번호 04 09 33 65 25

19과

듣기

1. (1) A Vous avez choisi?
       B Je voudrais un menu à 15,80 euros.
   (2) A Comment voulez-vous votre steak?
       B Bien cuit, s'il vous plaît.
   (3) A Le petit-déjeuner est compris?
       B Oui, le petit-déjeuner est compirs dans le prix de la chambre.

2. A Ça coûte combien, la chambre?
   B Ça coûte 150 euros.
   A Vous restez pour combien de nuits?
   B Pour deux nuits.

1. (1) A 고르셨습니까?
       B 15,80유로 짜리 메뉴를 원합니다(주세요).
   (2) A 스테이크는 어떻게 익혀 드릴까요?
       B 잘 익혀 주세요.

(3) A 아침 식사가 포함되어 있나요?

        B 네, 아침 식사는 방 가격에 포함되어 있습니다.

2. A 방 가격이 얼마인가요?

    B 150유로입니다.

    A 며칠 동안 머무르실 건가요?

    B 이틀이요.

읽기

TF1 프로그램

월요일 저녁 : 22:00~23:40, 금주의 영화, 《아멜리에》	수요일 오후 : 15:00~16:00, 전기(傳記), 《빅토르 위고의 삶》	금요일 저녁 : 20:00~21:00, 뉴스, 《20시 뉴스》
화요일 저녁 : 21:00~22:15, 토론, 《원자력》	목요일 아침 : 11:00~12:00, 조리법, 《식사해요!》	토요일 오후 : 13:00~14:00, 문화, 《아시아에서의 한류》

20과

듣기

1. (1) John Le film est nul! Je n'ai pas aimé ce film.

    (2) Antonio J'ai adoré le film! Il est extraordinaire. Je veux que tu puisses le voir.

    (3) Emma Je trouve que le film est moyen.

    (4) Jinsou Je ne pense pas que ce soit un bon film.

    (5) Soumi C'est super! Le film est très bien. Il faut qu'on aille le voir.

    (6) Bruno Le film est très mauvais. Il est ennuyeux.

2. Le spectacle va commencer. Nous vous demandons d'éteindre les téléphones portables et de ne pas prendre de photos pendant le spectacle. Merci.

1. (1) 존 이 영화는 형편없어! 난 이 영화가 맘에 들지 않았어.

    (2) 안토니오 난 이 영화가 아주 좋았어! 영화가 아주 훌륭해. 나는 네가 이 영화를 볼 수 있기를 바라.

    (3) 엠마 나는 이 영화가 보통이라고 생각해.

    (4) 진수 나는 그것이 좋은 영화라고 생각하지 않아.

    (5) 수미 최고야! 영화가 아주 좋아. 사람들이 이 영화를 봐야 해.

    (6) 브뤼노 영화가 정말 별로야. 영화가 지루해.

2. 공연이 곧 시작됩니다. 휴대 전화의 전원을 꺼 주시고 공연 중에는 사진을 찍지 말아 주세요. 감사합니다.

읽기

기본요금 : 성인 정상 요금 : 18유로

할인 요금 : 15.50유로 (학생)

단체 요금 : 12.50유로 (성인 : 20명부터 1인 무료 입장)

어린이 요금 (12세 미만) : 9유로

À bientôt!	곧 만나(요)!	40
à cause de (+ 명사)	… 때문에	169
À demain!	내일 만나(요)!	40
À plus tard!	나중에 봐(요)!	40
à propos	그런데	149
À tout de suite!	조금 이따 만나(요)!	40
accepter	동의(승낙)하다	151
acheter	사다	80
acteur(rice)	배우	50
addition *f.*	계산서, 합산	219
adorer	아주 좋아하다, 숭배하다	79, 169
aéroport *m.*	공항	210
Afrique du Sud *f.*	남아프리카 공화국	160
Afrique *f.*	아프리카	160
âge m.	나이	101
agence de voyages *f.*	여행사	190
agent immobilier *m.*	부동산 중개업자	89
aider	도와주다	119
aimer	좋아하다	79
Algérie *f.*	알제리	160
Allemagne *f.*	독일	160
allemand(e)	독일인(의)	49
aller (simple) *m.*	편도 (표)	191
aller	가다, (안부) 지내다	39, 109, 186
aller-retour *m.*	왕복(권)	191
allô	(전화) 여보세요	98
allumer	켜다	153
alors	그러면, 그래서, 그러므로	49, 109
ambassade *f.*	대사관	210
américain(e)	미국(인)의	48
Amérique *f.*	아메리카	160
ami(e)	친구	49, 59
ampoule *f.*	전구	119
an *m.*	년, 해	78, 101
anglais(e)	영국(인)의, 영어	50, 58, 78
Angleterre *f.*	영국	160
anniversaire *m.*	생일	108
annuaire *m.*	전화번호부, 연락처	100
annuler	취소하다	179
antibiotique *m.*	항생제	181
août	8월	110
appareil *m.*	기계, 전화기	98
appareil photo *m.*	사진기	202
appétit *m.*	식욕	111
apporter	가져오다, 지참하다	122, 209
après	후에, 나중에	119
après-demain	모레	202
après-midi *m*	오후	159
architecture *f.*	건축	230
argent liquide *m.*	현금	208
arracher	빼앗다, 뿌리째 뽑다	208
arrêt de bus *m.*	버스 정류장	92, 130
arriver	도착하다	80, 186
ascenseur *m.*	엘리베이터	89
Asie *f.*	아시아	160
Assemblée nationale *f.*	하원	210
assez bien	비교적 잘	121
assez de	충분한	116
assister à	…에 참석(참관)하다	188
assurance voyage *f.*	여행자 보험	190
attendre	기다리다	131
Attention à	…에 조심하다	71
au coin de	…의 모퉁이에	128
auberge de jeunesse	*f.* 유스호스텔	190
aujourd'hui	오늘	108, 110
aussi	역시, 또한	38
Australie *f.*	호주	160
autant	그만큼, 그 정도로	229
autre	다른	211
avance *f.*	(시간·공간) 앞섬	51
avant	(시간) 전에	119
avis *m.*	견해, 의견	229
avoir besoin de	…이/가 필요하다	209
avoir du mal à (+ 동사 원형)	…하기 어렵다	169
avoir l'air (+ 형용사)	…처럼 보이다	71
avoir le temps de (+ 동사원형)	…할 시간이 있다	231
avril	4월	110

baguette *f.*	바게트 빵	82
bananes *f. pl.*	바나나	220
bande dessinée *f.*	만화책	230
banlieue	교외	91
banque *f.*	은행	49, 130
bavard(e)	수다스러운	70
beau(belle)	아름다운	68

beaucoup à (+ 동사 원형) (…해야 할) 많은 것		231
beaucoup de	많은	116
beaucoup	많이	41
beige	베이지색의	140
bibliothèque *f.*	도서관	83, 210
bien	(강조) 정말로, 분명히, 잘, 훌륭하게	
		38, 98, 121
bien sûr	물론	129
billet *m.*	표, 티켓	191
blanc(blanche)	흰색의	140
bleu(e)	파란색의	68, 140
blond(e)	금발의	70
boire	마시다	149, 187
boisson *f.*	음료	219
bon!	좋아요, 됐어요	69
bon(ne)	좋은	38
bonjour	안녕(하세요). (아침·낮 인사)	39
Bonne matinée!	좋은 아침나절 보내(세요)!	40
Bonne nuit!	잘 자(요)! 〈밤 인사〉	40
Bonne soirée!	좋은 저녁 시간 보내(세요)!	40
Bonsoir!	안녕! 〈저녁 때 사용〉	40
bouche *f.*	입	180
bouché(e)	막힌	119
boucherie *f.*	정육점	130
boulanger(ère)	제빵사	50
boulangerie *f.*	빵 가게	130
bouteille *f.*	병	69
bouton d'alimentation *m.*	전원 버튼	150
bras *m.*	팔	180
Bravo!	(감탄사) 잘한다! 좋다!	201
Brésil *m.*	브라질	160
brie *m.*	브리 치즈	139

c

c'est pourquoi	(결과) 그래서, 따라서	163
c'est	이것은(이 사람은) …이다	49
ça fait (+ 기간·횟수) + que	(기간·횟수) …이/가 되다	169
ça	이것, 저것 (구어체) 〈문어체는 cela〉	38
cabine d'essayage *f.*	탈의실	138
cabine téléphonique *f.*	공중전화 부스	100
cabinet *m.*	진찰실, 집무실	178
cadeau *m.*	선물	141

café *m.*	커피숍, 커피 전문점	130
cafétéria *f.*	카페테리아	83
cahier	공책	60
caisse *f.*	계산대	151
camembert *m.*	카망베르 치즈	139
caméra *f.*	웹캠 (카메라)	150
campagne *f.*	시골, 전원	91, 158
camping *m.*	캠핑	158
Canada *m.*	캐나다	160
canadien(ne)	캐나다(인)의	50
canapé *m.*	소파	92
carnet	(쿠폰식의) 승차권 10장 묶음	129
carotte *f.*	당근	220
carré(e)	정사각형의	71
carrefour *m.*	사거리	128
carte bleue	은행 카드	60
carte de séjour	외국인 체류증	60
carte téléphonique *f.*	전화 카드	100
caserne de pompiers *f.*	소방서	210
cathédrale *f.*	대성당	230
cave *f.*	포도주 양조장, 지하 저장고, 지하 창고	
		90, 199
ce	이, 그, 저	59
célèbre	유명한	199
célibataire	미혼의	70
centre-ville	도심지	91
chaise	의자	60
chambre *f.*	방, 객실	90, 218
change *m.*	환전(소)	211
changer … en	(…을/를 …(으)로) 바꾸다, 환전하다	211
changer	바꾸다, 환전하다, 환승하다	119
chanter	노래하다	80
chanteur(euse) 가수	가수	50
chapeau *m.*	모자	72, 140
château *m.*	성	199
chatter	채팅하다	148
chaud *m.*	더위, 뜨거움 / *a.* 더운, 뜨거운	71
chaussures *f. pl.*	구두	140
chef d'orchestre *m.*	지휘자	228
chemise *f.*	와이셔츠	140
chemisier *m.*	블라우스	140
cher(ère)	*a.* 비싼 / *ad.* (불변) 비싸게	138
chercher	찾다	88
cheveux *m. pl.*	머리카락	72, 180
chez (+ 사람)	…집에	83, 98
Chili *m.*	칠레	160

Chine _f._	중국	160
chinois(e)	중국(인)의	48
chose _f._	물건, 것	188
CHU _m._	대학 부속 병원	210
cinéma _m._	영화, 영화관	109, 130, 230
classe _f._	등급	191
clavier _m._	키보드	150
clé _f._	열쇠	60, 87
clé USB _f._	USB	150
cliquer	클릭하다	150
collant _m._	스타킹	140
combien de	얼마나 많은	118
combiné _m._	수화기	100
comédie musicale _f._	뮤지컬	230
comme	…로서, …처럼	219
comme ça	이처럼	163
commencer	시작하다	80
comment	어떻게	39
commissariat (de police) _m._	경찰서	208, 210
compagnie aérienne _f._	항공사	210
complet(ète)	만원인, 완전한	221
composer le numéro	전화번호를 누르다	100
comprehendre	이해하다	61, 187
comprimé d'aspirine _m._	아스피린 알약	181
compris(e)	포함된	223
compte _m._	계좌, 계산	211
concert de rock _m._	록 콘서트	230
concert _m._	음악회	199
concombre _m._	오이	220
confiture _f._	잼	149
confortable	안락한, 쾌적한	89
congé _m._	휴가	190
connaître	알다	121, 187
consulter	확인(참조, 열람)하다	148
content(e)	기분 좋은, 만족한	70
continuer	계속하다, 계속 가다	128
contre	(방지·예방) …에 대비하여, …에 반대 (대항)하여	181
Corée du Sud _f._	한국	160
coréen(ne)	한국(인)의 / _m._ 한국어	48, 78
cosmétiques _m. pl._	화장품	88
cou _m._	목	180
coude _m._	팔꿈치	180
courage _m._	용기	201
courriel _m._	메일, 우편(물)	122, 150
cours _m._	수업, 강의	148
courses _f. pl._	장보기	119
court(e)	짧은	71
cousin _m._	사촌	120
cousine _f._	여자 사촌	120
couteau _m._	칼	71
coûter	(가격이) …이다	138
craindre	겁내다, 염려하다	187
cravate _f._	넥타이	140
crayon _m._	연필	60
crêpe _f._	크레이프 빵	203
croire	믿다, 확신하다	178, 187, 229
croisière _f._	크루즈	190
cuisine _f._	부엌, 요리	89, 90
cuisiner	요리하다	80
cuisinier(ère)	요리사	50

d'accord	좋아(요)	48
dans	(시간) 후에, (장소) 안에	108, 200
danser	춤추다	80
de	(부분) …중의, …의 (소유), …(으)로부터	48, 49, 98
de base	기준(기본)이 되는	231
déboucher	뚫다	119
décembre	12월	110
déclarer	신고(선언)하다	69
découvrir	발견하다	187
décrire	묘사하다, 서술하다	208
décrocher	수화기를 들다	100
déguster	맛을 보다, 시음하다	199
déjà	이미, 벌써	101
déjeuner	점심 먹다	80
demain _m. ad._	내일	109, 110
demander	묻다	146
déménager	이사하다	80
demi(e)	2분의 1	159
(une) demi-heure	30분(간)	200
demi-pension _f._	아침만 먹는 민박(하숙)	190
dent _f._	이	180
dentiste	치과 의사	50
dépendre (de)	…에 달려 있다, 종속되어 있다	131
depuis	이후로, …이래로	78, 169, 200

dernier(ère)	(시간 명사 뒤) 지난 / (명사 앞) 마지막의, 최근의 …… 189	Égypte *f.*	이집트 …… 160
descendre	내려가다 …… 186	éjecter	(CD를) 꺼내다 …… 153
désirer	원하다, 바라다 …… 139	Elysée *f.*	엘리제 대통령 관저 …… 210
désolé(e)	유감스러운, 죄송한 …… 81	empêchement *m.*	방해 …… 179
deuxième étage *m.*	3층 …… 90	employé(e)	회사원, 종업원 …… 49
devenir	되다 …… 186	emporter	가져가다 …… 221
devoir	(의무) …해야 한다, (추측·가능성) 아마 …일 것이다 / *m.* 의무, *pl.* 숙제 …… 148, 187, 228	en	… 걸려서 (소요 기간) …… 148
		en couleurs	칼라로, 천연색의 …… 153
dictionnaire	사전 …… 60	en effet	실제로, 정말이지 (단언) …… 68
difficile	어려운, 힘든 …… 83	en français	프랑스어로 …… 61
dîner	*m.* 저녁 식사 / *v.* 저녁 먹다 …… 83, 149	en plus	게다가 …… 68
direct(e)	(교통·통신이) 직행의, 직통의 …… 129	en tout cas	어쨌든, 하여튼 …… 138
direction *f.*	방향 …… 129	en tout	모두 합해서 …… 118
disque dur externe(portable) *m.*	외장 하드 디스크 …… 150	Enchanté(e)	(만나서) 반갑습니다. …… 41
distributeur *m.*	현금 인출기 …… 88	encore	아직, 여전히 …… 83
docteur	(호칭) 의사 …… 178	enfant *m.*	아이, 자녀 …… 87
document *m.*	문서, 서류 …… 153	enrhumé(e)	감기에 걸린 …… 178
doigt *m.*	손가락 …… 180	ensuite	그 다음에 …… 199
domicile *m.*	(법적) 주소(지) / 주거, 거처 …… 209	entendre	듣다 …… 187
dommage *m.*	유감, 애석한 일, 유감스러운 일 109, 228	entendu	좋습니다, 알겠습니다 …… 199
donc	(결과) 그래서, 따라서 …… 108	entrée *f.*	관람, 좌석, 입구, 현관 …… 90, 231
donner sur	…(으)로 향하다 …… 216	entrer	들어가다 …… 171, 186
donner	주다 …… 117	environ	약, 대략 …… 131
dormir	자다 …… 163, 178	envoyer un sms	(전화) 문자를 보내다 …… 100
dos *m.*	등 …… 180	envoyer un texto	(전화) 문자를 보내다 …… 100
dossier *m.*	서류 …… 122	envoyer	보내다 …… 80
douane *f.*	세관 …… 69	épaule *f.*	어깨 …… 180
douanier *m.*	세관원 …… 69	épicerie *f.*	식료품점 …… 92, 130, 139
double	2인용의, 두 배의 …… 218	épicier(ère)	식료품상 …… 139
DVD *m.*	DVD …… 150	escalier *m.*	계단 …… 90
		Espagne *f.*	스페인 …… 160
		espagnol(e)	스페인(인)의 …… 50, 59
		espérer	바라다, 희망하다 …… 228
		essayer	입어 보다, 시도하다 …… 138
		et	그리고, 그런데 …… 39
		étage *m.*	층 …… 88
		États-Unis *m. pl.*	미국 …… 160
		étranger(ère)	*n.* 외국인 / *a.* 외국(인)의 …… 169
échange *m.*	교환, 교류 …… 151	être en avance	일찍 오다 …… 51
écharpe *f.*	목도리 …… 140	être en retard	지각하다 …… 51
école *f.*	학교 …… 130	être en vacances	휴가 중이다 …… 51
écouter	듣다 …… 78	étroit(e)	(폭이) 좁은 …… 71
écran *m.*	모니터 …… 150	étudiant(e)	대학생 …… 49
écrire	쓰다 …… 187	étudier	공부하다 …… 76
écrivain *m.*	작가 …… 50	Europe *f.*	유럽 …… 160
effacer	(자료) 삭제하다 …… 153	examen *f.*	시험 …… 83

E

examiner	진찰하다, 살펴보다	178
excursion *f.*	소풍, (가벼운) 여행	190
exposition *f.*	전시회	230

F

faim *f.*	배고픔, 기아	71
faire	(가격·무게·면적 등이) …이다 / 하다, 만들다	49, 139
faire de l'anglais	영어를 공부하다	170
faire de la peinture	그림을 그리다	170
faire du bricolage	취미로 목공 일을 하다	170
faire du français	프랑스어를 공부하다	170
faire du jardinage	정원을 가꾸다	170
faire du patin	스케이트를 타다	170
faire du piano	피아노를 치다	170
faire du ski	스키를 타다	170
faire du théâtre	연극을 하다, 배우가 되다	170
faire du violoncelle	첼로를 켜다	170
falloir	필요하다, …해야 한다	139
famille *f.*	가족	118
fatigue(e)	피곤한	71
fauteuilr *m.*	(1인용) 안락의자	92
fax *m.*	팩스	100
felicitation *f.*	축하	111
femme *f.*	부인, 여자	72, 120
fenêtre *f.*	창문	90
fermer	닫다	80
festival *m.*	페스티발, 축제	188
fête *f.*	축제	229
fête nationale *f.*	국경일 (프랑스 대혁명 기념일)	113
feux (tricolores) *m.pl.*	교통 신호등	130
février	2월	110
fièvre *f.*	열	178
fille *f.*	딸, 소녀, 여자	68, 120
film *m.*	영화	230
fils *m.*	아들	120
finir	끝나다	159
fisc *m.*	세무서	210
fois *f.*	번, 회(回), 배, 곱	168
forêt *f.*	숲	158
forme *f.*	심신의 (좋은) 상태, 형태	181
formidable	엄청난, 대단한	78
formulaire *m.*	서식	211

foulard *m.*	스카프	140
fournisseur d'accès Internet *m.*	인터넷 접속 제공 업체	210
fraise *f.*	딸기	139
français(e)	프랑스(인)의 / *m.* 프랑스어	58, 78
France *f.*	프랑스	160
frère *m.*	오빠, 형, 남동생	118, 120
frigo *m.*	냉장고	89
front *m.*	이마	180

G

galerie d'art *f.*	미술 화랑	230
garage *m.*	차고	90
gare *f.*	기차역	126, 130
génial	멋진, 대단한, 천재적인	201
genou *m.*	무릎	180
gens *m.* pl	사람들	87
gentil(le)	친절한	68
glisser	넣다	150
grand magasin *m.*	백화점	88
grand(e)	큰	68
grand-mère *f.*	할머니	120
grand-père *m.*	할아버지	120
grands-parents *m. pl.*	조부모	118
grillé(e)	(가전제품이 과전류로) 탄	119
gris	회색의, 날씨가 흐린	182
gris(e)	회색의	140
gros(se)	뚱뚱한	70
guichet de la gare *m.*	기차역 창구	190

H

habiter	살다	80
haricots verts *m. pl.*	그린 빈	220
haute saison *f.*	성수기	190
hésiter	망설이다, 주저하다	151
heure *f.*	시간	131
heureux(se)	행복한	70
hier	어제	110
homme *m.*	남자	72

hôpital *m.*	병원	130
horaires des trains *m.pl.*	기차 운행 시간표	190

I

ici	여기에	87
idéal(e)	이상적인	158
idée *f.*	생각, 아이디어, 사상	193
Il faut (+ 동사 원형)	해야 한다	209
Il faut (+ 명사)	…이/가 필요하다	209
Il s'agit de (+ 명사)	…에 관한 것이다, 관계되다	212
il y a	전에	200
imprimante *f.*	프린터	150
imprimer	인쇄하다	150
indicatif téléphonique *m.*	(시외 전화의) 지역 번호	100
infirmier(ère)	간호사	50
informaticien(enne)	정보 처리 기사	50
instant *m.*	순간	98
intelligent(e)	똑똑한	70
intéressant(e)	(가격이) 저렴한, 흥미로운	212
Italie *f.*	이탈리아	160
italien(ne)	이탈리아(인)의	50

J

jambe *f.*	다리	180
jambon *m.*	햄	139
janvier	1월	110
Japon *m.*	일본	160
japonais(e)	일본(인)의	50
jardin *m.*	정원, 공원	130, 193
jaune	노란색의	140
jeter	던지다, 버리다	127
jeune	젊은	68
jogging *m.*	조깅	168
joli(e)	예쁜	59, 70
jouer de (+ 악기) :	…을/를 연주하다	81
jouer	놀다, (경기 · 게임)하다, (악기) 연주하다	79
journal *m.*	신문 (*pl.* journaux), 신문(사)	58, 222
journaliste	기자	50

journée *f.*	(아침부터 저녁까지의) 하루	38
jours fériés *m. pl.*	공휴일	190
joyeux(se)	즐거운, 기쁜	111
juillet	7월	110
juin	6월	110
jupe *f.*	치마	140
juste	*ad.* 바로 / *a.* 올바른	88
justificatif *m.*	증거 서류	209

K

kilo *m.*	킬로그램	139

L

là	거기에, 저기에	99
là-bas	저기에	68
laid(e)	못생긴	70
laisser	남기다, 맡기다	99, 122
laitue *f.*	양상추	220
large	(폭이) 넓은	71
laver	씻기다	146
lecteur *m.*	(CD · DVD) 플레이어, 재생 장치	153
lecture *f.*	독서	230
lettre *f.*	편지	82
lever	일으키다	146
lèvre *f.*	입술	180
librairie *f.*	서점	87, 130
libre	자유로운, 한가한, (방 · 좌석이) 비어 있는	108, 221
ligne *f.*	줄, 전화선, (지하철 · 버스) 노선	101
lire	읽다	153, 187
lit *m.*	침대	87
littérature *f.*	문학	230
livre	*f.* 500그램 / *m.* 책	139
localisation téléphonique *f.*	전화 위치 추적	100
localiser un téléphone portable	휴대 전화를 위치 추적하다	100
loin de	…에서 먼	128
long(ue)	긴	71

louer	임대하다	80
lunettes *f.*	안경 (복수 명사)	60

M

machine à laver *f.*	세탁기	89
mademoiselle	아가씨, 양 (미혼 여성에 대한 경칭)	39
magasin *m.*	상점	88, 130
magazine *m.*	잡지	58
mai	5월	110
main *f.*	손	180
maintenant	지금	200
mairie *f.*	시청	210
mais	그러나, 하지만	89
maison *f.*	집	83, 193
mal	잘 못, 나쁘게	121
malade *n.*	환자	222
malheureux(se)	불행한	70
manger	먹다	80
mannequin *m.*	(패션) 모델	50
manquer	(기차·버스·기회를) 놓치다	228
manteau *m.*	외투	140
marché *m.*	시장	130
marcher	걷다	80
mari *m.*	남편	120
marié(e)	기혼의	70
Maroc *m.*	모로코	160
marron	밤색의 (불변)	140
mars	3월	110
me	나에게, 나를 (동사 앞 위치)	99
médecin *m.*	의사	50
médical(e)	의학의, 의료의	178
médicament *m.*	약	181
menu *m.*	메뉴	219
mer *f.*	바다	162
merci	감사합니다	38
mère *f.*	어머니	120
message *m.*	메시지, 전언	99
messagerie *f.*	메일함	148
mettre	소비하다, 요하다, 놓다, 입다	131
meublé(e)	가구가 갖추어진	89
mexicain(e)	멕시코(인)의	50
Mexique *m.*	멕시코	160
microphone *m.*	마이크	150

midi *m.*	정오, 낮 12시, 점심 때	159
mince	날씬한	70
minute *f.*	분	126
moment	순간	98
mon	나의	49
monde *m.*	사람들, 세계	208
monsieur	(이름 앞) … 씨, 귀하 (남성에 대한 경칭) 39
monter	올라가다	186
montre	손목시계	60
monument *m.*	유적	230
morceau *m.*	조각	139
moto *f.*	오토바이	92
mouchoir	손수건	60
mourir	죽다	186
musée *m.*	박물관, 미술관	79, 193
musique *f.*	음악	78

N

n'importe comment	어떤 방식으로나, 아무렇게나	121
n'importe où	어디든지	121
n'importe quand	언제든	121
n'importe qui	누구든지	121
n'importe quoi	뭐든지	121
naître	태어나다	186
natation *f.*	수영	168
ne … que	단지 …이다	168
neuf(neuve)	새것의	212
neveu *m.*	조카	120
nez *m.*	코	180
nièce *f.*	여 조카	120
Noël *m.*	크리스마스, 성탄절	111
noir(e)	검은색의	138
nombreux(se)	수가 많은	118
non merci	아니, 괜찮아요.	149
normal(e)	보통의, 정상의	211
normalement	보통, 정상적으로	131, 148
nouvelle *f.*	소식	201
Nouvelle-Zélande *f.*	뉴질랜드	160
novembre	11월	110
numéro *m.*	번호	99

Océanie *f.*	오세아니아	160
octobre	10월	110
odeur *f.*	냄새, 향기	169
oeil	*m.* 눈 (*pl.* les yeux)	180
office du tourisme	*m.* (대도시의) 관광 안내소	190
Office du tourisme *m.*	관광 안내소	210
Oh là là!	저런, 아이구!	159
oignon *m.*	양파	220
on	누군가, 사람들	208
oncle *m.*	(외·친)삼촌	120
opéra	*m.* 오페라	230
orange	*f.* 오렌지, *a.* 주황색의 (불변)	140, 220
ordinateur (de bureau) *m.* 컴퓨터		92, 150
ordinateur portable *m.*	노트북 컴퓨터	150
ordonnance *f.*	처방전	181
oreille *f.*	귀	180
organiser	주최(조직, 개최)하다	229
orteil *m.*	엄지발가락	180
où	어디에	48
oui	예 (긍정의 대답) (↔ non 아니요)	38
ouvrir	열다	150
ovale	타원형의	71

paiement *m.*	지불	141
Palais de Justice *m.*	법원	210
pantalon *m.*	바지	140
papier	*m.* 종이, *pl.* 신분증명서, 서류	208
paquet *m.*	소포, 상자	211
paquet-cadeau *m.*	선물 박스	151
parapluie	우산	60
parce que	…이기 때문에, 왜냐하면	148
parents *m. pl.*	부모	118
parking *m.*	주차장	130
parler (de)	(…에 대해) 말하다	77, 78
partir en voyage	여행을 떠나다	193
partir	떠나다	157, 186
passeport *m.*	여권	69
passer	(전화를) 바꿔 주다, 지나가다, (시간을) 보내다, (시험을) 치르다	101, 163, 186

passer par	…을/를 통해 지나가다	193
pastille *f.*	(빨거나 녹여먹는) 알약	181
patrimoine *m.*	문화재	230
pavé tactile *m.*	터치패드	150
payer	지불하다	141
Pays-Bas *m. pl.*	네덜란드	160
pêche *f.*	복숭아	220
peintre *m.*	화가	50
peinture *f.*	회화	230
pendant	… 동안	162, 188
pension complète *f.*	세끼 다 먹는 민박(하숙)	190
pension *f.*	민박, 하숙	190
perdu(e)	길을 잃은	128
père *m.*	아버지	120
périmé(e)	기한이 지난	211
permettre de (+ 동사원형)	…하도록 해 주다	153
permis de conduire	운전면허증	60
personne *f.*	사람	218
petit-déjeuner *m.*	아침 식사	149
petite-fille *f.*	손녀	120
petit-fils *m.*	손자	120
petits-enfants *pl.*	손재(손녀)들	120
pharmacie *f.*	약국	130
photo	사진	60, 150
photographe	사진작가	50
pied *m.*	발	180
pique-nique *m.*	피크닉	190
placard *m.*	벽장	89
plaire à (+사람)	…의 마음에 들다	151
plaisir *m.*	기쁨, 쾌락	108
plan *m.*	지도, 계획	191
plat *m.*	요리, 접시	222
pleuvoir	비가 오다	187
pointure *f.*	(신발) 치수	141
poire *f.*	배	220
poitrine *f.*	가슴	180
policier *m.*	경찰관	50
pomme de terre *f.*	감자	220
pomme *f.*	사과	220
port USB *m.*	USB 포트	150
portable *m.*	휴대 전화	59
porte *f.*	문	90
portefeuille	지갑	60
porter	착용하다, 휴대하다	208
Portugal *m.*	포르투갈	160
possible	가능한	179

poste *f.*	우체국	210
poubelle *f.*	쓰레기통	92
poulet *m.*	닭고기	219
pour	(목적)…위하, (이유·이해) …을 위하여, …에게, (방향) …을/를 향하여, 예정으로	83, 191, 200
pour que (+ 접속법)	…하기 위하여	229
pourquoi	왜	108
pourtant	그렇긴 해도	169
pouvoir	할 수 있다	98, 187
pratiquer	실천하다, 수행하다	168
préfecture *f.*	도청 / 경찰청 (~ de police)	209
préférer	더 좋아하다, 선호하다	79
premier étage *m.*	2층	90
premier(ère)	첫 번째의	88
prendre	(교통수단을) 타다, (시간이) 걸리다, 소요되다, (방·집을) 빌다	129, 131, 218
prendre son temps	(서두르지 않고) 천천히 하다	131
preparer	준비하다	80
prêt(e)	준비된, 채비된	131
prêter	빌려주다	117
principal(e)	주된, 중요한	203
prioritaire	우선적인	211
prix forfaitaire *m.*	패키지 요금	190
prochain(e)	(시간적) 다음의	108
professeur *m.*	교수	50
projet *m.*	계획	229
prolongé(e)	연장된	211
promenade *f.*	산책	193

Q

quai *m.*	강변, 플랫폼, 승강장	189, 193
(un) quart d'heure	15분(간)	200
quartier *m.*	동네, 구역	87
que	무엇, 종속절을 이끄는 접속사	49, 178
quelqu'un	누군가	208
quelque chose	어떤 것	69
quelques	몇몇의	163
queue *f.*	줄, 꼬리	209
qui	누구	49
quitter	(행동) 그만두다, 떠나다	101

R

raccrocher	수화기를 놓다	100
raconter	이야기하다	208
raisin *m.*	포도	220
rappeler	다시 전화하다, 상기시키다	99
rater	실패하다, 망치다, 놓치다	201
RATP *f.*	파리 교통 공사	210
rayon *m.*	매장, 판매 코너	88
réceptionniste *n.*	(호텔) 프런트 직원	218
recevoir	받다	187
réduction *f.*	할인, 감소	151
réduction pour les étudiants	*f.* 학생 할인	190
réduit(e)	할인된	231
réfléchir	심사숙고하다	151
regarder	보다	80
régime *m.*	다이어트, 식이요법	149
région *f.*	지방, 지역	203
remboursé(e)	환불받는	151
remplir	작성하다, 채우다	211
rencontrer	만나다	80
rendez-vous *m.*	(만날) 약속, (병원) 예약	67, 179
rendre	돌려주다	119, 187
renseignement *m.*	정보, 문의	209
rentrer	(집에) 돌아오다(가다)	80, 186
répéter	반복하다, 되풀이하다	61
répondeur *m.*	전화 자동 응답기	100
répondre	대답하다	187
repousser	미루다, 연기하다	179
réseaux sociaux *m.pl.*	소셜 네트워크(SNS)	153
réserver	예약하다	191
restaurant *m.*	식당	130
rester	머물다	80, 186
retard *m.*	지체	51
réussir	성공하다	201
réveillon *m.*	크리스마스이브 파티, 송년회	111
revoir *m.*	재회 / *v.* 다시 보다	38
rez-de-chaussée *m.*	1층	90
RIB *m.*	은행 계좌 명세서	209
rien	아무것도	69, 149
riz *m.*	쌀, 밥	149
robe *f.*	원피스, 드레스	138
roman *m.*	소설	230
rond(e)	둥근	66
rose	분홍색의	140

rouge	빨간색의	140
roux(rousse)	적갈색의	72
rue *f.*	길, 거리	87
russe	러시아(인)의	50
Russie *f.*	러시아	160

S

s'amuser	즐기다, 놀다	189
s'appeler	이름이 …이다, 불리다	39, 61
s'arranger	호전(개선)되다	201
s'arrêter	정차하다, 멈추다	193
s'asseoir	앉다	171
s'enfuir	도망치다	208
s'habiller	옷을 입다	148
s'habituer à	…에 익숙해지다	169
s'inquiéter (de)	걱정하다	201
sac	가방	60
saignant(e)	살짝 익힌	219
saisir	(자료를) 입력하다	153
salle de bain(s) *f.*	욕실	90, 218
salle de séjour *f.*	거실	90
salut	안녕 (만나거나 헤어질 때의 인사)	
		38, 40
SAMU *m.*	의료 구급대	210
santé *f.*	건강	111, 181
savoir	알다	121, 187
sculpture *f.*	조각	230
se connecter à	…에 접속하다	148
se coucher	(침대에) 눕다, 자다	148
se demander	자신에게 묻다	146
se dépêcher	서두르다	148
se déplacer	이동하다	153
se lever	자기 자신을 일으키다	146
se passer	(일이) 일어나다	208
se sentir (+ 속사)	자신이 …라 느끼다	181
se servir	(음식을) 자기 접시에 덜어서 먹다,	
	(술을) 자기 잔에 따라 마시다	111
se tutoyer	서로 말을 놓다	48
secrétaire *n.*	비서, 조수	179
Sécurité sociale *f.*	사회 보장 공단	210
séjour *m.*	체류	209
Sénat *m.*	상원	210
sentir	느끼다, 냄새 맡다	187

septembre	9월	110
serré(e)	조이는, 꽉 끼는	138
serveur(euse)	웨이터	50
servir	(음식·음료를) 담아 주다, 따라 주다	149
seulement	단지, 오로지	69
si	…한다면 (조건)	119
sirop *m.*	시럽	181
smartphone *m.*	스마트폰	100
SNCF *f.*	국립 철도청	210
soeur *f.*	언니, 누나, 여동생	118, 120
soif *f.*	갈증	71
soigner	치료(진료)하다	222
soir *m.*	저녁	83
sol *m.*	바닥	90
sonner	(벨이) 울리다	100
sortir	나가다	186
soudain	갑자기	208
souhaiter	희망하다, 바라다	151
sourcil *m.*	눈썹	180
souris *m.*	마우스	150
souvent	자주	79
spectacle *m.*	공연	230
sport *m.*	운동	168
statue *f.*	동상	230
steak-frites *m.*	감자튀김을 곁들인 스테이크	219
stocker	(자료를) 저장하다	153
studio *m.*	스튜디오, 원룸	89
stylo	만년필	60
Suède *f.*	스웨덴	160
super *a.*	멋진, 대단한	199
supermarché *m.*	슈퍼마켓	92, 130
sur place	현지(현장)에서	221
surfer	서핑하다	150
surpris(e)	놀란	70
surtout	특히	79, 158
sympathique	호감이 가는	70
syndicat d'initiative *m.*	(소도시) 관광 안내소	190

T

tabac *m.*	담배 가게	130
table	책상	60
taille *f.*	(옷의) 사이즈	141
tant pis!	할 수 없지, 낭패로군!	201

tante *f.*	숙모, 이모, 고모	120
taper	(자판을) 치다	153
tapis de souris *m.*	마우스 패드	150
tard	늦게	83
tarif *m.*	가격, 요금	231
tarte *f.*	과일 파이	171
tchin!	건배!	111
télécharger	(자료를) 내려받다	150
téléphone fixe *m.*	고정 유선전화 (집 전화)	100
téléphone mobile *m.*	휴대 전화	100
téléphone portable *m.*	휴대 전화	100
téléphone via internet *m.*	인터넷 전화	100
temps *m.*	시간, 날씨	131
tête *f.*	머리	178, 180
texte *m.*	본문, 원고, 텍스트	150, 153
théâtre *m.*	연극	230
ticket *m.*	표, 승차권	129
toilettes *f. pl.*	화장실	88
toit *m.*	지붕	90
tomate *f.*	토마토	139
tomber	넘어지다, 떨어지다	186
tonalité *f.*	(전화의) 신호음	100
tôt	일찍	83
touche *f.*	(키보드의) 키, 버튼	150, 153
tourime à thèmes *m.*	테마 관광	190
tourisme vert *m.*	녹색 관광	190
tous *n. pl.*	모두, 모든 사람들 / *a.* 모든	111
tousser	기침하다	178
tout à l'heure	조금 전에, 조금 후에	38, 200
tout *a.* 모든 / *ad.*	매우	89
tout droit *ad.*	똑바로, 곧장	128
toux *f.*	기침	181
tranche *f.*	(얇게 저민) 조각	139
travail *m.*	일	82
travailler	일하다, 공부하다	80
traverser	건너다, 가로지르다	128
trenchant(e) *a.*	예리한, 칼날이 선	71
très bien	매우 잘, 매우 훌륭하게	121
très	매우	39
Trésor public *m.*	세무소	210
trop de	너무 많은	116
trouver	발견하다, 찾아내다 / (+ que) ···(이)라 생각하다	229
Tunisie *f.*	튀니지	160

un peu de	약간의	116
un peu	약간	121
un(e) autre	다른	231
unité centrale *f.*	중앙 처리 장치, 본체	150
utile	유용한	56

valable	유효한	211
valider	(인터넷에서) 확인 버튼을 누르다	150
vendeuse *f.*	여 판매원	88
venir de	(···의) 출신이다	51
venir	오다	186
ventre *m.*	배	180
vers	(시간) 무렵, ···경, (방향) ···을 향하여	189
vert(e)	초록색의	138
veste *f.*	재킷	140
vêtement *m.*	옷	88
ville *f.*	도시	91
vin *m.*	포도주	69
visa *m.*	비자	211
visiter	방문(여행·관람)하다	79, 150
voilà	(물건을 보여 주며) 여기 있습니다	69
voir	보다	187, 188
voiture *f.*	자동차	87
vol *m.*	도둑질, 절도	207
voler	훔치다, 날다	208
vouloir bien	동의(승낙)하다	151
vouloir	원하다	99
voyage en groupe *m.*	그룹 여행	190
voyage *m.*	여행	191
voyager	여행하다	80
voyageur(euse)	여행자, 승객	190
voyant de webcam *m.*	웹캠 동작 상태 표시등	150
voyant d'état du clavier *m.*	조도 센서	150
vraiment	대단히, 정말로, 진정으로	228, 229

webcam *m.*   웹캠 ·········· 150
week-end *m.*   주말 ·········· 79
Wi-Fi (wifi) *m.*   와이파이 ·········· 100

Y

yeux *m. pl.*   눈 (단수 : oeil) ·········· 68, 180

Z

zut!   이런! 제길! 빌어먹을! ·········· 201

ㄱ

가격	tarif *m.*	233
(가격이) …이다	coûter	138
가구가 갖추어진	meublé(e)	89
가능한	possible	179
가다	aller	36, 39, 109
가로지르다	traverser	128
가방	sac *m.*	21, 60
가수	chanteur *m.* chanteuse *f.*	27, 50
가슴	poitrine *m.*	180
가져가다	emporter	221
가져오다	apporter	122, 209
가족	famille *f.*	118
간호사	infirmier *m.* infirmière *f.*	50
갈증	soif *f.*	71
갈색의	brun(e)	20, 140
감기에 걸린	enrhumé(e)	178
감사합니다	merci	38
감소	réduction	151
감자	pomme de terre *f.*	220
감자튀김을 곁들인 스테이크	steak-frites *m.*	219
갑자기	soudain	208
강변	quai *m.*	189, 193
강의	cours *m.*	148
객실	chambre *f.*	218
거기에 (저기에)	là	18, 19, 99
거리	rue *f.*	87
거실	salle de séjour *f.*	90
거처	domicile *m.*	209
걱정스러운	inquiet *m.* inquiète *f.*	70
걱정하다	s'inquiéter (de)	201
건강	santé *f.*	111, 181
건너다	traverser	128
건배!	\tchin!	111
건축	architecture *f.*	230
걷다	marcher	80
(시간이) 걸리다	prendre	131
검은색의	noir(e)	138
것	chose *f.*	188
게다가	en plus	68
견해	avis *m.*	229
결코	jamais	168
경찰관	policier *m.* policière *f.*	50
경찰서	commissariat (de police) *m.*	208, 210
경찰청	préfecture (=~ de police) *f.*	209

계단	escalier *m.*	90
계산	compte *m.*	211
계산대	caisse *f.*	151
계산서	addition *f.*	219
계속 가다	continuer	128
계속하다	continuer	128
계좌	compte *m.*	211
계획	plan *m.*	191
고모	tante *f.*	118, 120
곧 만나(요)!	à bientôt!	40
곧장	tout droit *ad.*	128
공부하다	étudier, travailler	76, 80
공연	spectacle *m.*	230
공원	jardin *m.*	130, 198
공중전화 부스	cabine téléphonique *f.*	100
공책	cahier *m.*	60
공포	peur *f.*	71
공항	aéroport *m.*	210
공휴일	jours fériés *m. pl.*	190
과일 파이	tarte *f.*	171
관광 안내소	Office du tourisme *m.*	210
관계되다 (…에 관한 것이다)	il s'agit de (+ 명사)	213
(대도시의) 관광 안내소	office du trourisme *m.*	190
(소도시) 관광 안내소	syndicat d'initiative *m.*	190
굉장한	splendide	231
교류	échange *m.*	151
…귀하, …씨 (남성에 대한 경칭)		
	monsieur	93
교수	professeur *m.*	50
교외에	en banlieue	91
교환	échange *m.*	151
구두	chaussures *f.*	140
구역	quartier *m.*	87
국립 철도청	SNCF *f.*	210
귀	oreille *f.*	180
그만큼, 그 정도로	autant	229
그래서	alors, donc, c'est pourquoi	
		49, 108, 163
그러나	mais	89
그러면	alors	49
그런데 (화제 전환)	à propos	149
그렇긴 해도	pourtant	169
그리고	et	19, 39
그룹 여행	voyage en groupe *m.*	190
그린 빈	haricots verts *m. pl.*	220
그림을 그리다	faire de la peinture	170

그만두다	quitter	101
금발의	blond(e)	70
기계	appareil *m.*	98
기꺼이	avec plaisir, volontiers	171
기다리다	attendre	131
기분 좋은	content(e)	70
기쁜	joyeux *m.* joyeuse *f.*	111
(뜻밖의) 기쁨	surprise *f.*	101
기쁨	plaisir *m.*	108
기아	faim *f.*	71
기운 내서 열심히 해(요)!	Bon courage!	201
기자	journaliste *m.*	26, 50
기준(기본)이 되는	de base	233
기차 운행 시간표	horaires de trains *m. pl.*	190
기차역	gare *f.*	130
기침	toux *f.*	181
기침하다	tousser	178
기한이 지난	périmé(e)	211
기혼의	marié(e)	70
긴	long(ue)	21, 71
길	rue *f.*	87
길을 잃은	perdu(e)	128
(CD를) 꺼내다	éjecter	150
꼬리	queue *f.*	209
꽉 끼는	serré(e) *f.*	138
끝나다	finir	31, 32, 158

ㄴ

나가다	sortir	186
나를	me	99
나쁘게	mal	121
나에게	me	99
나의	mon	49
나이	âge *m.*	101
나중에	après	119
날	jòur *m.*	106
날다	voler	208
날씨	temps *m.*	131
날씨가 흐린	gris	182
날씬한	mince	70
날짜(연월일)	date *f.*	106
남기다	laisser	99, 122
남동생	frère *m.*	118

남아프리카	Afrique du Sud *f.*	159
남자	homme *m.*	19, 72
남편	mari *m.*	120
낭패로군!	tant pis!	201
낮 12시	midi *m.*	158
내려가다	descendre	186
(자료를) 내려받다	télécharger	150
내일	demain *m. ad.*	109
내일 만나(요)!	à demain!	40
냄새(향기)	odeur *f.*	169
냉장고	frigo *m.*	89
너무 많은	trop de	116
(폭이) 넓은	large	71
넘어지다	tomber	186
네덜란드	Pays-Bas *m. pl.*	159
넥타이	cravate *f.*	140
년(해)	an *m.*	78, 101
노란색의	jaune	140
노래하다	chanter	80
(지하철·버스) 노선	ligne *f.*	101
놀다	jouer, s'amuser	79, 189
놀란	surpris(e)	70
놀람	surprise *f.*	101
놓다	mettre	131
놓치다	rater, manquer	201, 228
누구	qui	30, 49
누구든지	n'importe qui	121
누군가	quelqu'un, on	208
누나	sœur *f.*	20, 118, 120
눈 (신체)	œil *m.* (*pl.* les yeux)	68, 180
눈썹	sourcil *m.*	180
(침대에) 눕다	se coucher	148
뉴질랜드	Nouvelle-Zélande *f.*	159
늦게	tard	83
(자신이 …라) 느끼다	se sentir (+ 속사)	181

ㄷ

다른	autre	211
다리 (신체)	jambe *m.*	180
다시 보다	revoir *m.*	38
다시 전화하다	rappeler	99
(그) 다음에	ensuite	199
(시간적) 다음의	prochain(e)	108

다이어트	régime *m.*	149
다행이다!	tant mieux!	201
단지 …이다	ne …que (= seulement)	168
단지	seulement	69
닫다	fermer	80
(…에) 달려 있다	dépendre (de)	131
닭고기	poulet *m.*	219
담배 가게	tabac *f.*	130
(음식·음료를) 담아 주다	servir	149
당근	carotte *f.*	220
당첨되다	gagner	201
대단한	extraordinaire, formidable, génial(e), super *a.*	78, 199, 201, 231
대단히	beaucoup, vraiment	41, 228, 229
대략	environ	131
(…에) 대비하여	contre	181
대사관	ambassade *f.*	210
대성당	cathédrale *f.*	230
대학 부속 병원	CHU *m.*	210
대학생	étudiant(e)	49
더 좋아하다	préférer	77, 79
더운	chaud(e)	71, 156
더위	chaud *m.*	71
던지다	jeter	127
도둑질	vol *m.*	207
도망치다	s'enfuir	208
도서관	bibliothèque *f.*	83, 210
도시에	en ville	91
도심지에	au centre-ville	91
도와주다	aider	119
도착하다	arriver	80, 186
도청	préfecture *f.*	209
독서	lecture *f.*	230
독일	Allemagne *f.*	159
독일(인)의	allemand(e)	50
돌려주다	rendre	119
(집에) 돌아오다(가다)	rentrer	80, 186
동네	quartier *m.*	87
동상	statue *f.*	230
… 동안	pendant	161, 177, 188
동의(승낙)하다	vouloir bien	151
(기간·횟수)(…이/가) 되다	ça fait (+ 기간 · 횟수) + que	169
되풀이하다	répéter	61
두려움	peur *f.*	71
두배의	double	218
둥근	rond(e)	66
드레스	robe *f.*	138
듣다	écouter	78
들어가다	entrer	171, 186
등	dos *m.*	180
등급	classe *f.*	191
따라서	donc, c'est pourquoi, alors	108, 163
(음식·음료를) 따라 주다	servir	149
딸	fille *f.*	22, 120
딸기	fraise *f.*	139
때때로	de temps en temps	168
…때문에	à cause de (+명사), parce que	148, 169
떠나다	partir, quitter	101, 186
떨어지다	tomber	186
또한	aussi	19, 36, 38
똑똑한	intelligent(e)	70
똑바로	tout droit *ad.*	128
뚫다	déboucher	119
뜨거운	chaud(e)	71
뜨거움	chaud *m.*	71

ㄹ

러시아	Russie *f.*	159
러시아(인)의	russe	50
…(으)로부터	de (= from)	48
로서	comme	219
로토	loto *m.*	201

ㅁ

마시다	boire	149
마우스	souris *f.*	150
마우스 패드	tapis de souris *m.*	150
(…의) 마음에 들다	plaire à (+ 사람)	151
마이크	microphone *m.*	150
마지막의	dernier *m.* dernière *f.*	189
막힌	bouché(e)	119
만나다	rencontrer	80
만년필	stylo *m.*	60
만들다	faire	49
만원인	complet *m.* complète *f.*	221

만족한	content(e)	70
만화책	bande dessinée *f.*	230
많은	beaucoup de	116
(…해야 할) 많은 것	beaucoup à (+ 동사 원형)	231
많이	beaucoup	21, 41
말하다	parler	31, 76, 78
맛을 보다	déguster	199
망설이다	hésiter	151
망치다	rater	201
맡기다	laisser	122
매우	tout, très *ad.*	39
매장	rayon *m.*	88
머리	tête *f.*	176, 178, 180
머리카락	cheveux *m. pl.*	27, 72, 180
머물다	rester	80, 186
먹다	manger	80
(…에서) 먼	loin de	128
멈추다	s'arrêter	193
멋진	génial(e), magnifique, super *a.*	
		199, 201, 231
메뉴	menu *m.*	219
메시지	message *m.*	99
메시지를 작성하다	écrire un message	150
메일을 보내다	envoyer un courriel	150
메일함	messagerie *f.*	148
메일함을 열다	ouvrir la messagerie	150
멕시코	Mexique *m.*	159
멕시코(인)의	mexicain(e)	50
몇몇의	quelques	163
모니터	écran *m.*	150
(패션)모델	mannequin *m.*	50
모두, 모든 사람들	tous *n. pl.*	111
모든	tout *a.*	89
모두 합해서	en tout	118
모로코	Maroc *m.*	159
모레	après-demain	202
모자	chapeau *m.*	72, 140
(…의) 모퉁이에	au coin de	128
목	cou *m.*	180
(취미로) 목공 일을 하다	faire du bricolage	170
목도리	écharpe *f.*	140
못생긴	laid(e)	70
묘사하다	décrire	208
무렵, …경(시간)	vers	189
무릎	genou *m.*	180
무엇	que	47, 49

문	porte *f.*	90
문서	document *m.*	153
문의	renseignement *m.*	209
문자를 보내다(전화)	envoyer un SMS	100
문학	littérature *f.*	230
문화재	patrimoine *m.*	230
물 한 병	une carafe d'eau *f.*	219
물 한 잔(컵)	un verre d'eau *m.*	171
물건	chose *f.*	188
물론	bien sûr	129
뭐든지	n'importe quoi	121
뭐라고요?	pardon?	81
미국	États-Unis *m. pl.*	159
미국(인)의	américain(e)	48
미루다	repousser	179
미술 화랑	galerie d'art *f.*	230
미술관	musée *m.*	79, 198
미혼의	célibataire	70
민박, 하숙	pension *f.*	190
(세끼 다 먹는) 민박	pension complete *f.*	190
(아침만 먹는) 민박	demi-pension *f.*	190
믿다	croire	178, 229

바게트 빵	baguette *f.*	82
(…을/를 …으로) 바꾸다	changer … en	211
바꾸다	changer	119
(전화) 바꿔 주다	passer	101
바나나	banane *f.*	220
바닥	sol *m.*	90
바라다	espérer, souhaiter, désirer	
		228, 151, 139
바로	juste *ad.*	88
바지	pantalon *m.*	140
박물관	musée *m.*	79, 198
(만나서) 반갑습니다	enchanté(e)	41
(…에) 반대(대항)하여	contre	181
반복하다	répéter	61
발	pied *m.*	180
발견하다	trouver	229
밤색의	marron	140
밥	riz *m.*	149
방(침실)	chambre *f.*	90

방문(여행·관람)하다	visiter	79
방해	empêchement *m.*	179
방향	direction *f.*	129
배 (신체)	ventre *m.*	180
배 (과일)	poire *f.*	220
배 (곱·회·번)	fois *f.*	168
배고픔	faim *f.*	71
배우	acteur *m.* actrice *f.*	27, 50
배우가 되다	faire du théâtre	170
백화점	grand magasin *m.*	88
버리다	jeter	127
버스 정류장	arrêt de bus *m.*	92, 130
버튼	touche *f.*	153
번호	numéro *m.*	97, 99
베이지색의	beige	19, 140
벌다	gagner	201
벌써	déjà	101
법원	Palais de justice *m.*	210
벽장	placard *m.*	89
병	bouteille *f.*	69
병원	hôpital *m.*	130
(시간을) 보내다	passer	163
보다	regarder, voir	80, 188
보통의	moyen(ne)	211
복숭아	pêche *f.*	220
본문	texte *m.*	153
본체(컴퓨터)	unité centrale *f.*	150
부동산 중개업자	agent immobilier *m.*	89
부모	parents *m. pl.*	118
부엌	cuisine *f.*	21, 89, 90
부인	femme *f.*	120
분	minute *f.*	126
불행한	malheureux *m.* malheureuse *f.*	70
불행히도	malheureusement	181
브라질	Brésil *m.*	159
블라우스	chemisier *m.*	140
비교적 훌륭하게	assez bien	121
비서	secrétaire *n.*	179
비싸게	cher *ad.*	138
비싼	cher *m. a.* chère *f. a.*	138
(방·좌석이) 비어 있는	libre	221
비자	visa *m.*	211
(비행기) 비즈니스 클래스	classe affaires *f.*	191
(방·집을) 빌다	prendre	218
빌어먹을!	zut!	201
빨간색의	rouge	66, 140
빵 가게	boulangerie *m.*	130
빼앗다	arracher	208
뿌리째 뽑다	arracher	208

사거리	carrefour (= un croisement) *m.*	128
사과	pomme *f.*	220
사다	acheter	80
사람	personne *f.*	218
사람들	gens *m. p.l.* monde *m.*	87, 208
사무실	bureau *m.*	126
사상	idée *f.*	19, 198
(옷의) 사이즈	taille *f.*	141
사이트를 방문하다	visiter un site	150
사전	dictionnaire *m.*	60
사진	photo *f.*	60
사진기	appareil photo *m.*	202
사진작가	photographe *m.*	50
사촌	cousin(e)	120
사회 보장 공단	Sécurité sociale *f.*	210
삭제하다	effacer	150
산책	promenade *f.*	193
살다	habiter	31, 80
살짝 익힌	saignant	219
살펴보다	examiner	178
삼촌	oncle *m.*	20, 120
상등품 포도주	de bons vins	199
상원	Sénat *m.*	210
상자	paquet *m.*	92
상점	magasin *m.*	88, 130
새것의	neuf *m.* neuve *f.*	28, 213
생각	idée *f.*	19, 198
(…라) 생각하다	trouver (+ que)	229
생일	anniversaire *m.*	108
서두르다	se dépêcher	148
서로 말을 놓다	se tutoyer	48
서류	document *m.* dossier *m.* papier *m.* 122, 153, 208
서술하다	décrire	208
서식	formulaire *m.*	211
서점	librairie *f.*	87, 130
선물	cadeau *m.*	141
선물 박스	paquet-cadeau *m.*	151

선호하다	préférer	77, 79
성	château m.	199
성수기	haute saison f.	190
성공하다	réussir	201
성탄절	Noël m.	18, 11
세계	monde m.	208
세관	douane f.	69
세관원	douanier m. douanière f.	69
세무서	Trésor public (fisc) m.	210
세탁기	machine à laver f.	89
소개하다	présenter	123
소녀	fille f.	22, 68
소방서	caserne de pompiers f.	210
(시간을) 소비하다	mettre	131
소설	roman m.	230
소식	nouvelle f.	201
(시간이) 소요되다	prendre	131
소파	canapé m.	92
소포	paquet m.	211
소풍	excursion f.	190
손	main f.	180
손가락	doigt m.	180
손녀	petite-fille f.	120
손목시계	montre f.	60
손수건	mouchoir m.	60
손자	petit-fils m.	120
손자 손녀들	petits-enfants	120
송년회	réveillon m.	111
수가 많은	nombreux m. nombreuse f.	118
수다스러운	bavard(e)	70
수업	cours m.	148
수영	natation f.	166, 168
(수)행하다	pratiquer	168
(전화기의) 수화기	combiné m.	100
수화기를 놓다	raccrocher	100
수화기를 들다	décrocher	100
숙모	tante f.	118, 120
숙제	devoir pl.	228
순간	instant m. moment m.	98
숭배하다	adorer	79, 169
숲	fôret f.	157
슈퍼마켓	supermarché m.	92, 130
스웨덴	Suède f.	159
스카프	foulard f.	140
스케이트를 타다	faire du patin	170
스키를 타다	faire du ski	170
스타킹	collant m.	140
스튜디오	studio m.	89
스페인	Espagne f.	159
스페인(인)의	espagnol(e)	50, 59
슬픈	triste	70
(아아!) 슬프다!	hélas!	201
승강장	quai m.	189, 193
승차권	ticket m.	159
(쿠폰식의) 승차권 10장 묶음	carnet	129
승객	voyageur m. voyageuse f.	190
시간	temps m. heure f.	131
(시간이)…걸려서(소요 시간)	en	148
(…할) 시간이 있다	avoir le temps de(+ 동사 원형)	231
시골	campagne f.	22, 157
시골에	à la campagne	91
시도하다	essayer	138
시럽	sirop m.	181
시음하다	déguster	199
시작하다	commencer	80
시장	marché m.	130
시청	mairie f.	210
시험	examen m.	20, 22, 83
식당	restaurant f.	130
식료품상	épicier m. épicière f.	139
식료품점	épicerie f.	92, 130, 139
식욕	appétit m.	111
식이요법	régime m.	149
신고(선언)하다	déclarer	69
신문(사)	journal m. (pl. journaux)	27, 58, 222
신분증	papiers m. pl.	208
신호등	feux (rouge) m.	130
(전화의) 신호음	tonalité f.	100
실례합니다	pardon	81
실제로	en effet	68
실천하다	pratiquer	168
실패하다	rater	201
심사숙고하다	réfléchir	151
심신의 (좋은) 상태	forme f.	181
쌀	riz m.	149
쓰레기통	poubelle f.	92

| 아! (놀람) | tiens! | 101 |

아가씨, …양 (미혼 여성에 대한 경칭)		
	mademoiselle	39
아니, 괜찮아요.	non, merci.	149
아니오	non	38
아들	fils *m.*	120
아름다운	beau *m.* belle *f.*	68
아마 …일 것이다 (추측 · 가능성)		
	devoir	148
아메리카	Amérique *f.*	159
아무것도	rien (= nothing)	69, 149
아무렇게나	n'importe comment	121
아버지	père *m.*	120
아스피린 알약	comprimé d'aspirine *m.*	181
아이	enfant *m.*	20, 87
아이구!	oh là là!	158
아이디어	idée *f.*	19, 198
아주 좋아하다	adorer	79, 169
아직	encore	83
아침 식사	petit-déjeuner *m.*	149
아프리카	Afrique *f.*	159
안경	lunettes *f. pl.*	60
안녕! (만나거나 헤어질 때의 인사)		
	salut!	38, 40
안녕(하세요)! (저녁 인사)	bonsoir!	40
안녕(하세요)! (아침 · 낮 인사)	bonjour!	39
(1인용) 안락의자	fauteuil *m.*	92
안락한	confortable	89
안에 (장소)	dans	108
앉다	s'asseoir	171
알다	connaître, savoir	121
알겠습니다	entendu!	199
(빨거나 녹여 먹는) 알약	pastille *f.*	181
알제리	Algérie *f.*	159
(시간 · 공간) 앞섬	avance *f.*	51
약	médicament *m.*	181
약 (대략)	environ	131
약간(의)	un peu (de)	116, 121
약국	pharmacie *f.*	130
(만날) 약속	rendez-vous *m.*	66, 179
양상추	laitue *f.*	220
양파	oignon *m.*	220
어깨	épaule *f.*	180
어디든지	n'importe où	121
어디로부터(에서)	d'où	48
어디에	où	19, 48
어떤 것 (무언가)	quelque chose	69
어떤 방식으로나	n'importe comment	121
어떻게	comment	39
어머니	mère *f.*	120
어제	hier *m. ad.*	110
어쨌든	en tout cas	138
어휘! (무관심 · 냉소 · 지겨움)	bof!	201
언니	sœur *f.*	20, 118, 120
언제든	n'importe quand	121
얼마나 많은	combien de	116, 118
얼음이 얼다(영하이다)	geler	156
엄지발가락	orteil *m.*	180
엄청난	formidable	78
엘리베이터	ascenseur *m.*	89
엘리제 대통령 관저	Elysée *m.*	210
여권	passeport *m.*	57, 69
(물건을 보여 주며) 여기 있습니다		
	voilà	69
여기에	ici	19, 87
여동생	soeur *f.*	20, 118, 120
여보세요 (전화)	allô	98
여자	femme *f.* fille *f.*	22, 68, 72
(가벼운) 여행	excursion *f.*	190
여행사	agence de voyages *f.*	190
여행을 떠나다	partir en voyage	193
여행자	voyageur *m.* voyageuse *f.*	190
여행자 보험	assurance voyage *f.*	190
여행하다	voyager	80
역시	aussi	19, 36, 38
연극	théâtre *m.*	230
연극을 하다	faire du théâtre	170
연기하다 (뒤로 미루다)	repousser	179
연장된	prolongé(e)	211
(악기를) 연주하다	jouer de (+ 악기)	79, 81
연필	crayon *m.*	60
열	fièvre *f.*	178
열쇠	clé *f.*	60, 87
영국	Angleterre *f.*	159
영국(인)의	anglais(e)	50, 58
영어	l'anglais *m.*	78
영어를 공부하다	faire de l'anglais	170
영화	film *m.* cinéma *m.*	109, 230
영화관	cinéma *m.*	109, 130, 230
예 (긍정의 대답)	oui	38
(칼날이) 예리한	tranchant(e)	71
예쁜	joli(e)	59, 70
(병원) 예약	rendez-vous *m.*	66, 179

예약하다	réserver	191
예정으로 (시간)	pour	179, 200
오늘	aujourd'hui *m. ad.*	108
오늘 저녁에	pour ce soir	221
오다	venir	51, 186
오렌지	orange *f.*	140, 220
오렌지 주스 한 잔	un verre de jus d'orange *m.*	171
오로지	seulement	69
오빠	frère *m.*	118
오세아니아	Océanie *f.*	159
오이	concombre *m.*	220
오토바이	moto *f.*	92
오페라	opéra *m.*	230
오후	après-midi *m.*	107, 109, 159
올라가다	monter	186
올바른	juste *a.*	88
옷	vêtement *m.*	88
옷을 입다	s'habiller	148
와이셔츠	chemise *f.*	140
완전한	complet *m.* complète *f.*	221
왕복(권)	aller-retour *m.*	191
왜	pourquoi	108
왜냐하면	parce que	148
외국(인)의	étranger *a. m.* étrangère *a. f.*	169
외국인	étranger *n. m.* étrangère *n. f.*	169
외국인 체류증	carte de séjour *f.*	60
외투	manteau *m.*	140
요금	tarif *m.*	233
요리	cuisine *f.* plat *m.*	21, 89, 222
요리사	cuisinier *m.* cuisinière *f.*	50
요리하다	cuisiner	80
요일	jour *m.*	106
욕실	salle de bain(s) *f.*	90, 218
용기	courage *m.*	201
우산	parapluie *m.*	60
우선적인	prioritaire	211
우체국	poste *f.*	210
우편(물)	courrier *m.*	122
운동	sport *m.*	168
운전면허증	permis de conduire *m.*	60
(벨·초인종이) 울리다	sonner	100
원고	texte *m.*	153
원룸	studio *m.*	89
원피스	robe *f.*	138
원하다	vouloir	32, 99
원하다	désirer	139
웨이터	serveur *m.* serveuse *f.*	50
웹사이트를 서핑하다	surfer sur le web	150
웹캠	webcam *m.*	150
웹캠 동작 표시등	voyant de webcam *m.*	150
(…하기) 위하여	pour que (+ 접속법)	229
유감스러운(애석한) 일	dommage *m.*	109, 228
유감스러운	désolé(e)	82
유럽	Europe *f.*	26, 159
유명한	célèbre	199
유스호스텔	auberge de jeunesse *f.*	190
유용한	utile	56
유적	monument *m.*	230
유효한	valable	211
은행	banque *f.*	49, 130
은행 계좌 명세서	RIB (relevé d'identité bancaire) *m.*	209
은행 카드	carte bleue, carte bancaire *f.*	60
음료	boisson *f.*	219
음악	musique *f.*	78
음악회	concert *m.*	199
(소유) …의	de	49, 98
의견	avis *m.*	229
의료 구급대	SAMU *m.*	210
의무	devoir *m.*	228
의사 (호칭)	docteur	178
의사	médecin *m.*	50
의자	chaise *f.*	60
의학의	médical(e)	178
이(신체)	dent *m.*	180
이, 그, 저 (지시 형용사)	ce	59
이것, 저것	ça	38
이것은(이 사람은) …이다	c'est	49
이기다	gagner	201
(가격·무게·면적 등이) …이다		
	faire	139
이동하다	se déplacer	153
이따금	quelquefois	168
이런! (제길!) (실망·불만)	zut!	201
이름이 …이다(…라 불리다)	s'appeler	36, 39
이마	front *m.*	180
이모	tante *f.*	118, 120
이미	déjà	101
이사하다	déménager	80
이상적인	idéal(e)	157
이야기하다	raconter	208
이집트	Egypte *f.*	159
이처럼	comme ça	163

이코노미 클래스	classe économique *f.*	191
이탈리아	Italie *f.*	159
이탈리아(인)의	italien(ne)	50
이해하다	comprendre	61
이후로 (이래로)	depuis	78, 169, 200
…에 익숙해지다	s'habituer à	169
인쇄하다	imprimer	150
인터넷 전화	téléphone via internet *m.*	100
인터넷 접속 제공 업체	fournisseur d'accès Internet *m.*	210
일	travail *m.*	82
일본	Japon *m.*	159
일본(인)의	japonais(e)	50
(일이) 일어나다	se passer	208
일찍	tôt	19, 83
일찍 오다	être en avance	51
일하다	travailler	80
읽다	lire	153
임대하다	louer	80
입	bouche *m.*	180
(옷을) 입다	mettre	131
(자료를) 입력하다	saisir	150
입술	lèvre *f.*	180
입어(신어) 보다	essayer	138
입구(현관)	entrée *f.*	90

ㅈ

(술과 음식을) 자기 접시(잔)에 덜다(따르다)		
	se servir	111
자녀	enfant *m.*	20, 87
자다	dormir, se coucher	148, 178
자동 응답 전화기	répondeur *m.*	100
자동차	voiture *f.*	32, 87
자동판매기	distributeur *m.*	88
자유로운	libre	108
자주	souvent	168
자판	clavier *m.*	150
작가	écrivain *m.*	50
작성하다	remplir	211
잘	bien	38, 98, 121
잘 못	mal	121
잘 재요)! (밤 인사)	bonne nuit!	40
잘한다! 브라보!	bravo!	201
잠	sommeil *m.*	71

잡지	magazine *m.*	58
장보기	courses *f. pl.*	119
재미있는	amusant(e)	231
(CD·DVD) 재생 장치	lecteur *m.*	153
재킷	veste *f.*	140
재회	revoir *m.*	38
(과일) 잼	confiture *f.*	149
저	ce	59
저것	sa	38
저기에	là-bas	68
저녁	soir *m.*	83
저녁 먹다	dîner	83, 149
저녁 식사	dîner *m.*	18, 19, 149
저런	oh là là!	158
(가격이) 저렴한	intéressant(e)	213
(자료를) 저장하다	stocker	150
적갈색의	roux *m.* rousse *f.*	72
전구	ampoule *f.*	119
전시회	exposition *f.*	230
전언	message *m.*	99
(시간) 전에	avant, il y a	119, 200
전원	campagne *f.*	22, 157
전원 버튼	bouton d'alimentation *m.*	150
전화 카드	carte téléphonique *f.*	100
전화기	appareil *m.*	98
전화번호를 누르다	composer le numéro	100
전화번호부	annuaire *m.*	100
전화선	ligne *f.*	101
절도	vol *m.*	207
젊은	jeune	68
점심 먹다	déjeuner	80
(종속절을 이끄는) 접속사	que	178
…에 접속하다	se connecter à	148
정말이지	en effet	68
정말로	bien, vraiment	98, 228, 229
정보	renseignement *m.*	209
정보 처리 기사	informaticien(ne)	50
정사각형의	carré(e)	71
정상의	normal(e)	211
정상적으로	normalement	131, 148
정시에 오다	être à l'heure	51
정오	midi *m.*	158
정원	jardin *m.*	130, 198
정원을 가꾸다	faire du jardinage	170
정육점	boucherie *m.*	130
정차하다	s'arrêter	193

제빵사	boulanger *m.* boulangère *f.*	50
조각 (빵·고기의)	morceau *m.*	139
조각 (미술)	sculpture *f.*	230
(얇게 저민) 조각	tranche *f.*	139
조금 이따 만내(요)!	à tout de suite!, à tout à l'heure	40
조금 전에(과거)	tout à l'heure	200
조금 후에, 곧(미래)	tout à l'heure	38
조깅	jogging *m.*	168
조도 센서	voyant d'état du clavier *m.*	150
조부모	grands-parents *m.pl.*	118
(…에) 조심하다	attention à	71
조수	secrétaire *n.*	179
조이는	serré(e)	138
조카	neveu *m.* nièce *f.*	120
(폭이) 좁은	étroit(e)	71
종속되어 있다	dépendre (de)	131
종업원	employé(e)	49
좋습니다	entendu!	199
좋아(요)	d'accord (=OK)	48
좋아요 (됐어요!)	bon!	69
좋아하다	aimer	79
좋은	bon(ne)	38
좋은 아침나절 보내(세요)!	bonne matinée!	40
좋은 저녁 시간 보내(세요)!	bonne soirée!	40
죄송한	désolé(e)	221
죄송합니다	pardon	81
주거	domicile *m.*	209
주다	donner	117
주된	principal(e)	203
주말	week-end *m.*	79
(법적) 주소(지)	domicile *m.*	209
주저하다	hésiter	151
주차장	parking *f.*	130
주최(조직, 개최)하다	organiser	229
주황색의	orange	140, 220
죽다	mourir	186
준비된	prêt(e)	131
준비하다	préparer	80
줄 (선·노선)	ligne *f.*	101
(기다리는) 줄	queue *f.*	209
중국	Chine *f.*	159
중국(인)의	chinois(e)	37, 48
중앙 처리 장치	unité centrale *f.*	150
중요한	principal(e), important(e)	203, 229
… 중의 (부분)	de	98
즐거운	joyeux *m.* joyeuse *f.*	111
즐겁게	avec plaisir	171
즐기다	s'amuser	189
증거 서류	justificatif *m.*	209
지각하다	être en retard	51
지갑	portefeuille *m.*	60
지금	maintenant	200
지나가다	passer	101, 186
지난	dernier *m.* dernière *f.*	189
지내다(안부)	aller	39, 109
지도	plan *m.*	191
지루한	ennuyeux *m.* ennuyeuse *f.*	70, 231
지방 (지역)	région *f.*	203
지불	paiement *m.*	141
지불하다	payer	141
지붕	toit *m.*	90
(시외전화의) 지역 번호	indicatif téléphonique *m.*	100
지체	retard *m.*	51
지하실	cave *f.*	90, 199
지휘자	chef d'orchestre *m.*	228
(교통·통신이) 직통의 (직행의)		
	direct(e)	129
진정으로	vraiment	228, 229
진찰실	cabinet *m.*	178
진찰하다, 살펴보다	examiner	178
집	maison *f.*	83, 198
집무실	cabinet *m.*	178
(…의) 집에	chez	83, 98
짧은	court(e)	71
차고	garage *m.*	90
창구	guichet *m.*	190
착용하다	porter	208
참 잘됐다	tant mieux!	201
(…에) 참석(참관)하다	assister (à)	188
창문	fenêtre *f.*	90
찾다	chercher	88
찾아내다	trouver	229
천연색의	en couleurs	153
채비된	prêt(e) *a.*	131
채우다	remplir	211
채팅하다	chatter	148
책	livre *m.*	24, 139

책상	table *f.*	60
…처럼	comme	219
…처럼 보이다	avoir l'air (+ 형용사)	71
처방전	ordonnance *f.*	181
천재적인	génial(e)	201
(서둘지 않고) 천천히 하다	prendre son temps	131
첫 번째의	premier *m.* première *f.*	34, 77, 88
체류	séjour *m.*	209
첼로를 켜다	faire du violoncelle	170
초록색의	vert(e)	138
최근의	dernier *m.* dernière *f.*	189
추운	froid(e)	156
추위	froid *m.*	71
축제	festival *m.* fête *f.*	188, 29
축하	félicitation *f.*	111
(…의) 출신이다	venir de	51
춤추다	danser	80
충분한	assez de	116
취소하다	annuler	179
층	étage *m.*	88
치과 의사	dentiste *n.*	50
(자판을) 치다	taper	150
치료(진료)하다	soigner	222
(시험을) 치르다	passer	163
치마	jupe *f.*	140
(신발) 치수	pointure *f.*	141
친구	ami(e)	26, 49
친절한	gentil *m.* gentille *f.*	68
칠레	Chilie *f.*	159
침대	lit *m.*	87

컴퓨터	ordinateur *m.*	24, 92
(불·전원을) 켜다	allumer	150
코	nez *m.*	21, 180
쾌락	plaisir *m.*	108
쾌적한	confortable	89
크레이프 빵	crêpe *f.*	203
크루즈	croisière *f.*	190
크리스마스이브 파티	réveillon *m.*	111
크리스마스	Noël *m.*	18, 111
큰	grand(e)	68
클릭하다	cliquer	150
(키보드의) 키	touche *f.*	153
키보드	clavier *m.*	150
킬로그램	kilo *m.*	139

(교통수단을) 타다	prendre	32, 129, 131
타원형의	ovale	71
(가전제품이 과전류로) 탄	grillé(e)	119
탈의실	cabine d'essayage *f.*	138
태어나다	naître	186
터치패드	pavé tactile *m.*	150
토마토	tomate *f.*	139
(…을/를) 통해 지나가다	passer par	193
튀니지	Tunisie *f.*	159
특히	surtout	79, 157

카망베르 치즈	camembert *m.*	139
카페테리아	cafétéria *f.*	83
칼	couteau *m.*	71
칼날이 선	tranchant(e)	71
주저하다	hésiter	151
칼라로	en couleurs	153
캐나다	Canada *m.*	159
캐나다(인)의	canadien(ne)	50
캠핑	camping *m.*	157
커피(전문점)	café *m.*	14, 18, 130
커피 한 잔	une tasse de café *f.*	171

파란색의	bleu(e)	20, 29, 68
파리 교통 공사	RATP *f.*	210
판매원	vendeur *m.* vendeuse *f.*	88
판매 코너 (매장)	rayon *m.*	88
팔	bras *m.*	180
팔꿈치	coude *m.*	180
패키지 요금	prix forfaitaire *m.*	90
팩스	fax *m.*	100
페스티발	festival *m.*	188
편도 (표)	aller (simple) *m.*	191
편지	lettre *f.*	82

평범한	moyen *m.* moyenne *f.*	231
포도	raisin *m.*	220
포도주	vin *m.*	69
포도주 양조장(winery)	cave *f.*	199
포르투갈	Portugal *m.*	159
포함된	compris(e)	223
표(티켓)	billet *m.* ticket *m.*	129, 191
프랑스	France *f.*	159
(국경일)프랑스 대혁명 기념일	fête national *f.*	113
프랑스(인)의	français(e)	19, 33, 37, 58
프랑스어	le français *m.*	78
프랑스어로	en français	61
프랑스어를 공부하다	faire du français	170
(호텔) 프런트 직원	réceptionniste *n.*	218
프린터	imprimante *f.*	150
플랫폼	quai *m.*	189, 193
(CD·DVD) 플레이어	lecteur *m.*	153
피곤한	fatigué(e) *m.*	71
피아노를 치다	faire du piano	170
피크닉	pique-nique *m.*	190
(…이/가) 필요하다	avoir besoin de, Il faut (+ 명사)	31, 209

…하기 어렵다	avoir du mal à (+ 동사원형)	169
(경기·게임을) …하다	jouer à	79
…하다	faire	49, 139
…하도록 해 주다(허락하다)	permettre de (+ 동사원형)	153
(아침부터 저녁까지의) 하루	journée *f.*	38
하여튼	en tout cas	138
하원	Assemblée nationale *n.*	210
하지만	mais	89
학교	école *f.*	130
학생 할인	réduction pour les étudiants *f.*	190
한가한	libre	108
한국	Corée du Sud *f.*	159
한국(인)의	coréen(ne)	26, 36, 48
한국어	le coréen *m.*	78
…한다면 (조건)	si	119
한 번도 …않다	jamais	168
할 수 없지!	tant pis!	201
할 수 있다	pouvoir	98
할머니	grand-mère *f.*	120
할아버지	grand-père *m.*	120

할인	réduction	151
할인된	réduit(e)	233
(…와) 함께	avec	30, 67
합산	addition *f.*	219
항공사	compagnie aérienne *f.*	210
항상	toujours	168
항생제	antibiotique *m.*	181
해 (년)	an *m.* anneé *f.*	78, 101, 107
…해야 한다 (의무)	devoir, Il faut (+ 동사원형)	139, 148, 209
햄	jambon *m.*	136, 139
행복한	heureux *m.* heureuse *f.*	21, 70
(…로) 향하다 (위치)	donner sur	216
(…을/를) 향하여 (방향)	pour, vers	189, 191
현관	entrée *f.*	90
현금	argent liquide *m.*	208
현금인출기	distributeur *m.*	88
현지(현장)에서	sur place	221
형	frère *m.*	118
형태	forme *f.*	181
형편없는	nul(le)	231
호감이 가는	sympathique	70
호전(개선)되다	s'arranger	201
호주	Australie *f.*	159
화가	peintre *m.*	50
화난	fâché(e)	70
화면	écran *m.*	150
화장실	toilettes *f. pl.*	88
화장품	cosmétiques *m. pl.*	88
확신하다	croire	178, 229
(인터넷에서) 확인 버튼을 누르다	valider	150
확인(참조, 열람)하다	consulter	148
환불받는	remboursé(e)	151
환승하다	changer	119
환자	malade *n.*	222
환전(소)	change *m.*	211
환전하다	changer … en	211
회사원	employé(e)	49
회색의	gris	182
회화	peinture *f.*	230
(시간) 후에	dans, après	108, 119, 200
훌륭한	splendide	231
훔치다	voler	208
휴가	congé *m.*	190
휴가 중이다	être en vacances	51
휴대 전화	portable, téléphone mobile *m.*	59, 100

휴대하다	porter	208
흔쾌히	volontiers	171
흥미로운	intéressant(e)	213
(…)의 흥미를 끌다	intéresser (+ 사람)	201
희망하다	espérer, souhaiter	151, 228
힘든 (어려운)	difficile	83

기타

10월	octobre	110
11월	novembre	110
12월	décembre	110
15분(간)	un quart d'heure *m.*	200
1월	janvier	110
1층	rez-de-chaussée *m.*	90
2분의 1	demi(e)	158
2월	février	110
2인용의	double	218
30분(간)	une demi-heure *f.*	200
3월	mars	110
45분(간)	trois quarts d'heure	200
4월	avril	110
500그램	une livre *f.*	139
5월	mai	110
6월	juin	110
7월	juillet	110
8월	août	110
9월	septembre	110
CD롬	CD-rom *m.*	150
CD를 넣다	glisser un CD	150
USB	clé USB *f.*	150
USB 포트	port USB *m.*	150

첫걸음

개정판

내게는 특별한
프랑스어를 부탁해

주요 표현 미니북

이정자 지음

프랑스어 + 한국어 녹음 | MP3 무료 다운로드

다락원

내게는 특별한
프랑스어를 부탁해

첫걸음

주요
표현
미니북

첫걸음

내게는 특별한
프랑스어를 부탁해

주요
표현
미니북

녹음파일

첫걸음

내게는 특별한
프랑스어를 부탁해

주요 표현 미니북

지은이 이경자
펴낸이 정규도
펴낸곳 (주)다락원

초판 1쇄 발행 2012년 8월 12일
개정판 1쇄 발행 2022년 10월 20일
개정판 2쇄 발행 2024년 6월 5일

편집 이숙희, 한지희
디자인 윤지영, 윤미란, 최영란
일러스트 다감인
감수 Olivia IH-PROST
녹음 Adrian Lee, Olivia IH-PROST, Toosix Media, 김기흥, 정마리

 **다락원** 경기도 파주시 문발로 211, 10881
내용 문의: (02)736-2031 내선 420~426
구입 문의: (02)736-2031 내선 250~252
Fax: (02)732-2037
출판등록 1977년 9월 16일 제406-2008-000007호

ISBN 978-89-277-3302-7 13760

http://www.darakwon.co.kr

다락원 홈페이지를 방문하시면 상세한 출판 정보와 함께
MP3 자료 등 다양한 어학 정보를 얻으실 수 있습니다.

차례

01 Je suis coréen. 나는 한국인입니다. ···· 4

02 Qu'est-ce que vous faites? 당신은 무엇을 하나세요? ···· 6

03 Je suis en vacances. 나는 휴가 중이에요. ···· 8

04 Qui est-ce? 저 사람이 누구예요? ···· 10

05 Comment est-il? 그 남자가 어때요? ···· 12

06 J'ai faim. 나는 배가 고파요. ···· 14

07 Je parle très bien français. 나는 프랑스어를 아주 잘(말)해요. ···· 16

08 J'aime le sport. 나는 스포츠를 좋아해요. ···· 18

09 Je joue au tennis. 나는 테니스를 쳐요. ···· 20

10 Où sont les toilettes? 화장실이 어디에 있어요? ···· 22

11 Où habitez-vous? 당신은 어디에서 살아요? ···· 24

12 Y a-t-il une station de métro près d'ici? 이 근처에 지하철역이 있어요? ···· 26

13 Quel est votre numéro de téléphone? 당신 전화번호가 몇 번이에요? ···· 28

14 Je peux parler à M. Lambert? 제가 람베르 씨와 통화할 수 있어요? ···· 30

15 Nous sommes Lundi. 오늘은 월요일이에요. ···· 32

16 J'ai rendez-vous cet après-midi. 나는 오늘 오후에 약속이 있어요. ···· 34

17 Combien de frères avez-vous? 당신 형제가 몇 명 있어요? ···· 36

18 Je bois beaucoup de café. 나는 커피를 많이 마셔요. ···· 38

19 Connaissez-vous Séoul? 서울을 아세요? ···· 40

20 Prenez la deuxième rue à droite. 오른쪽 두 번째 길로 가세요. ···· 42

21 Ça prend deux heures en avion. 비행기로 2시간 걸려요. ···· 44

22 Ça coûte combien? 그거 얼마예요? ···· 46

Je pense que c'est une bonne idée.

● 내게는 특별한 프랑스어를 부탁해 p.229

나는 그것이

좋은 아이디어라고
흥미롭다고
재미있다고
훌륭했다고

생각해요.

★ 그 계획(음악회)에 대해 어떻게 생각하세요?

83

23 **Donnez-moi un kilo de tomates, s'il vous plaît.** 토마토 1킬로 주세요. ⋯⋯ 48

24 **Le métro est plus pratique que le bus.** 지하철이 버스보다 더 편리해요. ⋯⋯ 50

25 **Je peux payer par carte?** 카드로 지불해도 될까요? ⋯⋯ 52

26 **Il fait beau au printemps.** 봄에 날씨가 좋아요. ⋯⋯ 54

27 **Il est sept heures du matin.** 오전 7시예요. ⋯⋯ 56

28 **À quelle heure part le train?** 몇 시에 기차가 떠나요? ⋯⋯ 58

29 **Je vais en France.** 나는 프랑스에 가요. ⋯⋯ 60

30 **Je fais du jogging une fois par jour.** 나는 하루에 한 번 조깅을 해요. ⋯⋯ 62

31 **J'ai mal à la tête.** 나는 머리가 아파요. ⋯⋯ 64

32 **Je vais aller chez le médecin.** 나는 곧 병원에 갈 거예요. ⋯⋯ 66

33 **Avez-vous visité le Louvre?** 루브르를 구경해 봤어요? ⋯⋯ 68

34 **L'année prochaine, j'irai en Chine.** 다음 해(내년)에 나는 중국에 갈 거예요. ⋯⋯ 70

35 **Je suis à Paris depuis six mois.** 나는 6개월 전부터 파리에 있어요. ⋯⋯ 72

36 **Il portait des lunettes.** 그는 안경을 쓰고 있었어요. ⋯⋯ 74

37 **Il faut aller au commissariat pour déclarer un vol.** 도난 신고를 하기 위해서는 경찰서에 가야 합니다. ⋯⋯ 76

38 **Je voudrais réserver une chambre.** 저는 방을 예약하고 싶습니다. ⋯⋯ 78

39 **Je veux qu'on aille au concert.** 나는 우리가 음악회에 가면 좋겠어요. ⋯⋯ 80

40 **Je pense que c'est une bonne idée.** 나는 그것이 좋은 아이디어라고 생각해요. ⋯⋯ 82

040

40 Je pense que c'est une bonne idée.

나는 그것이 좋은 아이디어라고 생각해요.

Je pense que c'est	une bonne idée.
	intéressant.
	amusant.
	nul.

★ Qu'est-ce que vous pensez du projet(concert)?

01 Je suis coréen(ne).

나는 한국인입니다.

001

● 내게도 특별한 프랑스어를 부탁해 p.228

Je suis
coréen(ne).

Je suis
de Séoul.

Je
viens de Corée.

나는 우리가   음악회에
                    영화관에
                    극장에
                    공연에   가면 좋겠어요.
                    오페라에
                    전시회에

Je veux qu'on aille
au concert.

★ Vous êtes d'où?
   Vous venez c'où?
   Quelle est votre nationalité?

39 Je veux qu'on aille au concert.

나는 우리가 음악회에 가면 좋겠어요.

Je suis coréen(ne).

● 내게도 특별한 프랑스어를 부탁해 p.46

039

Je veux qu'on aille

au concert.
au cinéma.
au théâtre.
au spectacle.
à l'opéra.
à l'exposition.

나는 한국인
서울 사람 입니다.

나는 한국에서 왔어요.

★ 어디 출신이세요?
어느 나라 사람이세요?
당신의 국적이 어디예요?

■ 내게든 특별한 프랑스어를 부탁해 p.218

002

Qu'est-ce que vous

faites?
mangez?
voulez?

저는
예약약속을 취소하고
평가 막고
달러를 환전하고

삼습니다.

방을 예약하고

Qu'est-ce que c'est?

저는
파리-리옹 왕복권을
표 10장 쿠폰을
에스프레소 한 잔을
바게트 빵 한 개를

연합니다(다(주십시오).

Je voudrais réserver
une chambre.

★ Je suis étudiant(e).
C'est un smartphone.

6

79

38 Je voudrais réserver une chambre.

저는 방을 예약하고 싶습니다.

038

● 내게는 특별한 프랑스어를 부탁해 p.47

Qu'est-ce que vous faites?

당신은 무엇을 하세요?
먹어요?
원해요?

그것이 무엇인가요?

Je voudrais

réserver une chambre.
annuler mon rendez-vous.
manger quelque chose.
changer des dollars.

Je voudrais

un aller-retour Paris-Lyon.
un carnet (de tickets).
un expresso.
une baguette.

★ 나는 학생이에요.
그건 스마트폰이에요.

03 Je suis en vacances.

나는 휴가 중이에요.

● 내게는 특별한 프랑스어를 부탁해 p.207

Il faut aller au commissariat
pour déclarer un vol.

Je suis
en vancances.
en voyage.
au régime.

Je suis
en retard.
en avance.
à l'heure.

도난 신고를 하기
체류증을 신청하기
의사를 보기
비자를 갱신하기
계좌를 열기
소포를 보내기

위해서는

경찰서에
경찰청에
병원에
대사관에
은행에
우체국

가야 합니다.

★ 중국에 가려면 비자가 필요합니다.

Je suis en vancances.

● 내게는 특별한 프랑스어를 부탁해 p.51

나는 | 휴가 중 / 여행 중 / 다이어트 중 | 이에요.

나는 | 지각 / 일찍 / 정시에 | 했(왔)어요.

---

37 Il faut aller au commissariat pour déclarer un vol.

도난 신고를 하기 위해서는 경찰서에 가야 합니다.

037

Il faut aller | au commissariat / à la préfecture / à l'hôpital / à l'ambassade / à la banque / à la poste

pour | déclarer un vol. / demander une carte de séjour. / voir un médecin. / renouveler un visa. / ouvrir un compte. / envoyer un paquet.

★ Il faut un visa pour aller en Chine.

04 Qui est-ce?

저 사람이 누구예요?

004

● 내게는 특별한 프랑스어를 부탁해 p.206

Il portait des lunettes.

Qui est
ce monsieur?
cette dame?
ce garçon?
cette fille?
Bruno?

-ce?

그는
안경을
모자를
청바지를
가방을
장갑을

쓰고(입고/들고/끼고) 있었어요.

★ 그는 콧수염이 있었어요.

36 Il portait des lunettes.

그는 안경을 쓰고 있었어요.

036

● 내게는 특별한 프랑스어를 부탁해 p.57

Qui est-ce?

누구예요?

저 사람이

이 신사 분이

이 부인이

이 소년이

이 소녀가

부루노가

Il portait

des lunettes.

un chapeau.

un blouson.

un sac.

des gants.

★ Il avait une moustache.

05 Comment est-il?

그 남자 어때요?

005

● 내게도 특별한 프랑스어를 부탁해 p.200

Je reste à Paris depuis
six mois.

Comment est
-il?
-elle?
son ami?
sa maison?

나는 6개월   전부터
                   예정으로   파리에 있어요.

나는 한 시간   전에
                   후에   떠났어요.
                              떠날 거예요.

나는 너를   15분
                   30분
                   45분   (간) 기다렸어.

★ Il est grand et gentil.

Comment est-il?

35 Je suis à Paris depuis six mois.

나는 6개월 전부터 파리에 있어요.

035

● 내게는 특별한 프랑스어를 부탁해 p.66

Je suis à Paris | depuis / pour | six mois.

Je | suis parti / partirai | il y a / dans | une heure.

Je t'ai attendu | un quart d'heure. / une demi-heure. / trois quarts d'heure.

그 남자가
그 여자가
그의 친구가
그의 집이
어때요?

★ 그는 키가 크고 친절해요.

06 J'ai faim.

나는 배가 고파요.

006

● 내게는 특별한 프랑스어를 부탁해 p.196

J'ai

faim.
soif.
froid.
chaud.
peur.
sommeil

다음

혜
달
주
토요일

에 나는

중국에 갈 거예요.
친구들을 초대할 거예요.
미술관(박물관)을 관람할 거예요.
회의에 참석할 거예요.

L'année prochaine,
j'irai en Chine.

J'ai faim.

34 L'année prochaine, j'irai en Chine.

다음 해(내년)에 나는 중국에 갈 거예요.

034

L'année	irai en Chine.
Le mois	inviterai mes amis.
La semaine	visiterai le musée.
Samedi	assisterai à une réunion.

prochain(e), je(j')

● 내게는 특별한 프랑스어를 부탁해 p.71

나는

배가 고파
목이 말라
추워
더워
무서워
졸려

요.

07 Je parle très bien français.

나는 프랑스어를 아주 잘 (말)해요.

007

Je parle

très bien	français.
bien	anglais.
assez bien	coréen.
un peu	espagnol.
mal	japonais.

● 내게는 특별한 프랑스어를 부탁해 p.177

루브르를 구경해
한국 음식을 먹어
고속철을 타
이 전시회를

봤어요?

그녀가 언제

떠났어요?
태어났어요?

Avez-vous visité le Louvre?

33 Avez-vous visité le Louvre?

루브르를 구경해 봤어요?

Je parle très bien français.

● 내게는 특별한 프랑스어를 부탁해 p.76

033

프랑스어를	아주 잘
영어를	잘
한국어를	제법 잘
스페인어를	약간
일본어를	잘 못

나는 ... (말)해요.

Avez-vous
- visité le Louvre?
- goûté la cuisine coréenne?
- pris le TGV?
- vu cette exposition?

Quand est-ce qu'elle est
- partie?
- née?

08 J'aime le sport.

나는 스포츠를 좋아해요.

● 내게는 특별한 프랑스어를 부탁해 p.176

J'aime

le sport.
le vir.
la cuisine française.
voyager.
voir un film.
charter.

나는 곧
병원에 갈
파리로 떠날 거예요.
영화를 볼

곧
비가
눈이 올 거예요.

★ 당신은 곧 무엇을 할 거예요?

Je vais aller chez
le médecin.

J'aime le sport.

● 내게도 특별한 프랑스어를 부탁해 p.77

스포츠를

포도주를

프랑스 요리를

여행하는 것을

영화 보는 것을

노래하는 것을

좋아해요.

나는

---

32 **Je vais aller chez le médecin.**

나는 곧 병원에 갈 거예요.

032

aller chez le médecin.

Je vais   partir pour Paris.

voir un film.

Il va   pleuvoir.

neiger.

★ Qu'est-ce que vous allez faire?

09 Je joue au tennis.

나는 테니스를 해요(쳐요).

● 내게는 특별한 프랑스어를 부탁해 p.176

009

J'ai (eu) mal à la tête.

Je joue au
tennis.

Je joue au
football.
golf.

Je joue du
piano.
v olon.

머리가
목이
눈이
나는   이가   이파(팠어)요.
발이
배가
등이

★ 어디가 아프세요?
  어디가 안 좋으세요?

31 J'ai (eu) mal à la tête.

031

나는 머리가 아파(팠어)요.

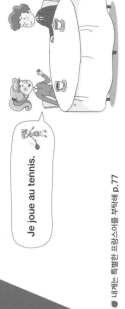

Je joue au tennis.

● 내게는 특별한 프랑스어를 부탁해 p.77

J'ai (eu) mal

à la tête.
à la gorge.
aux yeux.
aux dents.
aux pieds.
au ventre.
au dos.

나는 | 테니스 | 를 해요(쳐요).
　　 | 축구
　　 | 골프

나는 | 피아노 | 를(을) 연주해요.
　　 | 바이올린

★ Où avez-vous mal?
　 Qu'est-ce que vous avez?

10 Où sont les toilettes?

화장실이 어디에 있어요?

010

Où sont
les toilettes?

Où sont
mes lunettes?
les clés?

Où est
mon portable?
le guichet?
la gare?

● 내게는 특별한 프랑스어를 부탁해 p.166

나는
하루에
일주일에
한 달에
일 년에

한 번

조깅을
운동을
쇼핑을
여행을

해요.

Je fais du jogging une
fois par jour.

Où sont les toilettes?

30 Je fais du jogging une fois par jour.

나는 하루에 한 번 조깅을 해요.

030

● 내게는 특별한 프랑스어를 부탁해 p.86

Je fais

du jogging	
du sport	une fois
du shopping	
un voyage	

par jour.
par semaine.
par mois.
par an.

화장실이
내 안경이   어디에 있어요?
열쇠들이

내 휴대폰이
매표소(창구)가   어디에 있어요?
기차역이

11 Où habitez-vous?

당신은 어디에서 살아요?

● 내게는 특별한 프랑스어를 부탁해 p.161

011

habitez

Où travaillez -vous?

déjeunez

J'habite au centre-ville.

à paris.

en banlieue.

나는

프랑스에
일본에
미국에
서울에
바다에
산에

가요.

★ 어디에 가세요?

Je vais en France.

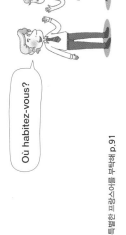

Où habitez-vous?

● 내게도 특별한 프랑스어를 부탁해 p.91

살아요?
일해요?
점심 먹어요?

당신은 어디에서

프랑스에서
일본에서
미국에서

나는

가요.

---

29 Je vais en France.

나는 프랑스에 가요.

029

Je vais

en France.
au Japon.
aux États-Unis.
à la campagne.
à la mer.
à la montagne.

★ Où allez-vous?

12 Y a-t-il une station de métro près d'ici?

이 근처에 지하철역이 있어요?

012

● 내게는 특별한 프랑스어를 부탁해 p.157

Y a-t-il

une station de metro
un arrêt de bus
ure pharmacie
un parking
une banque

près d'ici?

À quelle heure part le train?

몇 시에

기차가 떠나요?
저녁을 먹어요?
약속이 있어요?
주무세요?

★ Il y a une station de métro.
Il n'y a pas de pharmacie.

★ 기차가 6시에 떠나요.

28 À quelle heure part le train?

몇 시에 기차가 떠나요?

028

Y a-t-il une station de métro près d'ici?

● 내게도 특별한 프랑스어를 부탁해 p.87

À quelle heure
part le train?
dînez-vous?
avez-vous rendez-vous?
vous couchez-vous?

이 근처에
지하철역
버스 정류장
약국
주차장
은행
이 있어요?

★ Le train part à six heures.

★ 지하철역이 있어요.
약국이 없어요.

58

13 Quel est votre numéro de téléphone?

당신 전화 번호가 뭣 면이에요?

013

● 내게는 특별한 프랑스어를 부탁해 p.157

Il est sept heures du matin.

Quel est
le numéro de bus?

votre numéro de téléphone?

7시예요.

오전
저녁

Quelle est
votre adresse?

votre profession?

7시
30분
15분 전

15분
이에요.

정오
자정

예요(이에요).

★ Quel âge avez-vous?
Quelle taille faites-vous?
Quelle pointure faites-vous?

★ 몇 시예요?

Quel est votre numéro de téléphone?

27 Il est sept heures du matin.

오전 7시예요.

027

● 내게는 특별한 프랑스어를 부탁해 p.97

당신 전화번호가   몇 번이에요?
버스 번호가

당신 주소가   뭐예요?
당신 직업이

★ 몇 살이세요?
어떤 사이즈의 옷을 입으세요?
어떤 사이즈의 구두를 신으세요?

Il est sept heures   du matin.
                    du soir.

Il est sept heures   et quart.
                    et demie.
                    moins le quart.

Il est   midi.
         minuit.

★ Quelle heure est-il?

14 Je peux parler à M. Lambert?

램버트 씨와 통화할 수 있나요?

■ 내게는 특별한 프랑스어를 부탁해 p.156

014

Je peux

parler à M. Lambert?

laisser un message?

entrer?

Je peux

parler plus lentement?

m'aider?

Pouvez-vous

échanger ces chaussures?

봄에

여름에

가을에   날씨가

겨울에

좋아요.

더워요.

날씨가   선선해요.

추위요.

비가

눈이   많이 와요.

★ 날씨가 어때요?

Il fait beau au printemps.

26 Il fait beau au printemps.

봄에 날씨가 좋아요.

026

Je peux parler à M. Lambert?

● 내게는 특별한 프랑스어를 부탁해 p.101

Il fait	beau	au printemps.
	chaud	en été.
	frais	en automne.
	froid	en hiver.

Il	pleut	beaucoup.
	neige	

제가

랑베르 씨와 통화할	수 있나요?
메시지를 남길	
들어갈	

더 천천히 말해 주실	수 있으세요?
저를 도와주실	
이 구두를 교환해 주실	

★ Quel temps fait-il?

Nous sommes lundi.

오늘은 월요일이에요.

● 내게는 특별한 프랑스어를 부탁해 p.141

015

Nous sommes

lundi.
mardi.
mercredi.
jeudi.
vendredi.
samedi.
dimanche.

Nous sommes

premier.
deux.

Nous sommes le

카드로
수표로
현금으로

지불해도 될까요?

★ 어떻게 지불하실 건가요?

Je peux payer par carte?

25 Je peux payer par carte?

카드로 지불해도 될까요?

025

Nous sommes lundi.

● 내게는 특별한 프랑스어를 부탁해 p.106

오늘은 | 월 화 수 목 금 토 일 | 요일이에요.

Je peux payer | par carte? / par chèque? / en espèces?

오늘은 | 1 2 | 일이에요.

★ Vous payez(= réglez) comment?

16 J'ai (un) rendez-vous cet après-midi.

나는 오늘 오후에 약속이 있어요.

016

J'ai

(un) rendez-vous	cet après-midi.
un cours	ce matin.
une réunion	ce soir.

● 내게는 특별한 프랑스어를 부탁해 p.136

지하철 버스	이(가)	편리해요.
영화 연극	이(가)	보다 더 재미있었어요.
서울 파리		카요.

| 아이스크림 케이크 | 이(가) | 보다 더 맛있어요. |
| 초콜릿 빵 | 이(가) | 보다 더 맛있어요. |

Le métro est plus pratique que le bus.

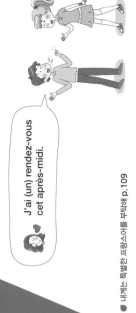

J'ai (un) rendez-vous cet après-midi.

24 Le métro est plus pratique que le bus.

지하철이 버스보다 더 편리해요.

024

내게는 특별한 프랑스어를 부탁해 p.109

Le métro		pratique		le bus.
Le cinéma	est plus	amusant	que	le théâtre.
Séoul		grand		Paris.

La glace			le chocolat.
Le gâteau	est meilleur(e) que		le pain.

제가

오늘 오후에
오늘 아침에
오늘 저녁에

약속이
수업이
회의가

있어요.

17 Combien de frères avez-vous?

남자 형제가 몇 명 있어요?

● 내게도 특별한 프랑스어를 부탁해 p.139

Donnez-moi un kilo de tomates, s'il vous plaît.

Combien de(d')

frères	
soeurs	
amis	avez-vous?
chiens	
cartes bancaires	

토마토 1킬로
딸기 500그램
커피 한 잔
물 한 잔
피자 한 조각   주세요.
포도주 한 병
치즈 한 조각
슬라이스햄 한 조각

제게

★ J'ai deux frères.

23 Donnez-moi un kilo de tomates, s'il vous plaît.

제게 토마토 1킬로 주세요.

023

● 내게는 특별한 프랑스어를 부탁해 p.116

Combien de frères avez-vous?

남자 형제가
자매(누이)가
친구가
개가
은행 카드가

몇 명(마리, 개) 있어요?

Donnez-moi

un kilo de tomates,
une livre de fraises,
une tasse de café,
un verre d'eau,
une part de pizza,
une bouteille de vin,
un morceau de fromage,
une tranche de jambon,

s'il vous plaît.

★ 나는 형이 두 명 있어요.

18 Je bois beaucoup de café.

나는 커피를 많이 마셔요.

● 내게는 특별한 프랑스어를 부탁해 p.139

018

J'ai

| quelques | amis. |
| plusieurs | |

그것은 20유로예요.

Je bois

un peu de	café.
beaucoup de	
trop de	

Ça coûte combien?

그거
그가(전부)
그가(물건 하나)

얼마예요?

Je bois beaucoup de café.

● 내게는 특별한 프랑스어를 부탁해 p.116

22 Ça coûte combien?

그거 얼마예요?

022

Ça coûte
Ça fait   combien?
C'est

Ça   coûte
        fait   20 euros.

나는 커피를   약간
             많이   마셔요.
             너무 많이

나는   몇 명의
       여러 명의   친구가 있어요.

Connaissez-vous Séoul?

서울을 아세요?

● 내게도 특별한 프랑스어를 부탁해 p.131

019

Connaissez-vous

Séoul?
Emma?
l'anglais?
un bon restaurant?

비행기로
자동차로
기차로
지하철로
걸어서

2시간 걸려요.

Savez-vous

parler anglais?
conduire?
cuisiner?

★ 나는 좋그하는 데 1시간 걸려요.

Ça prend deux heures
en avion.

Connaissez-vous Séoul?

21 Ça prend deux heures en avion.

비행기로 2시간 걸려요.

021

Ça prend deux heures

en avion.
en voiture.
en train.
en métro.
à pied.

● 내게는 특별한 프랑스어를 부탁해 p.121

서울을
엄마를
영어를
좋은 식당을

아세요?

영어를 할 줄
운전할 줄
요리할 줄

아세요?

★ Je mets une heure pour aller au bureau.

20 Prenez la deuxième rue à droite.

오른쪽 두 번째 길로 가세요.

020

● 내게는 특별한 프랑스어를 부탁해 p.126

Prenez la deuxième rue

à droite.	오른쪽
à gauche.	왼쪽

두 번째 길로 가세요.

Allez	tout droit.	똑바로	가세요.
Continuez	jusqu'au feu.	신호등까지	쭉 가세요.

★ Où est la station de métro?

★ 지하철역이 어디예요?

Prenez la deuxième
rue à droite.